宪政论丛

推开十卷书之窗

吕玉华 ◎ 主编

北京大学出版社
PEKING UNIVERSITY PRESS

图书在版编目(CIP)数据

媒介素养十四讲/岳玉玺主编. —北京:北京大学出版社,2014.9
 ISBN 978-7-301-24778-5

Ⅰ.①媒… Ⅱ.①岳… Ⅲ.①传播媒介—高等学校—教材 Ⅳ.①G206.2

中国版本图书馆 CIP 数据核字(2014)第 222800 号

书　　名：媒介素养十四讲
著作责任者：岳玉玺 主编
责任编辑：魏冬峰
标准书号：ISBN 978-7-301-24778-5/G·3892
出版发行：北京大学出版社
地　　址：北京市海淀区成府路 205 号　100871
网　　址：http://www.pup.cn　新浪官方微博:@北京大学出版社
电子信箱：ss@pup.pku.edu.cn
电　　话：邮购部 010-62752015　发行部 010-62750672
　　　　　编辑部 010-62753121　出版部 010-62754962
印 刷 者：北京中科印刷有限公司
经 销 者：新华书店
650 毫米×980 毫米　16 开本　23.25 印张　349 千字
2014 年 9 月第 1 版　2022 年 1 月第 5 次印刷
定　价：69.00 元

未经许可，不得以任何方式复制或抄袭本书之部分或全部内容。
版权所有，侵权必究
举报电话：010-62752024　电子信箱：fd@pup.pku.edu.cn

选举权的法律保障

焦洪昌 著

图书在版编目(CIP)数据

选举权的法律保障/焦洪昌著.—北京:北京大学出版社,2005.11
(宪政论丛)
ISBN 978 - 7 - 301 - 09799 - 1

Ⅰ.选…　Ⅱ.焦…　Ⅲ.选举法 - 研究 - 中国　Ⅳ.D921.24

中国版本图书馆 CIP 数据核字(2005)第 119388 号

书　　　名：选举权的法律保障
著作责任者：焦洪昌　著
责 任 编 辑：白丽丽
标 准 书 号：ISBN 978 - 7 - 301 - 09799 - 1/D · 1316
出 版 发 行：北京大学出版社
地　　　址：北京市海淀区成府路 205 号　100871
网　　　址：http://www.pup.cn
电　　　话：邮购部 62752015　发行部 62750672　编辑部 62752027
　　　　　　出版部 62754962
电 子 邮 箱：law@pup.pku.edu.cn
印 　刷 　者：三河市新世纪印务有限公司
经 　销 　者：新华书店
　　　　　　650 毫米×980 毫米　16 开本　15.25 印张　258 千字
　　　　　　2005 年 11 月第 1 版　2007 年 3 月第 2 次印刷
定　　　价：25.00 元

未经许可,不得以任何方式复制或抄袭本书之部分或全部内容。
版权所有,侵权必究
举报电话:010 - 62752024　电子邮箱:fd@pup.pku.edu.cn

总　序

　　上世纪90年代末至本世纪初,我和罗豪才教授曾与北京大学出版社合作,主编过一套《现代行政法论著系列》。该《系列》共出了二十多部专著,这些专著都是有关现代行政法前沿问题的研究成果,一本本都透着新时代公法的气息。这套论著的作者大多是刚刚步入而立之年的年轻博士,其所著大多是他们在自己的博士论文基础上所进行的再创作。这套书虽然不能说每本都是精品,但其中确实不乏精品。

　　现在,我们又一次与北大出版社合作,出版一套新的公法论著系列《宪政论丛》。《宪政论丛》与《现代行政法论著系列》是公法论著系列的姊妹篇,主要出版中青年学者研究宪法和宪政前沿问题的最新成果。

　　宪法与行政法是公法的两大支柱。行政法是规范行政权运作,调整行政主体与行政相对人关系的法律部门;宪法则是规范整个国家权力的运作,调整国家与人民的关系的法律部门。行政法是构建法治的基本法律部门;宪法则是构建宪政的基本法律部门。法治是宪政的构成要素之一,但不是唯一要素,宪政的构成要素除了法治以外,还包括民主、人权、对公权力的控制、对私有财产权的保护、司法独立与分权制约等。毫无疑义,宪政离不开法治。没有法治,宪政不可能实施。但同样毫无疑义,法治也离不开宪政。因为宪政是法治的灵魂,是法治的保障。没有宪政,不可能有真正的法治。

　　"文革"结束后,我们就开始探索建设法治,也开始探索建设宪政。但直到"孙志刚案"、"齐玉苓案"、"身高歧视案"、"乙肝歧视案"、"种子案"、"夫妻看黄碟案"等一系列宪法或宪法性案件发生和我国宪法正式确立"依法治国"、"国家尊重和保障人权"、"公民合法的私有财产不受侵犯"等原则以前,我们一直没有过分地看重宪政,没有真正重视宪政建设。"文革"的切肤之痛,使我们开始对法治(而不是宪政)有了比较深切的认识,故从20世纪70年代末和80年代前期开始制定《刑法》、《刑事诉讼法》、《民法通则》、《民事诉讼法(试行)》等法律,并提出了"有法可依、有法必依、执法必严、违法必究"的法治口号。然而,70年代末和80年代前期推出的法治还并不是完全意义或真正意义的法治,因为它很少或较少有宪政的指导,很少或较少贯穿宪政的精神。直至20世纪90年代,我们的经济体制开始根本性的转变：市场经济体制开始逐步取代计划经济体制。此种转变才促使和逼迫我们较多地思考一些宪政问题：对于政府的权力，即使是人民政府的权力，是不是也要进行适当的限制和控制？政府的权力，即使是人民政府的权力，如果不加限制和控制，是不是也会侵犯人民（包括工人、农民，也包括企业主、个体劳动者等）的权益？是不是也会成为市场的障碍和经济发展的阻力？人民政府如果侵犯人民的权益，人民可不可以向法院告人民政府，要求人民政府赔偿？作为这种思考的结果，20世纪90年代我们出台了很多重要的法律，如确立"民告官"制度的《行政诉讼法》和《行政复议法》，确立国家向人民承担赔偿责任的《国家赔偿法》，确立政府行为应遵守正当法律程序规则的《行政处罚法》，确立公务员行为规则和公务员制度的《国家公务员暂行条例》，确立对整个政府机关及其工作人员法制监督制度的《行政监察法》，等等。由此可见，20世纪90年代的中国法治显然已经贯穿了若干宪政精神了，是已经有相当法治味的法治了。但是，尽管如此，20世纪90年代的中国法治还不能称为完全的和完善的法治，因为直至上世纪末，中国的宪政还很不健全，我们的国人，即使是法律学人，甚至是宪法学人，对宪政尚未予以足够的重视，尚很少有人以推动经济体制改革、推动市场经济建设的激情和干劲去推动中国的宪政建设。法律学人、宪法学人中也较少有人以研究法制、法治和宪法文本、宪法具体制度的劲头去研究宪政。

从20世纪末到本世纪初，情况开始逐步改观。首先是一系列宪法或宪法性案件陆续发生，如"田永案"、"刘燕文案"、"孙志刚案"、"齐玉苓案"、"身高歧视案"、"乙肝歧视案"、"种子案"、"夫妻看黄碟案"，等等；其次是1999年和2004年两次修宪：1999年修宪确立了宪政的一项基本原则，即"依法治国，建设法治国家"，并为培育宪政环境确立了一项基本经济制度，即确认"非公有制经济是社会主义市场经济的重要组成部分"；2004年修宪确立了宪政的另两项基本原则，即"国家尊重和保障人权"、"公民合法的私有财产不受侵犯"，并为培育宪政环境确立了另外两项基本的经济制度，即财产征收、征用补偿制度和社会保障制度。正是这些宪法或宪法性案件以及由此推动产生的这些宪法修正案，促使国人，特别是法律学人、宪法学人，更深入地思考中国的宪政问题：中国的宪政之路应如何走，是头痛医头，脚痛医脚，出现一个问题解决一个问题，搞一个宪法修正案，还是应全盘考虑，整体设计？中国的宪政应包括哪些内容，哪些要素，是全面移植西方的制度，还是全面创新，或者是有借鉴有创新，且借鉴、创新之选择完全取决于"制度的作用"（能否为人民带来福祉），而不是取决于"制度的颜色"（是否符合某种意识形态)？中国宪政的主体和宪政的设计师应由谁担当,是中共中央、全国人大、国务院,还是法学专家、宪法学专家,或者是全国人民？总之,中国人在新世纪开始思考一系列宪政问题了,而不是停留在对法制、法治、经济体制改革、市场经济等问题的思考,法制、法治、经济体制改革、市场经济等问题是 20 世纪后期涉及中国前途、命运的问题,而宪政问题则是 21 世纪涉及中国前途、命运的问题。

我们组织编辑、出版这套《宪政论丛》,其目的就是要汇集、归纳、梳理国人对宪政问题的思考,推动国人对中国宪政之路的探索,促进中国宪政制度的建设。这套《论丛》的内容主要包括五个方面:

其一,对宪政理论的宏观研究。主要探讨宪政的基本概念,宪政的构成要素、宪政产生、发展的条件、环境,宪政形成、发展的一般阶段,宪政的功能、作用,宪政与政治、经济、文化的关系,世界各国宪政的不同模式、各种不同模式宪政的特征,以及世界各国研究宪政的不同学派、学说,等等。

其二,对中国宪政道路和宪政制度的宏观研究。主要探讨中国宪政的特色,如共产党的领导,人民代表大会制度,人民通过多种途径、多种形式参与国家和社会管理,多党合作,政治协商制度,遵循中央统一领导与充分发挥地方主动性、积极性原则的中央与地方关系,民族平等、民族区域自治和国家特别保障少数民族权益的民族政策,社会主义市场经济,依法治国与依法行政,国家尊重和保护人权,坚持社会主义公有制和保护私有财产,等等。

其三,对中国宪法和行政法具体制度的中观、微观研究。此包括研究现行立法制度、选举制度、监督制度、司法制度、国家机关的设置及相互分工与制约、政务公开、社会团体、行业协会的发展与国家权力向社会转移,以及一国两制、特别行政区和国家结构形式等宪法或宪法性的中观、微观问题。在行政法方面,则包括有关行政主体制度、公务员制度、行政许可制度、行政征收征用制度、行政给付制度、行政强制制度、行政裁决制度、行政处罚制度、行政复议和行政诉讼制度等与国家宪政密切相关的各种中观、微观制度问题。

其四,对实际宪法和宪法性案例的研究。包括研究已作为"过去时"的历史性典型案例,介绍这些案例发生的历史背景,探讨其所创立的重要宪政原理、原则,揭示其对于宪政发展的重大历史意义和对于我们今天宪政发展的现实意义。当然,也包括研究作为"现在时"和"将来时"的今天正在发生以及明天将要发生的各种有宪政意义的典型案例。之所以包括"将来时",是因为我们的《论丛》刚刚开始,它无疑还要继续到明天、后天。《论丛》对作为"现在时"和"将来时"的宪法与宪法性案例的探讨,将着重揭示我国宪政发展过程中的困难、问题,产生困难和问题的原因,克服困难、解决问题的对策,以探寻中国走上宪政道路的适当路径。

其五,介绍西方宪政先行国家宪政发展的经验、教训。本《论丛》也将有选择地介绍西方宪政先行发展国家的宪法和宪政制度,包括传统的控权分权制度、代议制度、政党制度、人权保障制度、言论自由制度、结社集会游行制度、司法审查制度等。同时,《论丛》对西方国家宪政制度的介绍自然也包括现代宪政制度,如信息公开制度、正当法律程序制度、参与式民主制度、非政府组织制度、督察专员制度、放松规制制度、公法契约制度、行政指导制度,等等。本《论丛》在介绍西方宪政先行国家的这些传统的和现代的宪政制度时,将对这些制度进行必要的分析,探究其利弊得失,总结其经验教训。而且,《论丛》还要对相应制度的政治、经济、文化及民族历史传统等背景进行适度地考察,以区分这些制度的普适因素和特定的乡土因素,以为我国借鉴或移植这些制度时提供若干辨识和选择的参考材料。

总之,这套《论丛》是一套主要以中国宪法、宪法性法律和宪政制度为素材,同时参考国外、境外的宪法、宪法性法律和宪政制度的相应材料,研究宪政的一般理论和实践,为中国宪政建设提供理论指导的学术丛书。我国学界对宪政研究起步较晚,目前研究成果很少,有分量、有深度的研究成果更少,但愿我们这套《论丛》能推动我国宪政研究向前发展一步,为改变我国宪政研究的落后面貌有所贡献。

是为序。

姜明安
于北京八里庄公寓
2005 年 8 月 5 日

引　言

　　1998年10月5日,我国签署了《公民权利和政治权利国际公约》(International Covenant on Civil and Political Rights)。公约中 Civil Rights,被翻译成公民权利,近来受到学者的质疑。有的学者提出,若把 Political Rights 译为政治权利,则 Civil Rights 应译成人身权利与之对应。因为政治权利往往是一国公民所享有的参政权,它需要附加国籍、年龄等资格的限制。而人身权利则不然,它是人与生俱来的、固有的、不由国家赋予的。还有的学者,在赞成上述质疑的基础上,对 Civil Rights 的中文表达又进行了修正,建议翻成私人权利。其理据是,人身权利不能涵括作为抵抗权意义上的第一代人权的内容,很明显,财产权和追求幸福的权利就不在此列。我觉得,上述疑问和追问是非常有意义的,它与其说是翻译技术上的妥切问题,毋宁说是对人权观念的认识问题,也许,它会成为我们开启宪法大门的钥匙。

　　无独有偶,2004年,我国修宪把"国家尊重和保护人权"纳入宪法,自然引发了国人对宪法文本中"人、公民和人民"等基本概念的思考。如果说,公民是具有一个国家国籍的人,人民是主权国家的构成要素,那人是什么呢?很明显,他/她已脱离了国籍、国家和国法的束缚,成为一个有生命的自然体。历史地讲,权利产生于人的进化与觉醒,来自于对自我尊严和价值的体悟,对你的和我的界限的认识。"认识你自己"是对人类思考的概括和总结。当人、公民、人民与权利概念相链接时,它们之间的差别顿显。若依此思路对现行《中华人民共和国宪法》(以下简称《宪法》)进行解读,就会有新的、别样的意思溢出,洞见其中的奥妙。

　　其实,这个奥秘并不神秘,早在迄今216年前就被法国人揭开了。被誉为世界三大人权宣言之一的《法国人权宣言》,其标题就区分了人权和公民权。在这里,人权是什么,相对于政治国家的权力而言,是先在的、固有的、普适的权利,是人类的自然私权;公民权是什么,是国家赋予的、由主权国家控制的权利,是参与国家管理的政治公权。在自然私权和政治公权的关系上,《美国独立宣言》说得更清楚。先有被统治者的自然私权,后有统治者的政治公权。统治者的公权来自被统治者私权的同意。任何没有经过明确同意和授权的权力,就构成僭越,从而失去正当性和合法性。

反观我国所签署的国际人权法相关条约(human rights law),它在人权项下,区分了 Civil Rights 和 Political Rights,正预设了私民权利和公民权利的不同、市民社会与政治国家的差别。作为私民,其享有抵抗和防御政府侵犯的基本人权,包括生命权、财产权、自由权等宪法权利;作为公民,其享有选举政府官员、参与公共决策、竞争公共职务的权利。但实质而言,上述两种权利所凭据的事实和价值基础是不一样的,明确上述区分,无论对处理公民在国家中的地位还是调整公民与国家的关系,都有着现实又迫切的需要。

在一国宪法所开列的权利清单中,选举权利占有十分重要的位置。这首先表现在作为选举权的享有者——公民——与政治国家的关系,如果我们肯认主权与人权是一国宪法的基石范畴的话,那主权的归属与表达就和公民的整体,一个被称为人民的概念相联系,主权是人民意志的总和,是国家权力的本源。作为政治权利的保有者,个体的公民往往通过普遍的、平等的、自由的、真实的政治意思表示,来完成主权在民的实证化,产生代议制政府,实现公共权力的和平转移,为统治者披上合法的外衣。

当然,诚如西谚所云,法律永远是实践而非逻辑,公民权利也是如此,通过法律宣示公民有参政权容易,真正实现这些权利则很难。政治的、经济的、文化的保障自不待言。在一个宣称"实行依法治国、建设社会主义法治国家"的社会里,如何通过法律程序和法律救济的制度保障,实现参政权从法定权利向现实权利的转化,也许更加具有理论和现实意义。正是带着对民主宪政的理想,对自由人权的渴望,对法治精神的信仰,针对公民参政权中——"选举权的法律保障"这一命题,笔者经过思考和研究,终于梳理出几个重要问题,并力求正确判断问题的性质,探寻问题的成因,给出合理的、可行的答案。

法治应当是具体的。如果说,我国当代宪法学,早期更注重体系建构、制度言说和文本注释等宏大叙事式的研究与宣传启蒙,则晚近更加关心实证、程序和细节的打磨。选举权的法律保障这一选题就是契合现代宪法学研究方向的例证。本文对选举权的性质、地位、价值、特征、结构和历史演变的深入分析论证,解决了我国长期以来对选举权基本理论研究不足的问题。选举程序的设计,特别是流动人口选举权的保护、选民与候选人的了解程序、预选问题、竞争性选举问题,以及选务机构的独立性问题,一直是困扰我国选举权实现的瓶颈,本书在实证调研的基础上,结合我国的国情,给出了解决方案。"没有救济就没有权利"这句古老的西方谚语,在我国选举权的保障中也具有极强的针对性和现实性。本书在梳理西方制度资源和发掘中国本土资源的基础上,大胆提出了构建我国选举权救济制度的设想,以期为国家立法提供参考。我国有80万村民委员会和几亿农民,依照《宪法》和《中华人民共和国村民委员会组织法》(以下简称《村民委员会组织法》),我国在村民选举中实行了世界上规模最大、影响最深远的直接选举,成为中国政治体制改革的伟大实践。虽然村民选举与国家选举性质不同,但关注中国最广大人群的民主权利,为他们选举中出现的纠纷和违法行为提供法律救济的渠道,不仅是选举权法律保障研究的题中应有之义,也是本书的亮点和创新之处。

有人说,学习宪法学和行政法学,进门易,学好难。此言不谬。概因宪法与行政法,终极关怀人类生存的相关性问题。人类文明史,是物质文明、精神文明和政治文明协调发展的历史。其间,交织着幸福与不幸、欢乐与悲哀、文明与野蛮的更替与博弈,公平、正义、自由、民主、和谐秩序等价值就是人类斗争与思考的结晶,是政治文明的体现。而通过选举实现政治权力的和平转移,赋予管理集团以统治的正当性,完成对公民的教育和对共和国的忠诚,最终达到由人民监督控制公共权力,使权力真正为人民服务,则是人类智慧结晶中最闪光的部分。所以,对"选举权的法律保障"的研究并没有结束,因为中国民主宪政的道路正在实践之中。

焦洪昌
2005年5月1日

CONTENTS 目 录

第一章 选举权的理论研讨 1
第一节 选举的概念与意义 1
 一、选举的概念 1
 二、选举的意义 3
第二节 选举权的概念与历史发展 5
 一、选举权的概念 5
 二、选举权的历史发展 5
 三、结论 9
第三节 选举权的性质和地位 10
 一、选举权的性质 10
 二、选举权的宪法地位 17
第四节 选举权的结构 19
 一、选举权的结构 19
 二、被选举权的结构 25
 三、与选举权相关的权利 30
第五节 选举权的特征 31
 一、选举权的政治性 31
 二、选举权的竞争性 33
 三、选举权的有限性 35
 四、选举权的限制与剥夺 38
第六节 选举权的法律保障概说 40
 一、选举权法律保障的含义 40
 二、选举权法律保障的内容 44

CONTENTS 目 录

第二章 选举权的制度安排 — 47
第一节 选举权的制度概说 — 47
    一、概念 — 47
    二、作用 — 48
    三、体制 — 49
    四、代表与选民的关系 — 54

第二节 西方国家选举权的程序安排 — 57
    一、选民与议员的资格 — 57
    二、选区划分 — 57
    三、选民登记 — 60
    四、候选人提名 — 61
    五、选举投票 — 61
    六、选举经费 — 61

第三节 我国选举权的制度安排与完善 — 65
    一、制度安排体现的原则与价值 — 65
    二、选举程序及其完善 — 78

第三章 选举权的救济机制 — 106
第一节 选举权的救济原理 — 106
    一、权利与救济 — 106
    二、诉讼救济 — 110
    三、选举权救济 — 115

CONTENTS 目录

第二节 选举监察 … 117
  一、选举监察的含义 … 117
  二、西方国家的选举监察制度 … 118
  三、选举监察与选举诉讼的关系 … 121
第三节 选举诉讼 … 122
  一、选举诉讼的概念 … 123
  二、选举诉讼的性质 … 125
  三、选举诉讼的特征 … 127
  四、选举诉讼的种类 … 129
  五、选举诉讼的模式 … 134
  六、选举诉讼的体制——普通法系国家 … 139
  七、选举诉讼的体制——大陆法系国家 … 141

第四章 我国公民选举权的救济制度 … 152
第一节 选举权救济制度的历史流变 … 152
  一、清末"预备立宪"时的选举诉讼制度 … 152
  二、民国初期的选举诉讼制度 … 153
  三、新中国的选举诉讼制度 … 161
第二节 选举权救济制度的现状及缺陷 … 164
  一、制度现状 … 164
  二、制度缺陷 … 169
第三节 选举权救济制度的完善 … 178
  一、制度完善的宪政意义 … 178
  二、制度完善的具体思路 … 180

CONTENTS 目 录

第五章　我国村民选举权的救济渠道　188
 第一节　村民选举纠纷的现状与成因　188
  一、问题的缘起：村民选举纠纷与选举违法　188
  二、村民委员会选举中选举违法的危害
   及成因　194
 第二节　村民选举权的救济渠道　201
  一、非诉救济　201
  二、诉讼救济　208

第六章　选举权法律保障的发展趋势　220

参考书目　226

后记　230

第一章 选举权的理论研讨

第一节 选举的概念与意义

一、选举的概念

"选举"一词早已见诸中国古代文献。如《淮南子·兵略训》中即出现"选举"一语:"故德义足以怀天下之民,事业足以当天下之急,选举足以得贤士之心,谋虑足以知强弱之势,此必胜之本也。"《后汉书·陈蕃传》也有:"自蕃为光禄勋,与五官中郎将黄琬共典选举。"通常而言,在古汉语中,"选举"乃选拔和举荐贤能之士为官。在这一意义上,中国"选举"的历史可谓源远流长。据史料记载,早在唐虞三代就已存在"乡举里选",至西汉形成"察廉举孝"之制;自隋开始,又确立了影响至远的科举之制。因此,当今有学者将中国秦汉至晚清的社会称之为"选举社会"。① 但中国古代之"选举"与近代之"选举",并非同一概念。古代中国的选举可谓统治者"为民择官",它是一种自上而下的选择,表达的是统治者的同意;近代之选举则舶自西方,其一般意义是指人民自己选择统治者的行为,它是一种自下而上的选择,表达的则是被统治者的同意。

不过,由于人类文明的演进与变迁,选举的范围与功能均在不断拓展。因此,对于现代的选举,即使在西方,事实上也有诸多的界定。如国际权威的《布莱克维尔政治学百科全书》认为,选举(elections)"是一种具有公认规则和程序形式,人们据此而从所有人或一些人中选择几个人或一个人担任一定职务。它与任命或抽签的二中取一的选拔方法不同"②。法国学者让·马里·科特雷、克洛德·埃梅里认为:"选举可以被定义为由种种程序、司法的和具体的行为构成的一个整体,其主要目的是让被统治者任命统治

---

① 参见何怀宏:《选举社会及其终结——秦汉至晚清历史的一种社会学阐释》,三联书店1998年版,第1—2页。

② 〔英〕戴维·米勒、韦农·波格丹诺主编:《布莱克维尔政治学百科全书》,邓正来主编译,中国政法大学出版社2002年修订版,第229页。

者。"①但也有不少西方典籍对选举作了更为宽泛的解释。如《不列颠百科全书》对选举的解释是:"通过投票选择公职人员,或接受或拒绝某种政治主张的正式程序……选举是社会上人们对参加竞选的候选人或政党通过投票作出选择的方法。既用于选择领袖也用于决断问题。"②《美国大百科全书》认为:"'选举'是一种通过那些有正式资格参加的人的投票进行官员的选择和有关政策、决议的制定过程。"③美国的《选举政治词典》也认为:"'选举'是允许公民通过投票显示他们关于谁应拥有公共职位或提案是否应制定成法等问题的偏好的过程。"④这些辞书的共同点在于,它们皆将选举界定为选民通过投票选择公职人员或表达政策偏好的过程或活动。而按照传统观点,人们并不将为进行政治决策而广泛征求公众意见的活动纳入"选举"概念之中,而是特称其为"全民公决"或"公民投票"。

在当今中国学界,人们通常对选举作广义与狭义两种界定。在广义上,学者们认为选举是指某一社会群体中有资格的成员,按照既定的程序和方式,选择某人担任自己的代表或某一职务的行为。广义的选举不但存在于国家政治生活中,而且存在于社会生活领域的各种组织中,如政党、农村村民委员会、城市社区业主委员会等其他社会组织等均可采用选举的方式产生自己的领导机构或人员。而狭义上,选举通常被界定为符合法定资格的公民根据自己的意愿,依照法定程序和方式,选择代表机关的代表或某些国家公职人员的行为。同时,广义的选举与狭义的选举,不但表现在实行的范围上,还表现在实行的方式上。广义的选举包括抽签这种随机性的偶然选择方式,狭义的选举则特指人们根据自己的愿望与评判作出的倾向性的主观选择。在当今国内外,作为大众话语与学术术语的"选举"通常仅指存在于国家政治领域、有关国家代议机关代表和某些国家公职人员的选举,即狭义的选举。本书所研究的选举除第五章外即是狭义之选举。同时笔者认为,作为我国最广泛意义上的选举——村民委员会的选举虽然不是对国家代议机关代表或国家公职人员的选举,但其同样承载着建设我国民主政治、推进民主进程的功能,甚至在某种意义上说,村民委员会的选举将可能成为

---

① 〔法〕让·马里·科特雷、克洛德·埃梅里:《选举制度》,张新木译,商务印书馆1996年版,第8页。
② 《不列颠百科全书》第6卷,中国大百科全书出版社1999年版,第12页。
③ 转引自彭宗超:《公民授权与代议民主——人民代表直接选举制度比较研究》,河南人民出版社2002年版,第28页。
④ 同上。

我国政治民主的突破口和推进器,这一判断已为近年来村民委员会选举的实践所部分验证。基于此,在本书第五章专辟章节论述村民委员会选举及与此有关内容,但需指出的是,此处的"选举"与本书主要部分的"选举"含义有别。

二、选举的意义

作为不同于世袭和任命等方式的一种产生国家公职人员的方法,选举意味着普通公民能根据自己的意愿自由选择能代表他们利益的人参与政权,行使国家权力和进行政治决策。这一政治理念使现代选举成为现代社会最蔚为壮观的政治景象并奠定了现代政治文明的基石。具体而言,选举的意义主要表现为:

首先,选举是一种最为重要的民主制度。民主是基于平等的理念与价值而产生的一种政治统治的形式。在民主主义者看来,每个人都是平等的,都具有同样的人格,同等的价值,所以每个人都有权利参与政治决策,都有权利做统治者。这样的政治追求与政治形态,就是民主政治。民主有多种的实现形式,如直接民主、公民表决式民主、选举式民主、参与式民主等①,但其中最为重要的民主形式就是选举式民主。因为直接民主受到人口规模与地域的限制,参与式民主受到公民自身时间与空间的限制,公民表决式民主难以克服民众的激情;而通过选民团体选举代表或领袖来管理国政的选举式民主,则克服了前述多种民主形式的弊端,是被近现代制度实践所证明的实行民主政治的最佳形式。正因如此,在当代,"民主政治最一般的界定"就是"公正、可靠、定期举行的选举"②,"就是被统治者对统治者的自由选择"③;而"检验民主就是用选举检验"④。

其次,选举为国家机关提供了必需的优秀人才。政治是一门技艺,统治者必须具有应有的知识,柏拉图的这一论断并没有错,柏拉图错在忽视了"哲学家"或"政治家"成为统治者的应有程序。选举具有代表的功能,同时

---

① 参见〔美〕乔·萨托利:《民主新论》,冯克利、阎克文译,东方出版社1998年版,第125—127页。
② 〔美〕菲利普·施米特、特丽·林恩·卡尔:"民主是什么,不是什么?",载刘军宁编:《民主与民主化》,商务印书馆1999年版,第24页。
③ 〔法〕阿兰·图雷纳:"在当代,民主意味着什么",载中国社会科学杂志社编:《民主的再思考》,社会科学文献出版社2000年版,第18页。
④ 〔美〕乔·萨托利:《民主新论》,第100页。

也具有择优的功能。虽然每个人都有平等的权利成为统治者，但是，由于政府的公共职位是有限甚至是惟一的，因此，通过选民团体投票选举的方式，实际上将议员、政府首脑等公共职位给予了公民中的优秀者。尽管这些选举产生的议员或领袖未必都是当时最优秀的人才，但是选举方式毕竟可以在相当程度上防止才能平庸、品质低劣之士管理国政和领导社会。同时，由于选举政治意味着政府的定期更替，这便为社会精英的政治愿望提供了经常的和开放的平台，那些自认为天生是"统治者"的人，可以在定期选举中接受人民的评判与选择，而不必诉诸武力，从而有利于政治的和平与社会的稳定。

再次，选举是政权合法性的基本来源。对于国家政权而言，"合法性即是对统治权利的承认"①。合法性是一个政权是否真正稳定的内在基因，如果一个政权没有合法性，"它就不可能永久地保持住群众（对它所持有的）的忠诚心，这也就是说，就无法永久地保持住它的成员们紧紧地跟随它前进"②。统治合法性的来源，在于被统治者的同意。选举是被统治者中的核心群体即有政治权利的公民根据自己的意志进行集体投票的行为，而选举结果，表达的就是这一核心群体中大多数人的同意。因此，在当代，人们公认，凡是经过人民按照普遍、直接、秘密投票的原则选举产生的政府，就是具有合法性的政府。此外，通过人民选举这一和平方式产生政府，也同时意味着各种政治势力对这种政权和平转移方式的普遍接受，这就从根本上消除了人类历史上长期存在的为争夺政权而引发的无数血腥的灾难。在这一意义上，通过选举产生政府的制度与共识成为人类政治文明最为重要的成果。

最后，选举是公民和政府互动的重要途径。选举联结了选民的行为和政府的行动，有助于参与者的知识和情感的教育，促进国民对国家的归属感、参与感和团结感，执行着教育选民的功能。在选举期间，各政党与候选人，无不利用多种途径与选民沟通，传递其政治上的理念和诉求，以吸引选票，最终当选。而投票被认为是最有效的沟通方式，投票以后其效力明显减弱了。在实行自由和民主选举的国家，选举活动类似政治狂欢节，参加竞选、聆听演说、排队投票、庆祝胜利等是狂欢节中的曲目，选民从中感受民众的力量、自身的价值、竞争的残酷和胜利的喜悦。选举的教育功能就是在参

---

① 〔法〕让—马克·夸克：《合法性与政治》，佟心平、王远飞译，中央编译出版社2002年版，第12页。

② 〔德〕尤尔根·哈贝马斯：《重建历史唯物主义》，郭官义译，社会科学文献出版社2000年版，第264页。

与和体悟中被型塑完成的。

第二节　选举权的概念与历史发展

一、选举权的概念

选举权是参与选举的资格与前提。如前所述,选举本身有广义与狭义之分,由此,在不同的选举中所享有的权利性质亦有区别。与对"选举"的理解一致,我国学术话语中的"选举权"一般仅指公民在公共权力领域中所享有的选举权,即谓公民选举国家代议机关代表和某些国家公职人员的权利。同时,基于前已述明的特殊考量,我亦将我国农村村民选举村民委员会的权利纳入本书的研究范畴之内,即本书第五章所称"村民选举权"。

对于公民在公共权力领域中的选举权,一般有广义与狭义两种界定。以狭义的选举权而言,它是指公民以书面或非书面的方法选举国家代议机关代表和其他公职人员的权能。学者在论及时,一般将"选举权"与"被选举权"并列视为两种各自独立的权利。[①] 亦有学者在广义上理解选举权,即选举权的概念涵括被选举权,是指公民依照法定的程序与方法参与代议机关代表和其他公职人员选举的权能。[②] 本书除特别说明或分类研究外,所谓选举权皆是广义的概念。

二、选举权的历史发展

(一)选举权的起源

根据历史学家的发现,自从人类开始聚集一处共同生活,人类就知道如何运用选举。恩格斯在《家庭、私有制和国家的起源》一书中,谈及易洛魁人的氏族内部习俗时,提到了氏族选举酋长的问题,"所有的人,无论男女,都参加选举"[③]。原始社会组织的基本单位是氏族和由氏族结合而成的部落或部落联盟。氏族有氏族领袖,战时有军事首领。他们都是由氏族成员选举产生的,不脱离生产,并且可以撤换。各种形式的议事会是氏族的最高权

---

① 如韩大元教授即持此论。见董和平、韩大元、李树忠:《宪法学》,法律出版社2001年版,第353页。
② 见许志雄、陈铭洋、蔡茂寅、周志宏、蔡宗珍:《现代宪法论》,元照出版公司1999年版,第223页。
③ 《马克思恩格斯选集》第4卷,人民出版社1972年版,第82页。

力机关，它由所有成年男女组成，有权决定氏族的重大问题。部落和部落联盟的首领也都是由选举产生的。那么在原始社会是否存在选举权呢，或者说，选举权是否在原始社会就产生了呢？在我国学界，有人认为原始社会存在着选举，因此当然存在着选举权。本书不赞成这样的观点。因为选举与选举权既非同一概念，也非同时产生。这正如生命之于生命权，古希腊和古罗马那些劳作的奴隶虽有生命，但他们并不享有生命权；又如言论之于言论自由，言论的存在，并不必然表明这个国家就有言论自由的存在。

选举权即为参与选举的权利。因此，确定选举权的历史起点，在根本上取决于对权利本质的认识。在中外法律思想史上，产生过重要影响的权利学说主要有资格说、主张说、自由说、利益说、法力说、可能说、规范说与选择说。在这几种学说中，除资格说以外，其他七种权利理论都认为权利是受到国家法律的承认与国家强制力的保障的。① 新近有两位美国学者从"权利成本"的经济学角度提出了更具说服力的解释。他们认为，权利是有成本的，所有权利都需要公共的支持，没有公共资助和公共支持，权利就不能获得保护和实施，因此，权利是"个体或团体能够运用政府的手段切实地加以保护的重要利益"，"无政府意味着无权利"②。由此可见，权利的特质在于国家法律的承认与国家强制力的保障；没有国家法律的承认与国家强制力的保障，只是基于某一道德基础而提出的"权利"，其实只是一种权利主张或权利诉求，而并不是真正的权利。以此而论，在原始社会，由于尚未产生国家，也没有国家制定的法律与国家强制力，同时原始人自身也没有"权利"的意识，故以原始社会存在选举为由就将选举权的历史起点确定为原始社会是不妥当的。

（二）选举权的历史演进

只有产生国家，才能产生受到国家承认与保障的权利；同时，只有存在

---

① 资格说从自然权利的理论出发，把权利看作理性动物的人所固有的"道德品质"，由于它，一个人有资格正当地占有某种东西或正当地作出某种事情；主张说把权利定义为法律上有效的、正当的、可强制执行的主张；自由说认为权利是自由的法律表达；利益说认为权利乃法律所承认和保障的利益；法力说主张权利的本质是由法律和国家权力保证人们为实现某种特定利益而进行一定行为的"力"；可能说认为权利乃法律规范规定的有权人作出一定行为的可能性、要求他人作出一定行为的可能性以及请求国家强制力量给予协助的可能性；规范说的中心思想是权利乃是法律所保障或允许的能够作出一定行为的尺度；而选择说则认为权利意味着在特定的人际关系中，法律规则承认一个人（权利主体）的选择优越于他人（义务主体）的选择或意志。参见张文显：《法哲学范畴研究》，中国政法大学出版社2001年修订版，第300—305页。

② 参见〔美〕史蒂芬·霍尔姆斯、凯斯·R.桑斯坦：《权利的成本——为什么自由依赖于税》，毕竞悦译，北京大学出版社2004年版，第3—6页。

选举活动,才能产生选举权利。在有据可查的人类历史中,最远只有在古希腊以及后来的古罗马,才存在选举政治,所以考察选举权的历史,应当从古希腊与古罗马开始。

1. 古希腊与古罗马的选举权

古希腊是由若干城邦国家(City-state)组成的。由于这些城邦国家面积不大,人们多半过着紧密的生活,因此公民之间进行政治沟通便比较容易,从而为民主政治的发展提供了条件,雅典就是当时最为著名的实行民主政治的城邦。

依照雅典当时的政治体制,政府由公民大会、长老会、五十人委员会、陪审官、大官与将军等组成。其中公民大会是由 20 岁以上公民所组成,议决宣战媾和、使节派遣、赋税、预算、军事指挥官的选任、行政官的任免、报告的听取、诉讼、赦免等重大事项。而长老会是由构成雅典的 10 个部落通过抽签的方式选出的 500 人组成;凡是 30 岁以上者都可入选,任期一年,一生只能被选两次。五十人委员会由各部落中一年分为十期、每期选出 50 人所组成,其职责在于充任长老会之咨询机构。陪审官是由各部落每年推选出 6000 名公民所组成,并以抽签方式将特定案件分发给他们处理,凡是 30 岁以上公民、对国家没有债务、也没有什么不名誉的事,都可以担任陪审官。大官除财务官及水源监督官以选举产生外,其他如会计、市场委员等都由抽签方式选出。将军负责国防军事的职责,共 10 名,由全体公民选举组成。

由上可见,在古希腊雅典城邦国家,其重要机关的成员不是由公民选举就是由抽签产生,选举实际上是当时雅典公民的日常活动。因此,有学者认为,"希腊城市国家内的公民,把选举当作一种天赋而不可推诿的事务,除非这个公民与他的国家脱离了关系。这种义务是永久不能放弃的"[①]。也就是说,选举权首先表现为公民的普遍特权(占人口绝大多数的奴隶自然不享有选举权),同时公民的选举权又表现出很强的义务属性。

与雅典类似,古罗马本来也是一个城邦国家,在文化上受古希腊的影响极大。相传罗马的王政时代是建立于公元前 753 年,到公元前 509 年才进入共和时代,当时的国王是由贵族所组成的议会选举产生。到了共和时代,原来的国王代之以二人的执政官,他们由百人议会选举产生,每年改选一次;最初只有贵族才有资格被选充任,公元前 367 年以后,平民也可以当选。

---

① 赵纯孝:"选举制度的研究",载何勤华、李秀清主编:《民国法学论文精萃》(第二卷·宪政法律篇),法律出版社 2002 年版,第 648 页。

这是因为平民不断地争权以对抗贵族,贵族与平民的协调结果是设立了平民议会,这个议会到了共和末年便成了国民议会,以选举护民官来干预贵族政府并否决执政官的任何措施为职责。不过,和古希腊一样,古罗马所实施的选举制度,其选举仍只限于占人口极少数的公民(即贵族和平民),而将大多数的奴隶排除在外,所以古罗马的选举权仍然是公民的特权,其作为一种普遍权利根本无从谈起。

2. 欧洲中世纪的选举权

在欧洲中世纪时期,已发展出近代议会代议制前身的等级会议代表制。在当时,等级会议是由封建君主下的贵族、僧侣等特殊阶级与平民阶级的代表所组成。僧侣与贵族两个特权阶级的代表大部分由国王直接邀请参加,平民阶级的代表由自治城市以选举方式推举之,因此,欧洲中世纪的选举制度实际上得益于城市的兴起。这些城市大多是在十字军东征以后发展而成的,实际上是一种工业团体或商业团体,它们在同业公会的领导下通过各种途径获得自治权利。由于市民们大多数是同业公会的会员,城市得到自治权利之后,他们便获得公民权利,有权参与城市的选举。

不过,城市方面的管理权差不多是富商阶级的专利品,这些富商阶级为保持他们的特权,对公民资格的限制非常的严格。当时,公民资格之中均有地产的资格,同时,只有合法生育的、不欠债的、并且没有不能医治的疾病的公民,才能有选举权。到了12世纪的时候,经过工人的长期奋斗和争取,许多城市才承认工人的选举权。到15世纪以后,同业公会又为年长而富裕的工人会员所把持,遂又排除了部分年轻工人会员的选举权。不过当时的选举权差不多没有什么价值,因为选举时候的费用很大,而被选人员却不能有什么好处。各种职位全是没有薪水的,费用却很大,绝非一般公民所担负得起。所以,人民往往不把代表的职位看作一种权利,却看作一种义务,务必想法回避。① 由此可见,当时的选举权对一般的普通公民,并无多大价值,实质上沦为少数富商的特权。

3. 近现代的选举权

近代以降,选举权得到了广泛的发展。这是因为在近代资本主义社会,选举权的扩大有其自身的客观基础。首先,在经济方面,资本主义经济的发展必然要求扩大选举权。资本主义经济的发展既会造成资产阶级与地主阶

---

① 参见张慰慈:"中世纪的民治主义和选举制度",载何勤华、李秀清主编:《民国法学论文精萃》(第二卷·宪政法律篇),法律出版社2002年版,第667—672页。

级的利益冲突,也会形成资本家与工人、农民、个体手工业者等各个社会群体的利益冲突,选举权的扩大可以使各方面利益的代言人聚集起来进行谈判,以为和平解决这些利益冲突达成妥协。其次,在政治上,资产阶级在反封建的斗争中必须依靠广大人民群众的力量,扩大选举权是吸引广大人民群众投入反封建斗争的重要手段。最后,近代资产阶级启蒙思想家极力鼓吹"天赋人权"、"主权在民"、"代议制政府"等民主思想,为选举权的扩大与普及提供了重要的思想基础。当然,在不同的国家,由于其政治力量对比的差异,选举权扩大的具体进程是各不相同的。

在英国,选举权的扩大与英国资产阶级革命的特点是紧密联系在一起的,它以逐步废除财产资格为主要特点。英国在1832年第一次议会改革前的选民数仅为51万,占全国成年居民的5%;即使在第一次议会改革后,选民数也只增加到81万,占全国成年居民的8%。① 但已比改革前增加了20万选民,增长率为45%左右。它是工业资产阶级开始在议会中同土地贵族和商业金融资产阶级分享统治权的标志。1867年第二次选举制度改革中,城市的小市民、个体劳动者取得了选举权,其人口达到200万。1884年第三次选举制度改革,统一了全国城市与农村选民资格标准,城市的工人也有了选举权,选民增加到440万。1948年英国选举权再次扩大,1969年英国修改了《人民代表选举法》,规定年满18岁的英国公民,依法都享有选举权。法国、美国等资本主义国家选举权的扩大,大体上也经历了有限普选——减少限制——完全普选的发展变化过程。

资本主义国家选举权发展的基本特点是限制和扩大选举权的趋势始终交织在一起,只是在不同的历史时期,同一国家在不同的发展阶段上两者所处的地位不同罢了,但基本趋势是逐步扩大选举权。资产阶级在反封建的斗争中,提出了普遍、平等、直接和秘密投票等一系列选举原则,打破了森严的封建等级,废除了封建特权,使绝大多数成年公民享有了普遍的选举权,从而为后来资本主义民主的发展奠定了基础。

三、结论

从上述选举权的历史考察中,我们可以得出以下结论:

首先,选举权的产生、发展与经济发展水平有密切联系。正是由于奴隶社会相对于原始社会的经济发展,有了剩余产品以及随之产生的"有闲阶

---

① 阎照祥:《英国政治制度史》,人民出版社1999年版,第292页。

层",才产生了民主政治,产生了公民的选举权。也正是由于经济的发展,随着个人与国家财富的积累与增长,人们才会积极行使选举权,不断要求选举权,国家也才能为选举活动提供经费,为被选代表提供费用与薪俸,从而赋予选举权的内在价值。近代的资产阶级革命,在某种意义上就是争取、扩大选举权的斗争,而从客观上讲,这一斗争同经济发展所达到的实际水平是相一致的。现代国家最终完全消除对选举权的不合理限制,在根本上也是同现代国家不断增长的物质财富有密切联系的。

其次,选举权与民主发展水平是同步的。选举权随着民主的产生而产生,也随着民主的发展而发展,没有民主便没有选举权。选举权的扩大是民主在政治上取得的积极成果。从总体上讲,奴隶社会、封建社会的民主是不发达的,由此决定了其极不发达的选举权。在资本主义社会,民主得到了较广泛的发展,选举权的扩大也才有了内在的动力。选举权的普遍、平等,直接选举和无记名投票等选举原则就是这一成果的法律化。因此,选举权的发展受着民主发展水平的限制,扩大选举权实际上是民主的发展。

最后,选举权的发展体现出从特权到权利的缓慢而艰难的发展轨迹。在古希腊与古罗马,选举权是"公民"的特权;在中世纪,选举权是少数富商的特权;在近代,选举权又经历了贵族与资产者的特权到成年男子的特权再到成年男子和女子的权利,其推动力既包括上述经济的发展与民主的进步,同时包括"无选举权群体"自身与统治阶层长期不懈的斗争(如上述英国选举权的扩大与英国工人的宪章运动是密不可分的,而当今西方国家妇女的普选权也直接源于 20 世纪西方国家妇女争取选举权的斗争)。

第三节 选举权的性质和地位

一、选举权的性质

如前所述,选举权是公民参与选举的权能。但对于这种权能的性质,学界一直存有争议。概括起来,主要有以下五种学说[①]:

[①] 当然,关于选举权性质的学说学界的概括并不一致。如有的将其概括为选举权利说(包括固有权利说和取得权利说)、选举义务说和选举权利义务说三种学说(参见王玉明:《选举论》,中国政法大学出版社 1992 年版,第 39—46 页);有的将其概括为个人权利说、社会职务说、权限说、权利兼职务说这四种学说(参见谢瑞智:《民主政治与选举罢免法》,黎明文化事业股份有限公司 1989 年版,第 33—37 页);也有的概括为公民属性说、财产附着说、固有权利说、社会职务说、权利兼职务说、伦理说等六种学说(参见任德平:《选举争讼制度研究》,中国人民大学法学院 2004 年博士论文,第 5—7 页)。我们之所以采五分说,是根据其自身的独立性及影响力而论的。

(一) 固有权利说

所谓固有权利,指国民当然享有的权利,既无须国家宪法或法律赋予,也不是国家宪法或法律所能剥夺。卢梭的主权论为该学说提供了理论基础。卢梭从社会契约的立场出发,主张国家主权属于国民全体,国民为了表示他们的共同意志即公意,自然非参加投票不可,也自然非有选举权不可;换言之,每人有权参与主权的行使,参加投票就是表示意见的方式,从而全体国民就应该拥有选举权,选举权就变成与生俱来而不可让渡的权利。孟德斯鸠也说:"除自己没有意志者以外,一切人民皆当有选举的投票权",揭示的也是选举权是国家不可以任意加以剥夺或限制的人类的自然权利之一。按照此说,选举既然是人民固有的权利,在理论上进一步引申,即可推演出:应该举行无限制的广泛的普遍选举;应选议员的数目,不以投票权人数多少为决定标准,而应以人口的比率为决定的标准;人民有行使选举权的绝对自由,包括投票的自由、弃权的自由,甚至于让渡的自由。目前采用这个理论的国家主要有日本,《日本宪法》第15条规定:"选定及罢免公务员乃是国民的固有权利"。

(二) 取得权利说

取得权利说是与固有权利说相对的一种学说,该说认为选举权是一项法律权利,而不是一项自然权利,即认为公民的选举权不是先天固有的,而是公民依靠斗争取得的。公民依靠斗争取得选举权后,国家以宪法或法律的形式予以确认与保障,而公民的选举权,从形式上看,也成了宪法或法律所"赋予"的权利。取得权利说的理论基础在于,包括选举权在内的任何公民权利,都是受社会物质生活条件制约的,是具有阶级性的,公民的选举权不是先天固有的,世界上不存在先天的、自然的权利,也不存在抽象的、超阶级的选举权。由此可见,取得权利说突出强调了选举权的现实性。取得权利说是在强调国家权力时代产生的,因此,其更强调选举权的国家性。

(三) 社会职务说

社会职务说又称公务说,该说认为选举是国家基于国家目的赋予国民的一种公共职务,而不是国民与生俱来的自然权利。主张这种学说的学者认为选举是一种团体行为,因之不能完全从个人角度来谈选举,而应该以团体的选举行为为对象来认识选举与选举权。如法国学者巴拿夫说,选举是"人民以选举的资格,组织一个选举团,选举议会议员,它的性质等于法国的两院议员组成一个选举会,选举总统。两院议员组织选举会选举总统是议员的职务,不是议员的权利,这正如总统任命文武官员不是实行总统个人的权利,而是执行国家机关的职务"。以国家处在战时为例,个人需要在全然毫无预知的情况下作出一些配合团体的行为,比如必须把那些从无恩怨的人当作敌人而发射炮弹;同理,"人民在选举的时候,构成为选举团,选举议会议员,也是执行选举人的职务,而不是实行人民个人的权利"。总而言之,选举和战争一样,是一种团体的行为,个人的个别行为,不过是执行国家所赋予的职务而已。选举既然是国家赋予选民的一种职务,在理论上进一步引申,即可推演出:国家可以基于社会利益而规定选民行使职务的相当资格,如国籍、年龄及住所等事项;选举权既然是一种职务,选民就有履行选举职务的当然义务,不得自行放弃,国家就可以实行"强制投票",以强制其履行。目前采用这个理论的国家主要有意大利、巴西等国,如1948年《意大利共和国宪法》第48条规定:"国民不分男女凡达成年者有选举权。投票的行使为国民的义务";1964年《巴西宪法》第133条规定:"除法律另有规定外,巴西国民不分男女,均有参加选举登记及投票之义务。"

(四) 权限说

所谓权限说是从国家法的观点出发,认为选举就是选任国家机关的行为,这种参与任何国家机关的选举,也是属于国家功能的行使,所以选举本身就是机关的活动。主张权限说最有力的代表人物是德国学者耶林涅克。在这种学说语境里,选民本身只不过拥有投入神圣一票的请求权而已:选举人在投票的瞬间是国家功能的行使者,系参与国家之任命行为;当他完成了国家功能的行使后,就再度回复到私人的地位。因此,投票本身并非是个人行为,而是最高国家机关的行为,因为行使选举之权利的主体与官吏之任命的主体相同,它们都应该是国家。这种把个人行为当作国家机关的活动,是在说明选举不仅是一种反射权,而且是一种权限或权能,由此权限而附带承认个人行使这种权限的请求权。

(五) 权利兼职务说

这种学说是对固有权利说与社会职务说两派理论的一个折中。即认为选举权在本质上应该兼具权利与职务两种性质,选举权固然是选民的权利,同时也是选民的职务。如法国学者狄骥说:"选举一方面是权利,同时又是义务。"但是这种权利,并不是国民固有的权利,而是依宪法或法律所保障的公权利,是由国家授予的;国家授予选民此种权利,纯系为社会公益而为,不单纯是为个人利益,选民行使选举权,当然应为国家利益而行使。因此,选民行使选举权就等于执行社会公益的职务,国民不宜任意放弃此项职务,此即权利兼职务说。基于这种学说,在理论上进一步引申,即可推演出两个结果:既然选举权是国家法律所授予的权利,所以凡是依法取得选举权的人民如有被遗漏时,各国法律都规定可以向法院申诉,以维护其权利;选举权既然含有职务的性质,它当然与私人的普通权利不同,私人的普通权利可以转让或委托他人代为行使或自己表示抛弃而使之消灭,但选举权不能,而且国家在必要时也可以禁止其任意抛弃。目前在学界,权利兼职务说是居于统治地位的学说。[①]

以上五种学说就是历来学界关于选举权性质争论的概况[②],它们从不同的角度诠释了选举权的性质,而且,这些学说都曾经或依然是一些国家选举制度设计的理论依据。本书认为,以上诸种学说都是基于不同的历史背景产生的,它不可避免地带有时代的印迹,因此它们既有其历史的进步性,也有其历史的局限性。就固有权利说而言,本身是近代启蒙思想的产物,在资产阶级反对君权神授和职位世袭制的过程中,该理论作为一个有力的思想

[①] 王世杰、钱端升先生对主张此说的理由有精到的论说,他们认为,"选举权的授予,一方面固是为着社会的利益,另一方面亦是欲令私人得以表示其意见与情感;固谓选举权的授予,纯为为着社会利益,而非为私人利益,亦不免言之过当。选举权固不能仅认为职务而非权利。不过选举权虽含有权利的性质,而与私人的普通权利究有不同:私人的普通权利,大都可以割让于他人,或委人代为行使,或因宣言抛弃而消灭;按诸一般国家选举法,选举权则为不可割让、不容委托的权利,亦不因自行宣言而可消灭。在采用强制投票的国家,当事者且有不能不行使权利的义务"。同时,他们认为,"这类权利,在公法上或私法上亦未始毫无其例,例如各国公法上所承认的人民陪审权,与私法上所承认父母对于幼年子女的财产管理权等;因为享有这类权利之人,在一方面固有行使陪审权或管理子女的财产的权能,在另一方面亦有预备陪审或代子女管理其财产的义务"。见王世杰、钱端升:《比较宪法》,中国政法大学出版社1997年版,第136页。

[②] 也有些学者专门就被选举权之性质进行了探讨,其主要观点有:第一种观点认为,被选举权是消极的被动的权利。凡享有选举权的人,都可积极的主张自己是选举人,要求行使选举权。而有被选举资格的人,虽可请求选民提名为候选人,但不能要求选民必须选举自己,或国家不得剥夺其当选权,所以可以说,选举权是积极主动的权利,被选举权是消极被动的权利。第二种观点认为,被选举权的内容十分广泛,不仅包括别人选举自己时,国家不得干涉的权利,而且还包括为使自己当选而主动向选民表现自己的表现权,主动接受和拒绝选民对自己自愿选择的权利,对非法当选者提起选举诉讼的权利,被选举权的这些内容都是积极主动的,现在许多国家所普遍实行的竞选制度表明,被选举权具有极强的主动性,其主动性并不至于因不能强迫选民选择自己而被抹杀或被削弱。第三种观点主张被选举权不是一种权利,而是一种资格。这种观点认为,在选举权,凡有一定资格之人,都可根据法律积极地主张自己是选举人,参加投票。在被选举权,人们不能因自己有被选举权,要求别人必须选举自己为议员。不过别人选举自己之时,国家不得加以干涉,自己依法当选之后,国家不得禁止自己为议员。其状无异于凡在文官考试及格之人,虽然都有任命为官吏的可能,而却不能要求国家必须任命自己为官吏。所以被选举权之性质,一方与选举权不同,他方又和任官权相似,而如G. Mayer所言,"被选举权不是一种权利,而是一种资格"。我们认为第二种观点较为可取,因为被选举权是候选人主动接受选民对自己自愿选择的权利,而不是强迫选民选择自己而获被动接受当选的权利;被选举权不仅是一种权利而且是一种内容广泛的主动的权利。参见王玉明:《选举论》,第46页。

武器,打破了封建势力对选举权的垄断和控制,从法律层面切实推动了选举权范围的扩大;但是,这种学说是奠基于所谓"不证自明"的自然权利理论之上的,难免根基浅薄。① 而取得权利说离开固有权利说的纯道德性,指出了选举权的法律授予性,无疑是其正确的一面,但它又完全否定了选举权的道德根基,显然又属片面。以社会职务说而论,该说产生于强调个人责任的时代,目的在于促使公众广泛而积极地参与选举活动,让选出的代表与首脑能够充分体现民意,其用意可嘉,但这种理论完全将选举权等同于公民的一种义务,抹杀了选举权的权利属性,无论在理论上还是在实践中都会导致混乱与恶果。以权限说言之,该说从结果意义上的确具有一定的合理性和说服力,但是它让个人的行为在宏大的国家功能下显得可有可无,使得选举权纯粹形式化。对于权利兼职务说,该说在抽象的理论上虽颇有说服力,但是在实证上却不能解释当今许多国家的法律现实。在当今诸多国家(如美国),都实行自由投票,并不强制公民必须投票;同时,也有一些国家允许公民委托投票(如我国)。

本书认为,对选举权性质的认识应当建立在"权利"的基础上,因为将选举权的性质认定为权利正确地说明了"国家权力来源于公民权利"这一命题,而将其认定为一种义务明显不能解释国家权力的本原问题。同时,本书认为,对选举权这种权利又应当把握其多面的特性,本书的观点是:选举权从本质属性上看是一种法律权利,从权利地位上看是一种基本权利,从个体特质上看是一种政治权利。

首先,选举权是一种法律权利。前已述及,权利的特质在于国家法律的承认与国家强制力的保障。但是,长期以来,人们一直惯常使用"自然权利"与"道德权利"等概念,因此,为以示区分,人们又常常将本质意义上的权利加上"法律"这一限定词,称之为"法律权利",而事实上,本质意义上的权利与法律权利是等同的。这里本书强调指出选举权是一种法律权利,目的是否定选举权性质的自然权利说。因为自然权利说不但在理论基础上难以成立,而且也是对当今选举权现实的盲视,在当今世界上,公民的选举权无疑都是以客观的法律权利的面貌呈现的。

其次,选举权是一种基本权利。权利根据其自身的重要性,可以区分为

---

① 从18世纪末开始,越来越多的人怀疑自然权利学说的真理性和客观性,并把"自然权利"、"天赋人权"斥为"谬误"。参见张文显:《法哲学范畴研究》,中国政法大学出版社2001年修订版,第288—289页。

第一章 选举权的理论研讨

基本权利和一般权利。基本权利是为一国宪法所承认与保障的个人在共同体中为人格的完整与完善所必需的权利;而一般权利,通常由普通法律所规定。基本权利表明的是其在整个权利体系中相对于一般权利的重要地位。选举权是公民参与政治生活的权利,这种权利的享有,关涉公民自然人格的完善与政治人格的完整,因此选举权在公民的权利体系中处于至关重要的核心地位,是每一个公民都享有的基本权利。①

最后,选举权是一种政治权利。这是从选举权的自身特质来说的。按权利的类属来看,有政治权利、经济权利、社会权利与文化权利等类别。政治权利是赋予公民参与并最终控制国家的权利②,它是公民最为本质的属性。政治权利也可称为参政权。而选举权,就是其中最为首要最为核心的权利。因为公民通过选举权的行使可以将自己利益的代言人送进国家决策机关,这些代言人在国家决策机关可以通过立法的形式影响甚至决定社会物质财富的生产和分配,选举权利对物质财富的这种影响、决定作用是其他任何政治权利所不可比拟的。③

当代民主国家基本精神在于代表国家意愿的法律与政策决定,必须有人民总和的意愿所直接或间接地形成、支持与实现。孙中山把权利分为政权与治权两种,认为:"政权由人民司之,治权由政府行使之,……人民管理政治,即人民之参与行使国家政权之谓也,简称参政权"④。这说明人民有参与国事之权,即人民参与国家,行使政权。卢梭认为参政为公民的固有权

---

① 有些国外的学者所开列的基本权利清单中并没有选举权。参见〔美〕杰克·唐纳利:《普遍人权的理论与实践》,王浦劬等译,中国社会科学出版社 2001 年版,第 38—39 页。本书认为,这是他们对个人的政治人格的忽视。事实上,根据联合国《公民权利和政治权利国际公约》第 25 条的规定,选举权是每个公民都应享有的权利和机会,而不受种族、肤色、性别、财产等的区分及不合理的限制。奥地利籍人权专家曼弗雷德·诺瓦克教授所著的目前最具权威性的《民权公约评注——联合国〈公民权利和政治权利国际公约〉》认为,选举权是"所有个人的一项基本权利"。〔奥〕曼弗雷德·诺瓦克:《民权公约评注——联合国〈公民权利和政治权利国际公约〉》,毕小青、孙世彦主译,三联书店 2003 年版,第 438 页。
② 参见〔美〕杰克·唐纳利:《普遍人权的理论与实践》,第 35 页。
③ 事实上,现代福利国家的发展就与普遍的选举权有关。参见〔加〕A. 布来顿等:《理解民主——经济的与政治的视角》,毛丹等译,学林出版社 2000 年版,第 210—211 页。
④ 转引自张镜影:《比较宪法》(上册),黎明文化事业股份有限公司 1983 年版,第 167 页。

利,民主政治的兴衰,应视其国民是否热心于行使参政权。① 在民主社会里,公共事务是由公民共同决定的,科恩是从公民对公共事务的共同决定来界定民主的。他认为:"社会成员大体上能直接或间接地参与或可以参与影响全体成员的决策。"②因此,人民参与政治运作以表现民意的权利成为民主国家制度之运作不可或缺的基础。然而,对于这种权利界定为"参政权"还是"政治权利"? 学者的论述不相一致,凯尔森认为此种权利为"政治权利",即"我们所了解的政治权利就是公民具有参加政府、参加国家意志形成的可能性。用实在话来说,这就意味着公民可以参与法律秩序的创造"③。孙中山通过将权利分为治权和政权而进一步得出,人民司政权,管理政治行使国家政权简称参政权。④ 民国时期宪法学家王世杰、钱端升亦采用"参政权"这一概念,在其所著作《比较宪法》中这样描述:"参政权,如选举权、被选举权、复决权、创制权、直接罢免权等。这类权利,以参与国家意思的构成,与国家意思的执行,为其内容"⑤。林来梵教授认为应将此种权利定位为"公民在宪法上所享有的一切政治性权利的总称",为此采用了"政治权利"这一概念。⑥ 也有的学者将此种权利划分为自我表现意义上的体现公民参与的政治权利。即它是一种自我表现意义的基本权利,是一种参与公共事物的决策与处理之权利,处于国家政治秩序之内,它的基本内容为选举权、被选举权、创制权、复决权与罢免权等,实质是参与和决策,是以自身利

---

① 参见〔法〕卢梭:《社会契约论》,何兆武译,商务印书馆2003年版,第31页。这里卢梭认为,惟有公意才能按照国家创设的目的,即公共幸福,来指导国家的各种力量;因为,如果说个别利益的对立使得社会的建立成为必要,那么就正是这些个别利益的一致才使得社会的建立成为可能,如果这些利益彼此并不具有某些一致性的话,那么也就没有任何社会可以存在了。因此,治理社会就应当完全根据这种共同利益。在这里卢梭得出,主权属于全体公民,是一个集体的生命,而为表达全体公民的意见,就要全体公民参加投票。
② 〔美〕科恩:《论民主》,聂崇信、宋秀贤译,商务印书馆1988年版,第10页。
③ 〔奥〕凯尔森:《法与国家的一般理论》,沈宗灵译,中国大百科全书出版社1996年版,第98页。
④ 张镜影:《比较宪法》(上册),第167页。
⑤ 王世杰、钱端升:《比较宪法》,第61页。
⑥ 林来梵:《从宪法规范到规范宪法》,法律出版社2001年版,第120页。在这里,林教授认为,"参政权"是指国家主权存在国民之外,国民只能从外部参加主权之构成与运用的一种情形,从当今国民主权的原理看,也是一个过时的、必须抛弃的概念。为此应采用"政治权利"这一用语,而这与英美的political rights、德国以及法国的通常用法相一致。

益为核心,主张自主意志、主张形式上的自我表达等一系列要素的完整体现。① 所以,更确切地说,公民参与政治运作以表现民意的权利应采用"政治权利"这一用语更为确切。

在我国宪法学中,政治权利曾被界定为"公民管理国家的一项极其重要的基本权利,因为广大人民是否享有管理国家的政治权利和自由,是反映这个国家中各个阶级所处的地位的重大标志之一"②。政治权利主要表现两种形式:"一种是公民参与国家、社会组织与管理的活动,以选举权与被选举权为基础;另一种是公民在国家政治生活中自由地发表意见,表达意愿的自由。通常表现为言论、出版、集会、结社、游行、示威自由,简称为政治自由。"③狭义上的政治权利仅指选举权和被选举权。虽然目前宪法学论著对政治权利的范围没有统一的标准,但是根据广义的政治权利的概念,选举权应属其范围之内是确定无疑的,例如,我国《刑法》第54条对剥夺政治权利范围也包括选举权和被选举权的内容,它和《宪法》第34条规定的政治权利相一致。④ 所以,被选举权应当属于政治权利的范围。

二、选举权的宪法地位

基本权利在学术界有一些不同的表述,诸如"宪法上的权利"、"人权"、"基本人权"等⑤,但不论其具体称谓为何,在内涵上基本能够达致一定的共识,即是指宪法所承认和保障的权利。基本权利属于人的权利体系中的内容与组成部分。在起始阶段,权利都是以一般权利存在,并无基本权利与一般权利之分。当权利观念与权利类型发展到一定程度以后,那些在观念

---

① 参见郑贤君:"基本权利的宪法构成及其实证化",载《法学研究》2002年第2期。在这里郑贤君教授认为,自我表现意义的公民参与公共事务的决策权利存在一国政治秩序之内,须在国家制度运行下获得表现的机会和途径,具体表现为向立法机关施加压力并且促成议会通过立法实现这类权利。它需要将个人纳入"公"权力的运行机制中,国家相关政治制度的参与和表达管道必须畅通。其政治基础设施表现为选举制度和代议政治及发达的政党制度,社会表现为自治的社会组织或利益集团。

② 转引自韩大元、林来梵、郑贤君:《宪法学专题研究》,中国人民大学出版社2004年版,第389页。

③ 董和平、韩大元、李树忠:《宪法学》,法律出版社2000年版,第349页。值得一提的是有关政治权利的内容,台湾学者认为不但包括选举与票决两种,从广义上讲还应包括:参加国家考试、服公职、成为公职候选人的权利等(参见许志雄、陈铭详、蔡茂寅、周志宏、蔡宗珍:《现代宪法论》,第222页)。

④ 同上书,第350页。

⑤ 韩大元、林来梵、郑贤君:《宪法学专题研究》,第253页。

里被认为尤其重要的权利必然诉诸于与其自身的重要性相适应的法律规范的确认与保障。在宪法这一法规范的形式出现以后,人们借助于赋予宪法最高法律效力从而使其承担起保障那些至为重要的权利,并且使"重要权利"的含义获得了宪法上的意义,即这些权利是公民针对国家而享有的权利。虽然无论是在学者们的理论见解上还是世界各国宪法的规定上对基本权利的具体形态并不一致,但选举权自宪法起始就受宪法的保护是世界各国的通例,选举权属于公民的基本权利在学术理论上也无疑义。

选举权作为基本权利的地位决定了国家立法权对选举权负有一般意义上的保护义务,这种义务首先通过选举法的制定来实现的。作为规范和保障公民选举权的一般法律的选举法虽然构筑的是选举制度,但其本质是为落实宪法对公民选举权的保护而制定的。由于选举权的运行直接关系到国家权力的归属,不同选举制度和选举程序的任何变化都可能影响到选举结果的差异,因而各种不同的政治势力都会竭力影响选举法的制定以使其内容更有利于自己,因而,相对而言,选举权受选举法的限制的可能较之于其他权利受相关法律限制的可能更大。因此,选举法要符合以下原则:第一,立法的目的是以保障公民的选举权为原则,限制权利为例外。选举法的立法目的不可以是为实现某种政治力量的选举需要而确定,而应在超脱政治的层面从保障公民权利的视角予以确定。这种对权利的保障通过选举法的原则确定和程序设计两方面实现。在选举法的原则确定方面,普遍、平等、直接和秘密选举的四大基本原则应能得以确认。另一方面,这些原则乃至选举法的立法目的在很大程度上通过选举程序表现出来,正因为如此,在某种意义上可以认为选举权是一种程序性的权利。所以,选举程序设计合理与否直接关系到公民权利实现的程度。第二,限制权利必须基于正当与合理的理由,且不得超过必要的限度。选举权的政治权利属性也是限制与剥夺选举权的理论基础。它表明,只有特定的公民享有和行使选举权可能对社会政治生活和公共利益构成危害时,限制选举权才可成为必要的选择。有学者将基本权利的受制约性概括为两个方面:一是事实论意义上的限制,主要是社会学意义上的制约,即基本权利的实际享受要受到一个国家或民族的历史文化、地理环境、社会制度、经济水平以及人权理念等多方面的制约;二是规范意义上的制约,包括权利内在的制约和外在的制约。[1] 这种分类方式虽然能够表明权利受制约性的原因,但其科学性是值得进一步商榷

---

[1] 韩大元、林来梵、郑贤君:《宪法学专题研究》,第260页。

的。因为这两类并不是并存的关系,前者在很大程度上是形成后者的原因,而后者在一定意义上是前者的表现。因为无论权利受到何种限制,最终在很大程度上要表现在法律规范层面。就选举权而言,确实有来自于历史文化、经济水平等方面因素的制约。但是,一方面,这些制约首先要表现在法律规范层面,如此方可有操作性,在对公民的基本权利保护方面,不应在法律之外以其他因素为理据对权利进行限制;另一方面,每种权利有其固有的内在属性,限制各种权利的理据不可能千篇一律,选举权固然受制于历史文化、经济水平等,但这些并不能够实质性地成为限制选举权的正当理由,基于选举权的政治权利的属性,除非公民享有和行使选举权可能对社会政治生活和公共利益构成危害,限制选举权才能是正当的理由,那种以权利属性以外的因素作为不当限制公民选举权理由的做法是不符合选举权的本质属性的,也不利于公民选举权的实现。

第四节 选举权的结构

选举权的结构是指选举权的内涵构成,包括选举权的主体、客体和内容等要件。在选举权的结构中,选举权和被选举权存在一定的联系,如在客体方面,选民能够投票选举的公共权力的职位一般也就是公民能够行使被选举权参与竞争的公共职位,但两者仍然存在一定的差别。基于此,笔者在此将分别论述狭义选举权和被选举权的结构。

但也需注意的是,虽然我们常常区分广义的选举权与狭义的选举权,但在本质上,被选举权应是选举权的不可分离的组成部分。因为选举以实现民主政治为鹄的,如果选举权与被选举权可以割裂,或者说,公民的选举权中不包含被选举权的内容,那么选举活动也就失去了应有的意义,这样的选举,只是使独裁者的统治合法化的工具,而不是民主政治的基石。因此,虽然在法律上往往对选举权与被选举权进行了"区分",而在理论上,二者却血脉相连,不可分割。

一、选举权的结构

(一)选举权的主体

1. 选举权主体的概念与范围

选举权主体,是指选举法律关系的参与者或者当事人。我国理论界对选举权主体有三种不同的理解。一种观点认为,公民是选举权主体,有关选举权的定义中体现了这一主张①；另一种观点认为，人民是选举权主体，主要依据是一些革命领袖的言论②；第三种观点认为选举权主体是选民，也就是只有依照宪法和法律规定享有选举权，并经过选民登记、领取选民证的公民才能行使选举权，成为选举法律关系的参与者。

本书认为，选举权主体的范围比公民的范围要窄，比选民的范围要广。在当下中国，选民只在直接选举里才是选举权的主体，而在间接选举里，代表才是选举权的主体。选举权的主体也不是人民。在我国，人民是一个政治概念，其在不同历史时期有不同的内容。如在现阶段，一切社会主义劳动者、社会主义建设者、拥护社会主义和拥护祖国统一的爱国者都属于人民。在选举权主体与人民的关系上，有一部分人民不是选举权的主体，如未满18周岁的人；有一部分是超出人民的范围的，如在政治上被视为敌人的人中，只要没有被剥夺选举权这种政治权利，他们仍然是选举权的主体。这一理解与我国实定法的规定是能够契合的。我国现行《宪法》第34条规定："中华人民共和国年满18周岁的公民，不分民族、种族、性别、职业、家庭出身、宗教信仰、教育程度、财产状况、居住期限，都有选举权和被选举权；但是依照法律被剥夺政治权利的人除外。"本条前一部分明确将选举权的主体界定为"公民"，虽然但书部分否定某些公民享有选举权，但从其表述而言，其不享有选举权是被"剥夺"。原本没有，何来剥夺？因此，这一部分的公民仍然是选举权的主体。③

2. 选举权主体资格的实质要件

选举权主体必须具备实质要件和形式要件。实质要件按其不同的特点，又可分为积极要件和消极要件。

（1）选举权主体资格的积极要件。

选举权主体资格的积极要件一般包括国籍条件、年龄条件、财产条件、受教育条件和居住条件等。财产条件、受教育条件以及种族、性别等条件在现代社会已经逐步被取消，故在此不拟详述。这里仅就国籍条件、年龄条件与居住条件分述如下：

从法律上讲，外国人是居留在一国境内未取得该国国籍的人，外国人没

---

① 如"选举权是指公民选举组成国家权力机关代表的权利"，参见张光博：《宪法论》，吉林人民出版社1982年版，第276页。
② 如毛泽东曾说："选举权只给人民不给反动派。"参见毛泽东：《论人民民主专政》，人民出版社1953年版，第10页。
③ 韩大元、林来梵、郑贤君：《宪法学专题研究》，第396页。

有选举权是世界各国的通例。就我国而言，国籍要件是要求选举权的主体必须是中华人民共和国公民，这一规定是出于保护国家主权的需要。如果外国人按照中国法律取得了中国国籍、成为中国公民，在同时符合其他条件的情形下，就可以享有和行使选举权。当然，国际通例也有例外，有的国家选举法规定，外国人可以以外国人的身份行使选举权。如《瑞典选举法》规定：年满18周岁的外国人，如果在瑞典居住3年以上可以行使选举权。不过，瑞典采用这一制度是有深刻的历史根源的——该国830万总人口中约有100万移民，让外国人行使选举权实际是瑞典政府对移民的一种奖励性的政策。这种允许外国人行使选举权与被选举权的新动向实际上是全球化趋势在基本人权领域中的一个体征，它甚至得到了某些国际法的承认与要求。如在欧洲统一进程不断加深的大背景之下，1993年生效的《马斯特里赫特条约》规定，在欧盟各国地方议会的选举中，允许外国人参加投票。

行使选举权要有一定年龄的要求，目前世界各国的通例是18周岁，但亦有少数国家或地区规定的年龄在此之上或之下，如我国香港特别行政区的居民享有选举权的年龄即为21周岁。参与政治生活，应当具有相当的知识，而知识和经验又随年龄而增进。一般情况下，年龄表明一个人在政治上的成熟和是非判断能力，非达到一定年龄，人们的行为能力是不健全的。我国法律统一规定享有和行使选举权的年龄条件是18周岁以上。从目前各国的发展趋势来看，选举权的年龄要件在降低。比如在古巴，选举市和省人民权力代表大会时的选举权年龄是16岁，而选举全国人民代表大会时的选举权年龄是18岁；在前南斯拉夫，选举联合劳动组织和其他劳动联合组织的代表团时，全体职工都有选举权和被选举权，不受年龄的限制；在匈牙利，选举权给予达到成年的公民，公民根据获得选举权的同样条件享有被选举权。①

（2）选举权主体资格的消极要件。

选举权主体资格的消极要件是指具备选举权主体积极资格要件的公民成为选举权主体不能具备的条件，一般包括以下两个方面的情形：

第一，不能是精神病患者。选举权主体必须是理智健全、能够判断是非的具有行为能力的公民，因而行使选举权的人必须有健康的精神状态，精神病患者排除在外。精神病患者，一般是指精神错乱、神志不清、失去控制自

---

① 参见〔苏〕A.斯特拉顺："国家社会主义国家选举法的发展趋势"，载《法学译丛》1979年第4期。

己行为能力的人,精神病有长时期的和间歇性的这两种,间歇性精神病患者在神志清楚时,应享有选举权,列入选民名单。这里应当指出的是,与民事权利可以有监护人代为行使不同,精神病患者的选举权不能由其监护人行使,因为选举权是公民个人表达自己意愿的政治权利,精神病患者已丧失正确或表达自己意愿的能力,由监护人代行实质上体现的是监护人的意愿。

第二,不能被剥夺政治权利。选举权主体必须依法享有政治权利,被剥夺政治权利的人不得行使选举权。我国《宪法》第34条规定:"中华人民共和国年满18周岁的公民,不分民族、种族、性别、职业、家庭出身、宗教信仰、教育程度、财产状况、居住期限,都有选举权和被选举权;但是依照法律被剥夺政治权利的人除外。"从世界范围来看,各国宪法或选举法也一般规定严重的刑事犯罪予以剥夺政治权利,不能行使选举权。

3. 选举权主体资格的形式要件

除了上述积极和消极这两个实质要件外,在我国成为选举权主体还必须经过选民登记。选民登记是国家对每个选民选举权的一种法律上的确认,它是选民不可缺少的要件。作为一种法律上的认可,选民登记具有法律上的效力。只有经过选民登记,才能确定一个公民有没有选举权;一个公民,如果不经过选民登记,就不能成为选民,因而不可能实现选举权。在我国,目前选民登记工作中存在不少问题,有的选区设了选民登记站后,几乎没有人主动去登记,因此,建立完备的选民登记制度是十分必要的,这是最终确认公民享有选举权主体资格并具体行使选举权的不可或缺的环节。

(二) 选举权的客体

选举权的客体是指选举权针对的对象即公共职位。由于选举能把真正的民意与国家的行为直接联系起来,让国家权力按照广大人民的意志运行。因此选举制度目前已成为现代民主国家分配公共职位的重要方式,不但代议机关的代表由选民选举产生,而且国家元首、地方政府首脑、甚至法官等都成为了选民行使选举权的对象。如在20世纪中后期的美国,据统计就有大约一百万个公共职务要通过选举产生,在美国,每年要举行12—13万次选举。① 在当今世界上,随着民主政治的发展,各国选举权的对象也呈现出逐步扩大的态势。

具体而言,虽然在各国不尽一致,但选举权的客体主要可概括为四大类型:

---

① 参见〔英〕维尔:《美国政治》,王合、陈国清、杨铁钧译,商务印书馆1981年版,第77页。

1. 民意代表机关的代表

民意代表机关的代表包括国家中央民意代表代表的代表和地方民意代表机关的代表。现代各国基于人民主权原则而普遍接受主权在民的理念，故民意代表须基于民意而产生。在中央实行一院制的议会和实行两院制议会中的下院或众议院一般都由选民直接选举产生。据统计，在186个国家中，一院制议会和两院制中的下院实行直接选举的有180个。例外的情况主要是一些国家通过任命、世袭等方式产生议员。但总体而言，直接选举已无可置疑地成为最为主要的民意代表的产生方式。

2. 国家元首

国家元首是现代民主国家宪政制度的重要组成部分，在实质上或形式上掌管国家最高权力，对内对外作为国家的最高代表。国家元首的产生方式基本有世袭制和选举制两种。国家元首的世袭制存在于君主制国家，选民不能以投票的方式决定。所以世袭制下的国家元首不能成为公民选举权的客体。在共和体制下，国家元首是由选举产生，但具体的方式有两种，即直接选举和间接选举。在实行议会内阁制的国家中，国家元首不掌握实际权力，仅作为国家礼仪性的最高代表而存在，故其一般不直接受托于国民意志，因而不实行直接选举产生，而是多由议会选举产生。如德国、印度、以色列、奥地利等国均是如此。但在实行总统制或半总统制的国家，国家元首一般是由选民直接选举产生的，因为这些国家的总统在实质上掌管国家行政权力，直接选举使他们更具民意基础，强化其行使职权的正当性。

3. 行政机关公职人员

行政机关公职人员分为中央行政机关公职人员和地方行政机关公职人员。在各国的中央行政机关，行政首脑和其他行政官员的产生方式是有差别的。行政首脑分为内阁制下的行政首脑和总统制下的行政首脑。在总统制下，因为行政首脑即是国家元首总统，所以，他们能够成为选举权的客体。而在内阁制下，行政机关的首脑总理或首相由立法机关产生，所以不能成为选举权的客体。例外的情况是，作为内阁制国家的以色列曾经在20世纪90年代实行过总理直接选举制，但这项制度并未实行太长的时间，很快被废弃了。地方行政机关的负责人一般都实行选举制，这些职位在多数国家能够成为选举权的客体。

无论是在中央还是在地方，行政首脑以下的公职人员一般都采取任命制或实行公务员制，不实行直接选举。

4. 司法官员

现代法治国家因奉司法独立之理念,为免除司法官员受民意之干扰而专注于对法律的忠诚,一般均规定司法官员不由选举产生,而多由任命的方式产生。但是在某些国家仍保留法官由选举产生的制度。如在法国大革命时期即实行法官的选举制①;在美国的 50 个州中,有 23 个州的最高法院的法官由选举产生,这其中有部分是由选民直接投票产生。虽然法官的选举制受到多方的非难,但仍在广泛使用却是不争的事实。②

建国以来直到今天,我国选民选举权的范围显得比较狭窄,一般限于选举人大代表,而国家机关领导人的选举往往得不到应有的重视。这种选举权客体的狭窄性限制了选举权在社会生活中的作用,影响了选举人与当选人乃至国家机构之间的互动关系,导致了官僚主义的泛滥,使得一些"人民公仆"异化成为"人民的主人"。而其根本原因,就在于我国现行的领导干部的任免制度是一种相对封闭的体制,本书认为,在继续坚持当前面对社会公开选拔的考任制外,扩大选举的职位也是一个不可忽视的途径。在此,我们需要的是破除思想上的禁锢。斯大林曾经指出:"我认为选举运动就是选民对作为执政党的我国共产党进行裁判的法庭。选举结果便是选民的判决。如果我国共产党害怕批评和检查,那它就没有多大价值了,共产党愿意接受选民的判决。"③因此,我们应当解放思想,让各级领导干部在选举人的选举权面前接受选举人的严格挑选,把选举同领导干部任免制度的改革紧密联系起来,适当缩小委任制的范围,而扩大选举的对象,只有这样,才能真正增强领导干部的民意基础,也才能从根本上减少领导干部的腐败。

(三) 选举权的内容

由于投票是选举活动最直接的表现,因此有人把选举等同于投票,认为选举权就是投票权。这种观点是完全错误的。选举权的内容并非仅限于投票,选举是由一系列复杂的程序构成的,投票只是选举活动一个重要环节,因此投票权也只是选举权的一个重要组成部分。具体而言,选举权的内容包括资格确认权、提名权、被选举权以及投票表决权等。

---

① 王世杰、钱端升:《比较宪法》,第 297 页。
② 宋冰编:《读本:美国与德国的司法制度及司法程序》,中国政法大学出版社 1999 年版,第 139—140 页。
③ 参见《斯大林文选》,人民出版社 1962 年版,第 45 页。

1. 资格确认权

选民登记是确认选举权的重要形式,是行使选举权的前提。选民登记,是国家负责选举工作的机构依法对公民是否享有选举权进行审查和确认的活动;凡是登记在册的公民都是享有选举权的选民,可依法参加选举活动。因此,选举资格被国家登记确认是公民的权利,同时也是选举权的重要内容。

2. 提名权

提名推荐候选人是选举活动的重要组成部分,在当代国家,大都规定了选民享有提名推荐候选人的权利。这项权利的行使往往因候选人提名制度的不同而有差异。从各国法律的规定来看,选民的提名权要得以实现,必须由一定数量的选民联合行使或征集到一定数量选民的签名支持。如根据《中华人民共和国全国人民代表大会和地方各级人民代表大会选举法》(以下简称《选举法》)的规定,选民10人以上可以推荐代表候选人。

3. 投票表决权

投票是选民行使选举权时对其选择行为作出判断的意思表示,投票表决权是选举权行使的最直接、最重要的方式。之所以将投票与表决连用,是因为投票是一种形式,表决才是实质内容,体现的是形式与实质的统一;通过投票行使表决权可以作出肯定的意思表示即投赞成票,也可以作出否定的意思表示即投反对票,还可以作出选择的意思表示即另选其他任何选民,甚至可以作出不行使权的意思表示即投弃权票。行使投票表决权是公民实现选举权的象征,投票权的行使必须是不受干扰的选民真实意愿的表示,包括亲自投票、委托投票、邮寄投票等,都受到法律的平等保护。[①]

二、被选举权的结构

(一) 被选举权的主体

所谓被选举权的主体资格,是指一国公民应具备怎样的条件才能成为候选人,以便当选为代表或其他公职。为论述方便,在此我们将狭义选举权的主体称为选举人,将被选举权的主体称为候选人。具备了选举人的资格不一定就能成为候选人,要成为候选人必须具备法律规定的资格。与选举

---

① 有的学者认为选举权在范围上还包括救济权,参见陈宏光:"论选举权的享有、限制与剥夺及其法律救济",载《安徽大学学报(哲学社会科学版)》2001年第3期;王雅琴:《选举及其相关权利研究——美国选举个案分析》,山东人民出版社2004年版,第70页。我们以为在内在要素这个意义上,不宜包括救济权,因为救济权在本质上是第二性的权利。

权一样,各国宪法和选举法对于候选人资格都规定若干条件加以限制。其理论依据在于,选举人的职责只是选举出合适人选进行决策或管理公共事务,但是候选人的特性在于当选后要对公共事务进行决策或管理,因此候选人必须具有相当的才能方能胜任。故一般而言,取得候选人资格的要件要比取得选举人资格严格。对各国(地区)宪法与选举法进行考察,候选人的资格也有积极与消极两种要件。

1. 积极要件

取得候选人资格的积极条件有国籍、年龄及学历、经历等。第一,须为选举人,享有相应的选举权,在此不再详细论述。第二,在年龄上,依各国通例,除了瑞士、英国等少数国家选举人与候选人之年龄相同以外,大部分候选人年龄均较选举人年龄高。依世界总体情况,根据职务的繁简及责任轻重的不同,下院以25岁,上院以30岁之规定居多。① 第三,在国籍上,一般国家均规定须具有本国国籍的公民才可以当选,这点上与公民行使选举权的规定相同。不同的是,对归化、取得国籍或恢复国籍方面的限制较严。② 第四,要登记为公职人员选举候选人,在学历和经历资格上往往有更高的要求。③

2. 消极要件

消极要件是指取得候选人资格所不可具有的条件。前述规定积极要件的目的在于确立候选人的一般条件,而消极资格的目的则在于淘汰其中不合格或不够优秀的,二者相辅相成,以达到为国家选贤举能的目的。考察各国宪法和选举立法,限制的原因颇多,一般说来,无外乎能力上、道德上与职务上等原因。第一,在能力上,对于受禁治产之宣告尚未撤销者,各国均规定没有候选人资格。它的逻辑推演是这样的,这种人既然连自己的事务都无法处理好,能力当然不能胜任公职,自然不得申请登记为各种选举的候选人。第二,在道德上,对于那些曾因犯罪行为而被法院依法剥夺政治权利,或曾犯某种特定罪刑、曾受某种特定惩戒而特别予以限制的,不得成为候选

---

① 如美国法律规定选举人年龄为18岁,而众议院议员之候选人年龄为年满25岁,参议院议员为年满30岁。
② 如《美国宪法》规定未满7年者,不得为众议院议员;未满9年者,不得为参议院议员。
③ 以我国台湾地区的选举为例,"国民大会代表"、"立法委员"候选人须高级中等以上学校毕业或普通考试以上考试及格,或曾任"省"("市")议员以上公职一任以上;"监察委员"候选人须专科以上学校毕业,或高等考试以上考试及格,具有行政、司法工作经验4年以上,或曾在专科以上任教或执行律师、会计师业务4年以上,或曾任"省"("市")议员以上公职一任以上。

人。第三，由于职务上的原因可能有损于选举之公正、公平之要求，各国（地区）宪法和相关选举立法往往都规定有候选人不应保留或具有的身份及职务，所不同的一般只是限制的程度。①

由上可以看出，虽然在概念上可以将被选举权纳入选举权的范畴，但这并不意味着二者的主体资格没有差异。从上述各国的选举法律规定来看，选举权的主体与被选举权的主体一般都有不同的要求，后者的条件一般情况下高于前者的条件。在我国，长期以来选举法对选举权与被选举权的主体都规定同样的要件。实际上，被选举权作为一种直接参政的权能，从现实出发适当地提出高于选举权主体资格的要求，并不妨碍民主的发展。享有选举权与被选举权的要件是否一致并不是衡量一个国家民主化的标志，采取"一刀切"的方式从表面上看似乎给选民提供了广泛的当选为代表的机会，但实际上不利于提高代表或议员的素质，直接影响到代表机关的工作效率。因此，从整个国家和社会的利益出发，要求政权的最高领导人和全国人大代表、省人大代表等具有丰富的生活经验，具备参政议政能力，从而相对提高被选举权的年龄并规定相应的更为严格的其他条件是完全必要的。②具体而言，可以从以下几个方面着手：对不同层次的代表年龄上规定不同的要求，对人民代表提出一定文化水平的要求，对居住期限可作一定限制等等。

（二）被选举权的内容

公民的被选举权不是单纯被动地等着选民投票赞成自己当选某一公职，而是能够积极主动地参与选举的过程，通过自己的各项行为使选民能够对自己有一个充分的认知和良好的判断，从而获得更多的选民投票支持，以使自己能够赢得选举。在此过程中，候选人即是在行使不同的权利，这些具体的权利构成了被选举权的内容。

1. 资格确认权

候选人的资格确认是指公民如果符合某一选举产生的公职的任职资格，自己通过一定的法律程序提出参加选举权，他的选举权即应得到尊重和确认，选举组织机构应允许其参加选举，并且任何公民的这一权利应受到法律的平等对待，而不应对某些人有比其他人更严格的资格限制，也不应施加其他不合理的资格要求。美国1979年伊利诺伊州法律规定，想要竞选地方

---

① 以我国台湾地区的选举为例，现役军人或警察、现在学校肄业学生、办理选举事务人员不得申请登记为候选人，现任公务人员不得在其住所所在地申请登记为"国民大会"代表候选人。

② 事实上，我国国家主席的当选年龄就高于一般代表或官员。

公职的独立候选人或小党候选人需要得到上次选举中投票选民的 5% 名方可参加选举，这就意味着，竞选芝加哥市的第三党或独立候选人需要得到 35947 个签名，而竞选全州的第三党或独立候选人只需要得到 25000 个签名。联邦最高法院认为看不出有什么正当理由使竞选地方公职的资格比竞选全州公职的资格还要高，因此裁定伊州的这一法律违反《美国宪法》第 14 修正案所确立的"平等保护"条款，因而无效。

我国《选举法》规定，各政党、人民团体、选民或代表联名可以提出候选人。法律并未明确规定这些主体提出的候选人有何区别。但在实践中，如果所提候选人数量超过了《选举法》规定的最高差额比例，则要通过"讨论、协商、酝酿"来确定正式候选人，在此过程中，往往是选民或代表联名提出的候选人被排除，不能成为正式的候选人。这种做法实际上是各种候选人的不平等对待，侵犯了公民的被选举权。2004 年全国人大常委会在对《选举法》进行修改时，增加规定选民在确定正式代表候选人时，如果选民意见不一致，可以通过预选的方式根据得票的多少确定正式候选人。① 相对于所谓的"讨论、协商、酝酿"，预选的方式更有利于保证公民的被选举权。当然，预选制度是一项复杂的制度，仅有立法上的一项简单修改无法解决所有问题。它涉及一系列相关制度的设计。关于预选制度的相关制度设计，本书后面将有详细论述。

2. 组织竞选机构、开展竞选活动的权利

候选人一般都具有政党背景，代表某一政党参加选举。所以，在选举中，政党承担着重要的职责，一般会全党动员，组织专门负责的选举机构，利用本党的组织系统开展宣传活动。但现代社会选举制度发展的一个重要趋势是政党在选举中的作用弱化，候选人自身的作用凸显，显示了一种"以候选人为中心"的选举，政党不再是选举结果的决定性力量，任何候选人都要成立一个由自己掌握的竞选组织管理选举事务。在美国，19 世纪到 20 世纪 40 年代，是政党垄断选举的年代。而自 20 世纪 40 年代至 70 年代后期，候选人在选举制度中占了主导地位。职业性竞选人员和政治顾问的出现使候选人能够雇用政党以外的职业人员帮助自己竞选，他可以用钱购买到一切以往由政党所提供的竞选服务。而且随着科技的发展，借助于高科技的传媒，选民能够充分地了解候选人，而候选人也可便捷地与选民交流，对选民

---

① 见《中华人民共和国全国人民代表大会和地方各级人民代表大会选举法》(2004 年 10 月 27 日第十届全国人民代表大会常务委员会第十二次会议通过) 第 31 条第 1 款。

进行动员。20世纪70年代以后,虽然政党在选举中的功能有所恢复,但候选人的作用还是非常突出。① 候选人可以利用现代传媒如互联网、电视等与选民展开直接对话,向选民宣传自己,导致候选人的个人的政策主张、人格品质等超过政党的政纲成为决定选民投票倾向的因素。如在德国2002年的议会选举中,有调查表明,50%的选民对竞选的内容根本不关心,而倾向于根据个人因素做出选择,在媒体作用的影响下,甚至有人认为选举是在选总理而不是选议员。②

而在中国,在2004年《选举法》修改之前,候选人被提名以后只是由提名该候选人的政党、组织等在向选民介绍该候选人,而候选人自己并不能有效地参与选举的过程,不能组织自己的选举机构,不能向选民公开介绍自己的政策主张。这种制度不仅使选民无法有效地了解候选人,不利于实现选民的选举权;同时由于选民不了解候选人而产生盲目投票,候选人的被选举权亦不能得到有效的保障。2004年在对《选举法》进行修改时,增加规定了选举委员会可以组织候选人与选民见面的规定。③ 较之修改前,这一规定的价值取向无疑值得肯定,但仍显不足。明确规定选民能够在法律规定的范围内采取各种措施宣传自己的政策主张,这应是我国《选举法》进一步完善的取向。

3. 获得公共财政支持的权利

任何选举都需要一定的成本,正如西谚所言,"金钱是政治的母乳"。我国《选举法》规定选举经费由国库开支。西方国家的选举经费虽然主要来自于候选人的募集,但政府亦给予一定的支持。如法国1993年制定的有关预防腐败、增加政治透明度的法律规定,国民议会议员候选人的选举活动如果符合一定的条件④,即可由国家报销竞选经费上限的50%(选举经费的上限为25万法郎加上该候选人所在选区所有居民人数乘以1法郎所得总和)。还有些国家,如德国,国家在选举中按一定标准向政党提供选举经费,虽然不是直接针对候选人,但这种资助实质上还是使候选人获得了来自于国家

---

① 谭融:《美国利益集团政治研究》,中国社会科学出版社2002年版,第111页。
② 连玉如、王瑞贺:"德国联邦议会研究",载王晓民主编:《国外议会研究文丛》(第二辑),中国财政经济出版社2003年版,第113页。
③ 见《中华人民共和国全国人民代表大会和地方各级人民代表大会选举法》(2004年10月27日第十届全国人民代表大会常务委员会第十二次会议通过)第33条。
④ 这些条件是:在第一轮选举中获得了超过5%的选票;竞选财务报告没有被全国竞选及政治捐款审计委员会否决;公布了个人财产状况。

的公共财政支持。①

4. 自行募集选举经费的权利

由于选举经费的不断上涨,仅凭国家的财政支持已远远不能满足选举的需要,因此,西方各国均允许候选人自己或其所属政党进行募集选举经费。虽然不加限制的政治捐款和急剧上升的选举经费使本应由民意决定的选举结果在一定程度上变成了由金钱来决定,但候选人通过自己向选民宣传政治主张赢得选民的信仰从而获取一定的捐款对于保证候选人的被选举权无疑是有积极意义的。所以,对候选人募集选举经费的权利不是取消,而是有效的规范。事实上,西方各主要国家亦已充分地认识到政治捐款对选举的危害,所以无不在积极加强立法对其进行规范。

(三) 被选举权的客体

与选举权客体的内涵相同,被选举权的客体也是指公民能够通过选举而担任的公共职位。但被选举权客体在范围内比选举权客体更为宽泛。某一公共职位能够成为选举权的客体,即其由公民直接投票选举产生,公民即能够作为候选人通过选举竞争这一职位。但另有一些公共职位虽然不是经公民直接投票选举产生,但也是经选举产生,只不过是某一组织而已,这些职位亦可成为公民被选举权的客体。如在有些国家,上级民意代表机关的代表是由下级民意代表选举产生;在实行内阁制的共和制国家里,国家元首由议会或其他组织产生,总统职位不能成为选举权的客体,但可成为被选举权的客体;在有些国家,行政机关的首脑和法官也可由议会选举产生,公民可以作为候选人参与竞争。

三、与选举权相关的权利

选举权的行使绝不是孤立的,要真正达致民主政治的目的,切实实现公民的选举权,必须要有一系列公民权利的配合。其中,言论自由、集会自由、结社自由、新闻自由等政治自由至为关键。② 不过,具体到我国而言,根据现

---

① 参见甘超英编著:《德国议会》,华夏出版社2002年版,第87—88页。

② 言论自由、集会自由显然是公民参与选举和从事竞选所必须具备的权利。结社自由之所以至关重要,是因为"要赢得全国性选举,就必须把整个国家的支持者都组织起来"(参见〔美〕罗伯特·达尔:《论民主》,李柏光、林猛译,商务印书馆1999年版,第96页)。而新闻自由,则是现代国家实行选举式民主所必需的一项公民权利。英国著名学者布莱斯曾说,现代面积广大的国家之所以能够实行民治政体是全靠新闻事业的力量(参见〔英〕詹姆斯·布莱斯:《现代民治政体》,张慰慈等译,吉林人民出版社2001年版,第94页)。

有的国情,我们认为保障我国公民选举权的行使必须注重以下相关权利的设置与实现:

(一)知情权。知情权是公民行使选举权的必备权利。在选举活动中,公民必须要对候选人的情况有全面的了解,才能根据自己的判断作出选择。因此,在选举投票前,选举委员会必须向选民详细介绍候选人的情况。同时,对于有关选举的时间和事务安排、选举的进展情况、最后的选举结果、选举效力的异议与认定以及公民查阅有关选举资料的途径等,选举组织机构也应当适时向选民公布或报告。

(二)选举异议权。选举异议权也是公民在行使选举权过程中应当享有的一项重要权利。如在选举权的行使过程中,选民有推荐候选人的权利,同时也应有对他人所推出的候选人提出异议的权利;参与选举者要受到各地方选举委员会的监督,同时对于组成选举委员会的组成人员、参与选举者也应有异议的权利。其中,选民对有关政党或团体提出的候选人的异议权尤为重要。通过选举异议权利的行使和对异议事项的调查及处理,可以有效地防止品质低下者、才能平庸者与违法乱纪者当选的不正常现象。

(三)监督救济权。要保证选举活动的正常进行和选举结果的合法与公正,公民必须享有申诉、控告、检举与罢免等监督权;同时,当选民的选举权行使受到侵害或者选举结果没有真实反映选民意志时,选举权的法律主体应当有权根据法律途径寻求救济,这些都是公民选举权行使与实现的必要保障。对此,本书于后有详尽的研讨,此不赘述。

(四)听取工作汇报权与评议权。选民(选举单位)选出的代表或者领导者都有一定的任期,选举活动的结束并不意味着选举者与被选举者的关系的结束,恰恰相反,它实际上意味着被选举者履行义务的开始和当选者与选民(选举单位)权利义务关系的产生,并且伴随着其整个任期。其中,选民或原选举单位听取被选代表或者领导者的工作汇报并对其工作进行评议的权利必须保障,只有这样,才能促使当选的代表或者政府官员积极履行职责。

第五节 选举权的特征

一、选举权的政治性

前文已指出,选举权是公民的一种参与国家的权利,在权利的属性上被定位为政治权利,它区别于公民的人身权利和社会权利。按照德国宪法学者耶林涅克(Georg Jellinek)的观点,政治权利是体现了公民对国家的能动的地位(active status)。选举权利的这一特点表明了选举权带有浓烈的政治性。政治性是选举权区别于其他公民基本权利、诸如人身权、财产权、社会权等最为重要的属性。

选举权的政治性表明了选举权作为联系个人权利和国家权力之间的纽带而存在,它使现代社会所普遍信奉的人民主权原理的实现成为可能。对于国家权力和个人之间的联系,现代社会的一个基本判断是个人权利是国家权力之源,国家权力来自于人民的授权,人民(应该)是国家主权或终极意义上国家权力的归属主体,此谓人民主权的理论。基于人民主权的理论,作为主权的享有者,应参与国家权力的行使,由此形成的治理形态构成了民主制。民主制有两种基本样态:一为直接民主制,即人民直接参与政治决策的形式,在古希腊普遍存在的公民大会以及当今少数国家存在的全民公决是直接民主制的经典形态。但在现代社会,在一个面积和人口都足够大的国家,直接民主制遇到的障碍可能有:其一,过高的决策成本,因为所有人都参与决策,必然会消耗大量的社会财富;其二,决策结果的难以形成,由于意志的分散,难以形成为多数人所能接受的决策结果;其三,每个人都不间断地参与政治事务,从而出现"政治肥大症"[①],而其结果是,"民主的完美带来的是政治的无孔不入和经济生活的萎缩贫困,高度情感化的集体政治行为往往会占据社会生活的方方面面"[②]。另一方面,由于人民之间的利益差别而丧失整体意识和共同目标,最终结果是国家和社会的泛民主化,国家变成一盘散沙,民主政治亦将在实质上不复存在。所以,直接民主制在现代国家里难以成为民主制的常态,而作为直接民主制的替代形态间接民主制即应运而生。间接民主制是一种代议制民主。在形式上,代议制民主下权力仍然归属于少数人,社会中的绝大多数公民不可能经常性地参与法律的制定与公共事务的决策。但这种权力由少数人行使与专制时代的权力归属于少数人的体制有本质上的区别,其原因就在于执掌权力的少数人是经过多数公民通过选举而产生的,他们是获得多数人的授权而使其执掌权力获得了合法性。所以,代议制民主的正当性在于代议机关议员由选举产生。也正是由于议员的选举产生才能论证议员是多数人的代表,由此代议机关是代表

---

① 〔意〕乔·萨托利:《民主新论》,冯克利、阎克文等译,东方出版社1993年版,第285页。
② 胡位钧:"两种代表制理论之再评价",载《法商研究》1998年第2期。

多数人在行使国家权力,并且能证明国家的公共事务是由多数人在决策,决策的成果能够代表多数人的利益。所以,虽然表面是由议员集体这一社会中的少数成员决策,但它仍区别于与封建时代的"少数人决定",因为议员背后代表了多数人的意志。正如萨托利所言:"我们在什么时候发现'统治的人民',发现进行统治或担当着统治角色的'民'呢?答案是:在选举的时候。这并非贬损之辞,因为民主过程正是集中体现在选举和选举行为之中。"① 所以,现代社会,代议制民主是实现民主的基本形式,而选举是代议制体现人民主权的前提。正是在这个意义上,选举权的存在与民主制下的国家权力运作形态密切相关,是在国家规模普遍庞大的现实下为实现人民主权理念而必然为公民所享有的权利。

选举权的政治性还表现在选举过程方面。虽然选举过程表现为作为主权享有者的人民"对人的决策",但其决策的依据是这些人所持的政治立场与观点,所以,选举过程亦是对公共事务的决策过程。在选举中获胜的候选人和政党所持的政策主张也就是多数选民所认可的政策主张。这些候选人和政党在掌握国家权力后必然地需要努力将其形成为国家的法律和政策并予以实施,而实施的结果如何也直接影响了他们在下一次选举中的命运。在一些议会制国家,如果行政机关的政策难以为立法机关所接受,在国家权力之间的制约机制无法发挥作用时,行政机关可以解散议会,重新选举立法机关的成员,这是行政机关通过重新选举的方式诉诸于社会以求对其与立法机关政见分歧作出裁判。

二、选举权的竞争性

(一) 关于选举权竞争性的理论

权利是一种利益,选举人行使选举权也能在政治上实现一定的利益。选举权既然是一种政治利益,这种利益也就应当通过平等的竞争来实现,各人通过选举权的行使实际得到多少政治利益,取决于竞争的结果。按照权利与利益关系的理论,一方面,公民享有选举权就是法律分配给他的政治利益,公民行使选举权,实质上是争取由自己或争取由自己信任的人进入代表机关行使国家权力,从而来维护、保障和实现自己的其他利益;另一方面,公民行使被选举权就是通过由被选举权体现的利益来影响选民,使自己能够被选为代表进入代表机关,从而影响社会利益的分配、实现自己及其所代表

---

① 〔意〕乔·萨托利:《民主新论》,第89页。

的选民的利益。随着整个社会经济利益的高度分化、多元利益主体格局的渐次形成,对经济利益竞争的战场会逐渐扩大化,以选举权为代表的政治利益的竞争就必然会愈演愈烈。

在竞争之中,个人的天赋、才干是天然特权,选举权的竞争性具体表现为选举人之间选择自己中意的代表的竞争和有被选举权的公民争取当选为代表的竞争。因为如果公民能够选出反映自己意愿的代表或直接出任代表,利益自然比较容易得到实现和满足,至少自己的意志能够对利益的实现具有可期待的影响。政治利益竞争的存在,使得众多代表不同公民或社会集团利益的代表候选人得以出现并极力争取当选,于是就出现了两种竞争:一方面,由于公民需要对这些候选人的情况有一个全面的了解,从而进行比较鉴别,以便通过选举选出最符合自己意愿、最能代表自己利益的代表,于是选举人之间便展开了一种竞争。另一方面,更重要的是公民行使被选举权之间的竞争,由于公民为自身利益或所属集团利益的需要可以争取当选为代表,因而会极力推销自己,即按照法律规定向选民宣传自己,采取合法手段争取和影响选民,建立同选民的联系,同其他候选人展开公平竞争。总之,在利益多元的情况下,无论公民行使选举权还是被选举权,都要求把竞争机制引进来,只有通过竞争,公民选举权才能真正落到实处。

总之,竞争性选举是近现代选举制度的核心和灵魂,只有有了竞争机制,选举才能具有民主开放性,选举结果才能真正为人民所接受,也才能使政权具有无可争议的合法性。我们甚至可以说,没有竞争性的选举难免就属于走过场、走形式,选举制度也必然在很大程度上失去它应有的民主政治功能。

(二) 我国选举竞争性的现状分析

从我国选举的实践来看,并没有在选举权的行使中建立起必要的竞争机制,并导致一些我们不愿意看到的民主困境。一方面是公民选举权意识淡薄,对选举不感兴趣。相当多的选民认为参加人大代表选举不是行使权利而是履行义务,所以选举之后往往忘了当选的代表是谁,而其根本原因就在于我国目前的选举缺乏竞争性,选民无法全面了解候选人,也就无法真正进行选择。另一方面,公民被选举权意识和当选代表责任意识淡薄。公民拥有和行使被选举权的目的就应当是力争当选代表,但是在目前选举中,提名谁做候选人、选谁当代表,很大程度是在投票过程之外决定的,这就使人感到当选代表是上边安排的结果。当选代表没有权利意识的同时,就会缺乏责任心,因为代表往往是被动接受职位:既不曾在选民面前表态是否愿意担任代表,更不曾向选民许诺当选代表后如何为选民服务,或许他根本就不愿意干,或许他根本没有能力干。① 总之,无论是选举人方面还是候选人方面,都欠缺一种真实的竞争性。

我国选举缺乏竞争性的现状有其意识形态方面的原因。在建国后的很长一段时期内,我国的很多学者和实际工作者把这种选举形式简单化地当作资本主义的东西加以排斥。因此,要真正解决好我国公民选举中竞争性缺乏的问题,就必须正确看待竞争性选举。其实,马克思主义并不必然反对竞选或竞争性选举。如 1871 年巴黎公社在发表的《选举公告》中就提出要"实行选举或竞选",而马克思高度称赞了巴黎公社创造的民主选举制度,这当中自然包括对竞选形式的肯定。从实践上看,竞争性选举在革命根据地早就实行过,中国共产党领导的抗日民主政权的选举就允许进行公开的竞选。陕甘宁边区 1944 年 12 月规定,"各抗日政党、抗日群众团体,可各提出候选名单及竞选纲领进行选举运动","各级增选议员之法定人数十分之一以上之选民联署,亦得提出各级参议员候选人参加竞选","竞选运动在不妨害选举秩序下,任何人不得加以干涉或阻止"。晋察冀边区在 1940 年 6 月和 1943 年 1 月的相关文件都对竞选作出了规定,晋冀鲁豫边区 1944 年 6 月 6 日的有关文件也作了相应的规定,此外,山东解放区等都有类似规定。② 由此可见,我国推行竞争性选举是有历史经验的,竞争性选举在我国完全可以实现。当然,人们通常所说的竞选只是竞争性选举中的一种,它其实可以有很多种具体做法,本书在后面的章节将有进一步的阐述,于此不再赘述。

三、选举权的有限性

(一)密尔关于选举权有限性的思想

19 世纪的英国,扩大民主基础已提上议事日程,密尔提出了关于扩大选举权的两大原则,即"普及教育必须先于普及选举"和"向最贫穷阶级征收看得见的税"。约翰·密尔在其关于议会民主制的经典著作《代议制政府》中论证了为何必须对选举权附加受教育程度和纳税条件。关于前者,密尔认为,个人只有受到一定程度的教育,才具备"明智地追求他们自己的利益以及和他们最密切地结合在一起的人们的利益所必要的最普遍、最根本

---

① 参见关太兵:"选举权的实现与竞争性选举",载《法商研究》1998 年第 3 期。
② 当时竞选程序大致是:提出竞选名单,并到本级选举委员会登记备案;制定竞选政纲,提交选举委员会转交选举大会;选委会利用报纸或板报向选民介绍竞选人情况;竞选人利用各种机会向选民发表演说,公布自己施政方针、介绍自己的情况;选举委员会将竞选名单提交选举大会,作为正式候选人向选民提出;进行投票选举。

的条件"。主张普选的他提出,社会应给每个人提供必要的受教育机会,这种机会"或者是免费的,或者是不超过自谋生计的最穷的人所付得起的费用";如果社会还未履行这项义务,那么,"普及教育必须先于普及选举"①。至于附加纳税条件的理由,密尔说,"不交税的人,通过他们的投票处置他人的财产,就有可能造成浪费而不会想到节省",为使纳税这一附加条件同代表制的普遍性一致,他提出"向最贫穷阶级征收看得见的税"。

密尔的原则后来被欧美国家普遍采用,这些国家的选举权也正是在这两条原则得到实施的过程中逐步开放的。其间,纵然下层民众的斗争对于开放选举权起了推动作用,但通过普及教育和改革税制所创造的条件也不容忽视。从反面来看,以大幅度采用国民投票制为特点的《魏玛宪法》被认为包含了最多的民主因素,但它却成了希特勒通向权力顶峰的桥梁。这段历史告诉人们,在条件尚不成熟时实行有限选举权或许比普选更理智、更负责任。事实上,关于选举权该不该有限制,即使在当代思想界也并不是一个无争议问题。哈耶克在谈到民主扩展的可能性时坦言:"不能简单地认定对民主所做的任何可能的扩展都会对人类有益。仅就投票而言,尽可能地扩展民主的可欲性并不是不可争辩的,这一点实际上已为每个人所默认。根据任何民主理论,人们都甚难将普选权的每一可能的扩展视作一种改善。我们虽说主张成年人的普选权,但事实上,这种普选权有着种种限制……不能认为,法律面前人人平等的原则,必然要求所有的成年人都应当享有投票权。"他在为选举权的限制辩护时还提到一种很有意思的"排斥"假设:"如果所有的政府行政人员或所有的公共慈善基金的受益者都被排斥在投票者之外,或许能够更好地帮助民主理想的实现;这种观点不能被认为毫无道理。"②

(二)《美国宪法》和1791年《法国宪法》的经验

《美国宪法》中真正涉及选举权的是第15、19和24条修正案,这些条款针对的是各州的宪法或选举法,它们先后宣布以种族、肤色、是否曾经为奴、性别以及纳税为选举权附加条件为违宪。它们的存在,一方面证明了美国

---

① 20世纪上半叶,赫·乔·韦尔斯在谈到选票与教育的关系时说:"打开从奴役和混乱通向现代理想及自愿合作的国家的道路的不是设立临时投票站,而是建立学校和使人们普遍地能接触到文献、知识和新闻。选票本身是没有价值的东西……在一个人受到教育之前,他拥有一张选票对他是件无用而危险的事。"这实际上是密尔"普及教育必须先于普及选举"原则的再现,其间内含着在教育得到普及前选举权应该有限制的思想。参见〔英〕赫·乔·韦尔斯:《世界史纲》,吴文藻等译,人民出版社1982年版,第798页。

② 参见〔英〕哈耶克:《自由秩序原理》(上),邓正来译,三联书店1997年版,第127—128页。

在其政治发展历程中,曾经对公民的选举权施加过种种限制;另一方面又证明了美国的选举权在废弃种种限制中逐渐扩大了范围,从而由有限选举制逐渐过渡为全民普选制。美国为什么会产生有限选举制这个历史现象呢?我们知道,民主政治意味着给各种政治力量提供一个和平展现力量的平台,《美国宪法》无例外地属于是不同政治力量及其利益彼此冲突、斗争和妥协的产物。在美国制宪的时候,美国的那些国父们并非铁板一块,他们形成了具有贵族倾向的联邦党人和具有平民倾向的反联邦党人两大派。在费城制宪会议上通过的宪法草案标志着把公共秩序和权力制约放在首位的联邦党人的主张占优势,但四年后通过的权利法案则标志着视公民权利为本真的反联邦党人的胜利。在不同派别通过斗争达致共识或妥协的过程中,宪法的内容有机会逐步趋于完善,事实上,关于选举资格,无论宪法草案还是权利法案都未作规定,这个问题是由各州自行立法去解决的。

至于1791年《法国宪法》,它是欧洲大陆出现的第一部近代宪法。这部《法国宪法》宣布了国民主权原则、分权原则、法治原则,规定了公职经选举产生,并通过取消过去的等级和特权来确立公民的平等,在欧洲大陆具有创造性和实验性。但是,出于盲目的激情和党派的狂热,这部在激烈冲突中产生的《法国宪法》也的确存在严重缺陷。当时的法国局势要求制宪工作既要对付专制主义,又要防止无政府主义,结果该法在防止专制主义上富有成效,但在防止无政府主义方面却很不成功。例如,《法国宪法》第5条规定"司法权委任于民选的有一定任期的法官",正如英国著名作家赫·乔·韦力斯所评价的:"这种做法使群众成了一种最后上诉的法庭,而法官,像国民议会的议员一样,必然要设法迎合听众的心理"[①]。相比之下,在当时情势下,严格限制选举权,倒不失为明智的考虑。

选举权作为一种参政权,在当时的美国和欧洲大陆,人们普遍认为政治参与上的限制并不影响公民在普通权利上的平等,人们担心的是,对于下层民众来说,政治是一个未知领域,在条件不具备时贸然扩大参政范围是危险的。被认为完全信任人民的托马斯·杰斐逊在致拉法耶特的信中说:"在还没有准备好的人民那里,自由仍然会变成多数人、少数人或一个人治下的暴政。"比如,因下层民众人数众多而出现剥夺财产所有者的阶级立法的危险,因无知而被掌权者操纵成为暴政工具的危险,受权力角逐者蛊惑和利用而成为宗派工具的危险,等等。从理论上讲,无论在思想家还是政治家眼中,

---

① 参见〔英〕赫·乔·韦尔斯:《世界史纲》,第976页。

选举权这种参政权是与其他共享的公民权相区别的[①],一般的公民权利应不问公民在种族、财产、受教育程度的差异而一律享有,但参政权被认为是一种特殊的权利,它要求持有这种权利的人具备某些条件,使其有能力去运用它。这些条件就构成对选举权或者说对政治参与的限制。事实上,在选举权上附加财产和受教育程度等条件正是基于以上种种顾虑。美国建国初期,各州都要求选民出示证据,证明在社会上拥有一定财产利益,从而"对社会显示充分依附",这种对选举权的财产限制,受到了在美国动员和领导了独立战争的那批人的普遍支持。因此,可以推断,限制选举权在当时应当是基于权利相对性的一个考虑,并不必然是一种恶。

必须说明的是,证明历史上西方各国在选举权上实行的限制,尤其是受教育程度和纳税这两方面限制有其合理性,决不意味着如今什么人可以以此作为拒绝国民参与政治的理由。西方国家过去对选举权的限制,早已通过合法的途径和方式被逐渐废弃。其实,以前未获得选举权的那部分公民并未因此就无法表达自己的政治诉求,至少他们通过新闻言论自由,与政府之间在发生着某种相互作用,这种互动是不可忽视的。而且,无论这些国家的选举权是否扩至全民,这一权利在当时实施的范围内是相当真实的,选票的分量使选民的意志对政府及其官员构成带根本性的制约,政府和官员的行事不得不顾及选民的预期反应。总之,通过对有限选举制的历史考察,从民主制度的基础这一角度说,有限选举制无疑是有缺陷的,废弃它乃标志着一种进步,但是西方曾经的有限选举制并非一无是处,它是特定历史的产物,而我们今天实施的普选是否就是真正理想的选举,其实是一个颇值我们追问与反思的问题。

四、选举权的限制与剥夺

权利不是绝对的,而总是相对存在的。因为一个公民行使自己的权利必然影响到他人的合法权益与社会的公共利益,因此权利不但总有其自身的边际,而且也总有法律审慎的考量与合理的规制。前已指出,选举权不是公民与生俱有的固有权利,而是国家通过法律授予公民参与政治的权利,因此,即使在摒弃有限选举权,实行普及选举权的今天,对选举权的合理限制与剥夺仍是必要的。

[①] 一般的公民权利并不包括选举权,而是指保护公民不受政府侵害的言论自由、不受歧视的宗教信仰自由以及法律面前人人平等的权利。

对选举权的限制,是指根据选举权作为政治权利的特性而在法律上对公民选举权的享有及行使作出的约束或限定。限制选举权应当遵循以下几项基本原则:第一,限制内容的合理性。限制选举权的根本目的在于规范选举权的享有与行使,维护正常的选举秩序,因此在限制的内容上应当具有现实的合理性,符合现代社会发展要求。例如,规定国籍限制、居住限制、年龄限制通常具有一定现实性和合理性,而确定种族限制、性别限制、财产限制则不符合现代民主宪政的发展趋势。第二,限制方式的法定性。选举权是依法确立的公民基本权利,在对选举权享有与行使的限制上,也应当依法定的方式和程序做出明确的界定,任何超越宪法、选举法规定进行限制,都可能构成对公民选举权利的侵犯。第三,限制范围的有限性。限制选举权是对选举权外围界限的划定与规制,以使民主政治得以良好的运行,因此,限制本身不是目的,对于选举权的界定应当以维权为原则、以限权为例外,以不限制为原则、以限制为例外。①

由于选举权和被选举权是政治权利,被剥夺政治权利的公民不享有选举权和被选举权,因而并非所有的公民都实际享有选举权与被选举权。从人民主权原理上讲,全部公民都应当有选举权和被选举权,只是部分公民因法律原因丧失了这一权利。那么,剥夺选举权在法律性质上是一种彻底的丧失(剥夺),还是一种规定的条件和界限(限制),或者是一种暂时的不行使(停止)?从字义上讲,"剥夺"意为依照法律取消,"限制"是规定的范围和条件,"停止"是指暂时中止权利的享有。对此,我们拟从现行法律规定来对剥夺选举权的性质进行分析。

我国《宪法》规定,依法被剥夺政治权利的人不享有选举权和被选举权,剥夺政治权利(包括选举权和被选举权)的法律依据主要是《刑法》和《选举法》。从现行法律规定出发,我国剥夺选举权具有以下一些特点:第一,剥夺选举权对象的特定性。我国《刑法》规定,剥夺政治权利的对象是危害国家安全以及故意杀人、强奸、放火、爆炸、投毒、抢劫等严重破坏社会秩序的犯罪分子,而剥夺政治权利的范围包括剥夺选举权和被选举权。第二,剥夺选举权的时效性。根据我国《刑法》规定,除被判死刑、无期徒刑而被剥夺政治权利终身外,剥夺政治权利的期限为1年至5年,因而剥夺选举权也是有期限的。第三,剥夺选举权的可恢复性。我国《选举法》规定,被剥夺政治权利

---

① 参见陈宏光:"论选举权的享有、限制与剥夺及其法律救济",载《安徽大学学报(哲学社会科学版)》2001年第3期。

期满后恢复政治权利的选民,予以选民登记。从以上特点我们可以看出,剥夺选举权实质上是一种权利的停止,它是限制权利行使的一种形式。①

第六节 选举权的法律保障概说

一、选举权法律保障的含义

(一)权利的法律保障

作为现代人类社会中两个应用频率颇高的概念,法律和权利本身具有密切的关系。权利作为一种社会制度与文化现象,是与法一同出现于人类社会的;而权利作为一个明确的法律概念,距今已有 300 年的历史。② 古希腊的思想家们并没有直接议论权利的问题,在他们的著作中也没有出现"权利"一词。在罗马法中,虽然没有确定的权利概念,但"jus"一词中的某些内涵接近于今天我们所理解的权利。到资产阶级革命时期,资产阶级自然法学家发明了"自然权利"(natural rights)一词,通过主张其自身的权利来自于造物主的赋予而强调其本身不可被世俗的政权所任意剥夺。但这种自然权利也只有在受到资产阶级的法律保护后才能真正实现。正是由于权利与法律之间的密切关系,甚至在古典自然法学家看来,"法即权利,权利即法"。此后,虽然与古典自然法学在权利的本质上认识有所区别,但不同的法学流派均强调了法律与权利的密切关系。如德国法学家耶林即主张权利就是受到法律保护的一种利益,美国分析主义法学的代表人物霍菲尔德认为权利与义务是法律的"最低公分母",并以权利的分类为基础建构不同的法律关系。虽然在后来的历史发展中,曾经也出现过否认权利在法律中的意义而惟义务论的法学流派,但总体而言,权利仍然是多数法学流派理论中的重要范畴,他们的一个共同的结论是:法律是为保护权利而存在的,而权利只有被纳入法律保护的范围之内才最终有实现的可能。

在肯定一般意义上的权利与法律上的密切关系后,尚需要进一步明确:即权利在法律中的具体地位如何,法律是如何保障权利的? 从实证的角度看,权利在法律中的地位也经过了一个历史流变的过程,这种转变的过程是伴随着法律的指导思想由"义务本位"向"权利本位"的发展而实现的,这种

---

① 参见陈宏光:"论选举权的享有、限制与剥夺及其法律救济",载《安徽大学学报(哲学社会科学版)》2001 年第 3 期。
② 张文显:《法学基本范畴研究》,中国政法大学出版社 1993 年版,第 65 页。

历史变迁实际上反映了法律价值取向的转变。

在义务本位的法律中,法律对社会主体予以差别对待,除对一些特权集团规定权利外,对一般社会主体只是设定义务或仅规定少量的权利。一般认为,奴隶社会和封建社会的法律是按"义务本位"的原则制定的,这些法律的特点是:(1) 在立法的指导思想上将法律看成是统治者统治和奴役被统治者的工具,体现了公共权力对法的支配;法律是以保障少数人的特权为特征的,公开维护等级与特权制度;依据"义务本位"所确立的法律关系是一种不对等的法律关系,少数人居于社会的统治和主导地位,而多数人居于被统治的地位。(2) 对不同的法律主体实行差别对待,一方主体享有权利或者享有较多权利而少有义务,他们是社会中的少数统治者;另一方主体承担义务或承担较多义务而没有权利或少有权利,他们是社会中的大多数被统治者。所以,不同的主体在法律面前是不平等的。实行"义务本位"原则的法律并不是不规定权利,而是只规定少数人的权利,其他人的义务是为这些特权阶级的权利服务的,而其他人的少量权利是为了维持其基本的生存以更好地为特权者服务。正如马克思所言:"在中世纪,权利、自由和社会存在的每一种形式都表现为一种特权。"[①](3) 在法的内容上,主要是为人民设定种种应尽的义务,义务性规范是主要的法律规范。为了迫使人民能够履行各种义务,法律规定各种制裁措施,以惩罚那些反抗统治秩序的人。所以,在法律规范的形式上,主要是刑事法律规范,而且刑罚严厉而苛刻。

在"权利本位"价值取向的法律中,在权利和义务的关系上,权利是目的,义务是手段;权利是本源,义务是派生的;法律设定义务的目的在于保障权利的实现;权利是第一性的因素,义务是第二性的因素,权利是义务存在的依据和意义。在法律为权利设定限制时,确定这种限制的目的仅在于保证对其他主体(包括国家、社会和他人)的权利给予应有的承认、尊重和保护,以创造一个尽可能使所有主体的权利都得以实现的自由、公平和安全的法律秩序。总体而言,即义务应当是来源于权利、从属于权利并服务于权利的。在权利的界定方面,由于社会生活的复杂性和出于立法技术方面的考虑,立法者只能以法律形式确认那些基本的、较为重大的权利,而不会也不太可能把所有的权利都明文宣布出来。因为权利本身是一个动态和发展的范畴,不可能由成文的法律完全列举出来。所以,如何对待未被明文列举出来的权利就成了一个重大的问题。根据"权利本位"原则,在法律未加禁止

---

① 《马克思恩格斯全集》第1卷,人民出版社1956年版,第381页。

的领域中,应作出权利推定,即"法不禁止即权利"。而当某种权利被法律禁止或限制时,立法者应说明理由以证明其禁止或限制的正当性;而对某种未曾列举的权利作出明文宣告时,一般不要求如此。对于公民的义务,如果法律没有明确规定,则不能要求公民承担,也就是说,要求公民履行某种义务时应有直接而明确的法律根据。相应的,对于义务而言,义务是为适应权利的需要而被设定出来的。"权利本位"原则要求,为了并且仅仅是为了保障和实现权利主体平等地享有普遍权利,普遍的义务约束才成为必要;当立法者为人们设定新的义务时,能够加以援引的惟一正当理由是这将有益于人们原本享有或新近享有的权利。

"权利本位"要求立法不仅重视对权利的宣示,更重视对权利救济制度的建设。权利救济的方式多种多样,如行政救济、司法救济等。一般而言,由于司法机关的中立性和独立性,司法机关是对公民权利提供救济的最有效的机关,所以,司法救济应成为公民权利救济的最终方式。

就权利的保障而言,权利本位的立法更有利于实现法律的权利保障功能。虽然权利有道德权利、自然权利等不同的存在形式,但法律权利无疑是现代社会权利存在的主要形态,而权利是由法律明文规定或至少可以从法律规范的精神中推定出来的。基于法律权利的特性,以权利为本位的法律在权利保障方面的功能无论是在权利的宣示还是在权利的救济上都是以义务为本位的法律所无法相比的。

(二) 选举权法律保障的含义

选举权的法律保障与选举权的法律保护含义有别。法律上的保护所强调的是以法律"照管护卫、使之不受伤害"之意,出发点更多的是一种消极的防卫之意,而法律上的保障则在融合保护之意涵的基础上,更强调"起保障作用的事物"之意,着眼于权利保护的一整套制度构建,包括权利实现的机制与权利救济机制。选举权的法律保障不仅依赖于法律规范的宣言或宣示,更仰仗于静态与动态、内在与外在、积极与消极、实体与程序的综合性系统保障。

追本溯源,选举权是伴随着民主政治的发展而发展的。正是因为古希腊和古罗马存在一定范围内的选举,我们才将其界定为民主政治的滥觞之地。视选举权为公民的基本权利而受到宪法的保障是近代宪法出现以后对选举权的新认识,这种认识亦是与宪法和民主政治的密切关系联系在一起的。换言之,宪法是近代民主政治发展的直接产物,也是民主政治的保障形式。而宪法对民主政治的保障的基本内容之一就是对公民选举权的法律保障。所以,选举权的法律保障首先是宪法对选举权的保障。在此基础上,以宪法为根据,形成包括其他法律保障在内的选举权的法律保障制度。

宪法对选举权的保障只有在宪法确认的民主政治中才能实现。如前所述,宪法保障公民的选举权是宪法保障民主政治的一个重要内容,同时,公民选举权的实现只有在民主的政治体制下才有实现的可能。公民的某些基本权利,如人身自由、财产权等与民主政治发展的程度的关系并不是特别的密切,在一个民主体制发展尚处于初级阶段的国家内,公民的人身权和财产权可能会得到比较完善的保障。但是,选举权与民主政治的发展程度息息相关,选举权的实现程度既是民主政治的发展的一个结果,也是民主政治发展的一个标志。某一国家民主化的程度越高,选举权的实现程度就会越充分,反之亦然。所以,宪法对选举权的保障必须在确认一国的民主政治体制的大框架内来实现。虽然世界范围内并不存在统一的民主政治的模式,但民主政治的基本价值是存在共性的,它们包括如下一些内容:第一,确认人民主权的原则。人民主权是选举权存在的理论前提,选举权是人民主权实现的途径。在强调"君权神授"的国家里,国王的权力来自于上帝的授予,这一判断已经解决了国家权力正当性或合法性的问题;但在民主国家内,"君权神授"的理念被摒弃,代之以人民主权,强调国家权力的正当性是基于其来自于人民的授权,但很显然,在小国寡民的时代已消逝的近现代,要求所有国民行使国家权力已不现实,由此,证明民主国家内少数人执掌国家权力的正当性只能是这些人是经多数人选举产生的;同时,也只有在执掌国家权力的少数人是经过多数人选举产生时才能证明人民主权得以实现。第二,国家的民意代表机关经过选举产生。在所有国家内,民意代表机关执掌国家的立法权,在有些国家里,还是产生行政机关甚至司法机关的机关,法律是包括国家机关和公民在内的所有社会主体共同的行为规则,直接关系国家权力的范围、价值取向以及公民权利实现的程度,所以,立法权必须掌握在人民的手中,在不能实现全民立法的情况下,立法机关的组成人员经过选举产生就是公民实现选举权必须坚持的原则,如果立法机关不是经过选举产生,即使行政机关和司法机关的所有人员都是经过选举产生,也不能证明公民的选举权得以实现。相应的,立法机关组成人员的直接选举比间接选举也更能证明选举权的实现程度高。第三,宪法的人权保障功能得到充分的认识与实践。虽然选举权与人身权、财产权在性质上有别,但其作为基本权利的本质是共同的。基本权利受到宪法的保障意味着国家对基本权利的实现负有义务,因而,国家权力尤其是立法权必须受到宪法的规范与约束,以防止国家权力的滥用而导致基本权利的受损。这一目标的实现有赖于对宪法功能的正确定位。

选举权首先受到宪法的保障还意味着,国家对公民选举权的实现负有使之实现的义务。作为国家选举权所负有的义务包括两个方面:积极的义务与消极的义务。也就是说,国家首先不能侵害公民的选举权。作为公民的基本权利,它直接约束国家权力,尤其是立法权,这也是宪法对公民权利的保障与一般意义上的法律保障之别。当然,这并不意味着选举权本身是一种绝对的权利。基于选举权是一种参与国家政治生活的权利,它的实践行为不仅关系自身权利的实现,更关乎国家政治领导人的确定和公共政策的抉择,因而,它不可避免地要受到必要的限制,后文所要论述的选举制度的某些方面内容的确定实质上即是对选举权的限制。但是,作为国家立法权运行结果的选举制度亦不可完全基于政治的考量来确定,而须考虑到制度的选择直接关系公民选举权实现的程度及它对选举权的限制是否必要与合理。

在内容上,选举权的法律保障制度包括选举制度与选举权的救济制度。选举制度侧重于在权利宣示的基础对权利进行配置,设置专门的程序保证选举权的运作以保证选举权的实现。但仅有权利的宣示并不足以保证权利能够完全实现,因为任何完善的制度在实践运作中都可能偏离预设的轨道,而使权利受到损害。因而,为了防止制度的出轨运行以及由此对此造成的侵害,就必须预设纠偏制度,此即权利的救济制度。

二、选举权法律保障的内容

(一) 选举制度的构建:选举权法律保障的静态形式

选举制度是一国宪法和法律构建的保障公民选举权实现的静态形式,是选举权的配置方式及选举权实现的程序。从权利实现的角度,选举制度应包括的内容有如下方面:

1. 选举权主体资格的确认

如前所述,选举权自宪法起始就受到了宪法的保护,并因此被视为公民的基本权利。在宪法学意义上,既然被视为公民的基本权利,则其主体自然应是公民。当然,某个人是否能够成为本国公民应依该国的国籍法而定。公民作为基本权利的主体在多数基本权利中都是可以成立的。但是,对于选举权而言,由于选举权是伴随着民主政治体制的确立而出现的,行使选举权的结果不仅是公民个人行使权利,更是国家领导人的确定与公共政策的抉择,因而,要求公民在行使选举权时要求具备一定的理性和政治判断能力既是必要的也是合理的。在历史上,年龄、性别、宗教信仰、财产、受教育程度等都曾经是限制公民行使选举权的限制因素,随着民主政治的发展,对选举权主体资格的确认渐趋理性,现在各国法律所存在的限制主要是年龄和精神健康状态,其他都不再是考量选举权享有主体的因素了。当然,具体的要求在各国有不尽一致的规定,这主要是基于各国独特的国情、历史文化传统等因素,并不存在完全相同的界定。

2. 被选举权主体资格的确认

被选举权主体资格的确认是指哪些公民可以通过参加选举从而获得公共职位,这与国家机关中那些经过选举产生的职位所要求的任职资格密切相关。前文已指出,一个国家经过选举产生的公职一般包括民意代表机关的代表、国家元首、行政首脑和司法官员等。但由于这些国家公职人员是代表社会全体公民直接行使国家权力,制定法律和执行法律,直接影响到法律和公共政策的内容和执行方式,结果不仅影响到自己,而且关系到其他公民利益的增长或减损,因而法律为被选举权主体设定比选举权主体资格更为严格的要求自在情理之中。同时,国家元首、议员、行政机关首脑等职位的资格要求并不一致,因而,不能抽象地界定公民被选举权资格,亦不存在统一的被选举权主体资格。

3. 政党在选举权保障中的功能界定

随着政党政治的发达,现代国家公民选举权的保障不能忽视政党的作用。换言之,公民选举权的实现是在政党政治的运作中得以实现的。如何规范政党在选举中的功能直接关系公民选举权,尤其是被选举权的实现程度。所以,法律需要对政党在选举候选人的提名、竞选纲领的制定与宣传以及竞选等方面的活动进行规范。

4. 选举体制的确立

世界各国的选举体制千差万别。根据安德鲁·雷诺兹主编的《国际民主与选举援助研究所选举制度设计手册》的介绍,选举制度本质上可分为九大体系,而这些体系又分属于三个更大的家族,这三大家族是相对多数制、绝对多数制、比例代表制或半比例代表制。不同的选举体制对公民选举权与被选举权的实现影响是不一样的。一般而言,多数制有利于大的政党,而比例代表制有利于小的政党;比例代表制能够使议会的构成更能与民意的构成接近一致,但多数制能够减少议会政党的数量,保持议会的稳定和提高议会的效率。正如美国学者罗伯特·达尔所指出的:"选举制度的变化没有止境……我们有理由希望按照一些标准来判断选举制度的优劣,但要找到一个选举制度来满足我们所有的标准,则是不可能的。"①所以,选举体制的采用也是保障选举权的重要内容。各国一般会基于本国的历史传统、政治体制、政党体制以及特定的宪政文化等因素考虑本国的选举体制。

5. 选举程序的设计

选举程序是选举权得以实现的程序性保障。一般而言,选举程序包括组织选举机构、选区划分、选民登记、候选人提名、竞选、投票、计票、公布选举结果等步骤,其中任何一个具体的步骤如何设计都会影响到公民选举权的实现。典型的如选区划分问题,是采用大选区还是小选区对属于不同政党的候选人的选举权的实现即属不同;另外,不同选区之间选民数与议员名额的比例是否基本相当则直接关系到公民选举权平等保护宪法要求能否实现。所以,选举程序虽为一程序性规则,实则关系公民实体性选举权能否得以实现的重要制度,其设计必须以充分、平等实现公民的选举权为要旨,使公民的选举权在选举程序的运作中自然得以实现。

6. 选举经费的筹集与使用规范

选举经费是选举权实现中不可或缺的要素。选举经费的来源主要有两个渠道:国家资助与私人筹集。就选举经费的国家资助而言,法律主要着眼于各政党和各候选人的平等保障。就私人筹集经费而言,法律要防止某个集团或企业对某个政党或候选人的资助数额过大而使该政党或候选人实质上受制于人,而使选举中的民意竞争变成金钱的竞争并进而损害公民的选举权与被选举权。

(二)选举权的救济制度:选举权法律保障的动态形式

选举制度是选举权的配置以及其行使的程序保障,但在实践中任何完美的制度都不可能完全按其预设的轨道运行,由此必须设计选举制度的纠偏及补救性制度,此即选举权的救济制度。这种救济制度为公民的选举权提供了一项程序性及补救性的权利,即当实体的选举权受到侵害时从法律上获得自行解决或请求国家机关解决的权利。它包括选举监察制度与选举诉讼制度。选举救济制度运作的结果是选举权冲突及其纠纷的解决。其中选举监察制度是对选举权的积极救济,侧重于事前及事中的制止和纠正,以期防止违法与舞弊。选举诉讼是一种对选举权的消极救济,是基于特定主体的请求而提供的救济,侧重于事后的纠正。选举法律制度需要合理地配置这两种权利救济制度,以期构建完善的选举权利救济制度,保证选举权的实现。

---

① 〔美〕罗伯特·达尔:《论民主》,第140页。

第二章 选举权的制度安排

第一节 选举权的制度概说

公民的选举权作为一种基本的政治性权利,只有在一个实践民主政治的国家才有实现的必要与可能。而在民主政治国家里,权利实现有赖于合乎宪政理念的权利保障制度的构建。为了确保公民选举权的顺利实现和正确行使,国家必须以主权者的身份构建完善的制度对选举权予以规范,此即选举制度。所以,选举制度在宪政国家里不能简单地将其理解为掌握者为治理国家而设计的制度形态,而应理解为为保障公民的选举权并进而实现人民主权而设计的权利保障制度。但选举制度只是一种对选举权予以配置与规范的静态制度,在实践中制度的运行难免会偏离制度设计的轨道。为了防止选举实践偏离制度设计的轨道致使公民的选举权受到侵害,权利的救济制度设计即成为必要,罢免、监察和选举诉讼是构成选举权救济制度的三大要素。选举制度与选举权的救济制度构成了完整的选举权的法律保障制度。本章以选举制度基本理论的探讨为出发点,从宏观上把握西方发达国家选举制度的基本程序,在此基础上着重分析我国选举制度现状及其存在的问题并找寻可靠的解决方案,以为我国选举制度的完善提供可资指引的理论基础。而在后文将着力探讨选举权救济的基本理论及其我国选举权救济的现状与完善。

一、概念

关于选举制度的概念,学界有很多定义,但其视角大体同一。如《中国大百科全书·政治学》认为,选举制度是"选举国家各级代表机关的代表(议员)和其他公职人员的原则和制度的总称"。也有学者认为:"选举制度是政治制度的重要组成部分,它以法律的形式规定了选举国家代表机关的代表和国家公职人员的原则、程序和方法,是各种选举法律规则的总称。"[1]本书认为,选举制度虽从表面上看是由选举法律规定的选举原则、选举程

---

[1] 唐晓等:《当代西方国家政治制度》,世界知识出版社1996年版,第61页。

序、选举方法、计票规则、当选制度等构成的具体制度的总和,但从本质上看,选举制度实质上是规定或保障选举权利行使的一系列制度。考察一个国家的选举制度,就可以观察到其公民享有选举权的真实状况。选举制度是一个国家民主政治的镜子,一个国家的公民是否真实地享有选举权利,是否真正实行民主的政治,由此可以一览无遗。

选举制度的具体内容,一般认为主要包括:选举的基本原则、选举权的确定、选举的组织机构、选举的程序与方法、选举的经费、选举人与当选人的关系、对破坏选举行为的制裁。而其主要分歧,在于选举诉讼等选举救济制度是否为选举制度的内容。在我国学界,大多数学者在表述选举制度的概念时皆未提及选举诉讼,只有少数学者明确指出选举制度的内容包括选举诉讼。① 我们认为,从人们对选举制度的习惯使用来看,选举制度一般是指选举组织、程序和当选方面的制度,而并未涵盖选举救济制度;但是,从理论上看,选举诉讼等选举救济制度应当属于选举制度的范畴。因此,我们完全可以认为选举制度实际上也有广义与狭义的界分,本书同时在狭义与广义上使用选举制度的概念。②

二、作用

在现代政治实践中,不同国家的选举制度在具体运作与实际作用方面往往存在区别。这里所探讨的选举制度的作用,是就实行民主政治国家的选举制度而言。在真诚实行民主政治的国家,选举制度具有以下重要作用:

第一,选举制度为人民主权原则的实现提供了制度保障,选民选出自己信赖的代表组成国家机构,从而实现国家权力的合法性转移。近现代民主制国家最根本的原则即人民主权,但是不可能使所有的人都直接成为统治者,国家权力的行使者只能是少数人。选举制度是解决国家权力的所有者与行使者相互分离以及少数领导者和绝大多数被领导者相互矛盾状况的根本途径。代表或议员由公民根据自己的意愿选举产生,国家机关及其工作人员的职权,由选民通过选举这一权力委托方式获取,那么权力的行使者就获得了合法地位。

第二,选举制度为选民监督权力行使者,甚至在一定条件下更换权力行使者提供了制度化的手段。广大选民与国家权力行使者的委托关系,决定

---

① 参见李步云主编:《宪法比较研究》,法律出版社1998年版,第637页。
② 第四章与第五章所研述的选举制度为狭义,其余为广义。

了权力行使者必须向广大选民负责。政治实践中的基本原则是共通的,即选民将根据权力行使者的具体表现,对其是否符合自己的意愿进行评判,并对其违反选民意愿的行为追究责任。选民可以撤回对权力行使者的"委托",选民还可以通过民主程序重新选举产生新的符合自己意愿的权力行使者。这就要求权力行使者必须坚持为选民服务,时刻牢记对选民负责的思想。

第三,选举制度是促进民意的形成、表达,并使选民民主意识得以提高的有效途径。国家的统治、社会的管理须以民意为依归,选举即是形成、表达民意的理想方式。对候选人的挑选,一方面表达了选民对权力行使者必备素质的基本要求,另一方面则表达了对国家和社会管理应该贯彻何种政策的基本意见。选举过程中不同意见的交流、妥协,会形成多数人认同的意见并得以表达;同时,选民通过选举活动的参与,还可增强民主意识,不仅会对自己的地位和作用产生明确的认识,而且还能增强其分析和判断政治现象、政治问题的能力,从而积极地参政、议政。

第四,选举制度还是社会矛盾、社会危机的"安全阀",是维持社会安定的重要手段。利益冲突、社会矛盾和社会危机等是影响国家统治秩序和社会安定的重要因素,解决矛盾或危机的方法很多,然而在民主政治制度中,选举则是最有效的民主途径。通过选举,不仅可以使选民与选民、选民与代表更为紧密地联系在一起,而且还可以集思广益,对各种政策选择方案进行论证,从而为各种社会问题寻找合理的而为人们所接受的解决方法。

三、体制

(一) 地域代表制与职业代表制

地域代表制是指按选民的居住地区划分选区或者以行政区域为选举单位选举人民代表(或议员)的制度。选区一般分为单名选区和复名选区两种,相应地,地域代表制通常有两种方式,两种方式各有利弊。单名选区又称单选区、小选区,是指每一选区只产生1名议员或代表的选区制度;复名选区又称多名选区、大选区,是指一个选区产生2名以上的议员或代表的选区制度。单名选区制使选民易于接触候选人,了解并判断其品德和才能,监督其当选后的行为;当选人也熟知选区的需要与存在的问题,便于及时反映意见。弊端在于,由于只有1人当选,其他得票相差甚微的候选人就没有当选机会;同时,由于各选区人才分布不均,故而各区的当选者在水平上难免参差不齐;此外,也易使政党总共所获议席与总共所得选票不相对应。大选区制不仅使得票较多的候选人均能当选,还比较容易产生理想的人才,而且容易推行比例选举制,小党亦可选出代表;但其不足在于,选民不易了解候选人,且监督其当选后的言行亦很困难。

职业代表制,是指将选举人依照职业加以分类,根据职业团体而不是居住区域或行政区域,来选举代表或议员的制度。职业代表制获得认可的理由主要有:第一,随着经济与社会的发展,职业团体逐渐居于重要地位,因而采用职业代表制,可以将各种社会利益真正反映到立法机关中去;第二,现代立法工作日趋复杂化和专门化,采用职业代表制可以集中各方面的专门人才,因而更适应立法发展的需要;第三,在职业代表制度下,选民更容易监督和接触他们选出的代表,使其真正反映民意;第四,由于工商业职业团体对国家政治生活有较大的影响力,因而如没有代表参加立法机关,势必用其他方法影响立法,这样一来,流弊更大。从实践来看,最早把职业代表制作为一项立法制度规定下来的是1851年《法国宪法》,该法规定,工业及商业团体,均得有特别之政治代表。① 职业代表制理论提出后,一直受到一些学者的诘难。他们认为:由于职业代表制代表各种利益不同的职业集团,因而容易引起立法机关内部的剧烈冲突。

(二) 当选制度

当选制度是选举制度的重要环节,没有当选制度,选举制度就不完整,各项选举活动所要达到的最终目的就无法达到,各级各类国家机关(尤其是立法机关)就不能建立起来。由于各国的政治体制、历史传统、政党结构等各种因素的差异,世界上并无统一的当选制度。概括而言,当选制度大致可分为以下几种。

1. 多数选举制

多数选举制也称多数代表制,是指一个候选人或一个政党在选区内获得最多选票就可当选,或者独占该选区全部议员名额的当选制度。这种制度的理论根据是多数决原理,即凡是一个团体在决定其事务时均应尊重多数人的意愿。这一原则早在古希腊和古罗马就已产生,到了近现代,无论在议会选举还是在总统选举上,多数选举制都是一种主要当选制度。多数选举制,又可分为绝对多数当选制和相对多数当选制。我国各级各类选举都是采用绝对多数当选制,例如县、乡两级人大代表的选举,都要求必须有过半数的选区选民参加投票,候选人只有获得投票选民的过半数票才算当选;

---

① 周叶中主编:《宪法》,高等教育出版社、北京大学出版社2000年版,第289页。

其他各级各类选举分别在各级人大内进行，候选人必须获得本级全体人大代表的过半数票才能选。但是，无论是议会选举还是总统选举，许多资本主义国家采用的都是相对多数当选制，例如，美国、加拿大等国家的众议院或参议院的选举，都是采用相对多数当选制。相对多数选举制是一种简单的多数选举制，它受到了不少人士的非议，他们认为，实行比例代表制在议会中更能直接体现出一个党派在全国获得的选民支持率。如在英国，比例代表制的拥护者一直希望英国改变简单多数选举制，以使议会代表的席位更能够反映出各政党所得选票的比例。①

2. 比例代表制

比例代表制也称比例选举制，是指各政党或候选人按照自己在各选区所得选票占总选票的比例分得席位的当选制度；各政党在全国范围内按自己所得选票占全国投票总数的比例分得席位，实质是把全国作为一个大选区。比例选举制是在与多数选举制的斗争中产生出来的，存在于多党制国家。在当今世界，丹麦、西班牙、挪威、荷兰、奥地利等国的议会或众议院选举，都采用比例选举制。这种当选制度与多数选举制相比的一个重要特点是，它能够照顾到小党，各党只要能获得一定比例的选票就能得到一定数额的议席，具有一定合理性。但这种照顾也不是绝对的，太小的政党仍然难以得到照顾，因为实行这种制度的国家一般都规定有最低比例的控制线，如果一个政党不能得到最低比例的选票就无法给它分配议席。列宁曾作如此认定：比例制选举，这的确是最民主的。西方学者有的肯定这种当选制度，认为议会作为人民的代表机关应当恰当地反映各种力量，而比例代表制则是能够实现这一原则的制度；有的否定这种制度，认为政治问题应当取决于多数，比例代表制只要能取得一定比例的选票，就能取得一定数额的席位，这是与"多数决"原则相违背的。

3. 一轮多数联盟制

一轮多数联盟制是指若干个政党可以结成联盟参加竞选，投票只进行一轮，获得选区过半数票的政党联盟或其他政党则独占该选区的全部席位。如果政党联盟获得了过半数票，凡参加联盟的政党均可根据自己所得选票按比例分得议席，凡未参加联盟的政党则不得参加议席分配；如果政党联盟

---

① 英国政治学教授肯尼思·米诺格认为，"简单多数"选举制的弊端是当选者得到的实际选票可能达不到该选区所有选票的半数，甚至远远不到半数，更谈不上大多数；实际上，至少半个世纪以来，英国没有一个执政党上台是赢得了半数以上选票的。

和其他未参加联盟的政党均未获得过半数票,则由各政党按照比例代表制分配议席。这种制度一般在实行多党制和大选区的国家出现,它是小党与大党进行斗争的一种形式;法国1951年至1958年曾采用过这种制度,目的主要是为了排斥法国共产党。

4. 二轮多数选举制

二轮多数选举制也称二轮多数投票制,含义是:选举一般要进行两轮投票,即在第一轮投票中采取绝对多数制,参加竞选者必须获得选区过半数票才能当选,否则就进行第二轮投票;第二轮投票,一般是对在第一轮投票中得到法定票数的若干候选人或得票最多但未过半数的两个候选人进行投票,获得相对多数票者当选。这种当选制度在资本主义国家一般用于多党竞选,因为在多党竞选的条件下,各政党或其候选人在第一轮投票中很难一举获得选区的过半数票,这就需要通过第一轮竞选以减少候选人,再进行第二轮投票。而在第二轮投票中只有两名候选人,又是以相对多数票当选,这就容易取得选举结果。从各国的宪法和有关法律来看,在议会选举上,现行的当选制度主要是多数选举制和比例选举制,采用二轮多数选举制的国家比较少。

5. 多轮多数选举制

从各国宪法和有关法律来看,总统选举的当选模式比议会选举的当选模式更多、更复杂,除上述几种与议会选举通用的模式以外还有其他一些模式,多轮多数选举制是其中非常突出的一种。所谓多轮多数选举制,是指在选举中要进行两轮以上的投票,在前几轮投票中都要求候选人必须获得绝对多数票才能当选,最后一轮才由在上一轮投票中得票最多的两名候选人竞选,获得相对多数票当选。实践中的情况表现得比较复杂,有的进行三轮投票,有的进行四轮投票,有的进行更多轮数的投票直至把总统选举出来为止,有的甚至由于总统未能选出而解散议会,组织新的议会再举行总统选举,如此等等。

在以上各种当选制度中,最基本的是多数当选制和比例代表制,其他各种当选制度都是这两种制度的进一步具体化。而在多数当选制和比例代表制中,比例代表制更能体现选举制度的民主性。但在事实上,除以色列等极少数国家外,现代社会完全实行比例代表制的国家已基本不存在。这反映了选举制度发展的一个新的趋势,即决定当选制度不能以民主性作为惟一考量,还须兼顾选举产生的议会本身能够有效运作。因为选举制度的功能不仅在于民意的表达,还在于民意的集约,即将个别意志集约和上升为一般权威意志;通过选举的民意集约功能,使分散的公民意志得以整合,形成为多数选民所接受和认同的政治意志。但在一个多党制国家,完全的比例代表制势必造成议会中政党林立,而且没有哪一个政党能够占据主导地位。由于政党间的分歧,将会使议会的意志整合功能遭遇极大的障碍,并最终降低政治统治的效能。魏玛时期的德国和法国第四共和时期的政治实践都证明了这一点。如魏玛时期,德国议会选举实行完全的比例代表制,议会议席完全根据各政党所得票数的比例,而且没有任何最低得票率的要求,因而议会里的政党多达十几个,其中根据1932年7月选举结果,共有8个仅获得1.2%甚至更少选票的小政党进入议会,在总共608席中占据了22席。其结果是造成了议会议事效率的低下和政府的高度不稳定。当然,比例代表制对民意的充分表达功能亦不可忽视。随着民主政治的发展,多党制国家逐渐认识到,选举制度的构建既不可只偏执于民意的充分表达而不顾议会的有效运作去采取比例代表制,也不可偏执于议会的运作效率而忽略民意的表达去采取小选制。而且,选举制度需要稳定,多变本身即是对民主的破坏。所以,二战以后一些多党制国家在设计自己的选举制度时将选举的民意表达功能和民意聚集与整合功能置于同样重要的地位,即在制度构建上,摒弃完全的比例代表制,而是将比例代表制和小选区制相结合,实行混合制的选举制度。具体而言,即将议会议席分为两部分,一部分通过比例代表制的方式选举产生,另一部分则由小选区制的方式产生。这种选举制度已成为世界选举制度改革的潮流。[①] 如日本1994年所确定的选举制度改革法案中,即是小选区制与比例代表制相并立的制度,在共500个众议院议席中,小选区产生300席,比例代表选区产生200席。到2000年,日本国会进一步将比例代表选区议席削减为180席,众议院总议席为480个。[②] 而其改革目标之一就是使日本变成如同英国式的两党制,在兼顾议会民意表达的基础上,注重议会的民意整合,虽然后来实践证明这一目标并未完全实现。[③] 战后德国的选举法也规定,联邦议院一半议员由小选区按简单多数制选举产生,另一半按比例代表制选举产生。另外,新西兰、意大利、委内瑞拉、玻利维亚、墨西哥、立陶宛、乌克兰等国家也采用这种制度。而且,20世纪90

---

① 李惠宗:"从政党平等原则论单一选区两票制",载《法治与现代行政法学》,元照出版公司2004年版,第204页。
② 包霞琴、臧志军主编:《变革中的日本政治与外交》,时事出版社2004年版,第51页。
③ 高洪:《日本政党制度论纲》,中国社会科学出版社2004年版,第92页。

年代,日本、俄罗斯、韩国等都在下院选举中开始实行这种制度,英国在1998年制定的《苏格兰法案》和《威尔士政府法案》中所确立的苏格兰和威尔士地方议会的选举也是采取这种方式。

即使在实行部分比例代表制的国家,比例代表制对选举和代议制度的民意整合功能所产生的消极影响也受到了严格的控制,其中的方式之一即是规定政党必须在选举中获得一定比例的选民支持方可根据其得票比例参与议会议席的分配。如在联邦德国,为了尽量减少极端主义者政党和许多小党进入联邦议院的问题,《基本法》规定政党必须获得5%以上的选票才可参与议席的分配,此条款被称为"门槛条款"。在1949年第一次大选中,这一限制是指在"一个州"得票的5%,结果仍有11个政党进入了议会,几年之后的选举法改为在"全德的总票数"中达不到5%即不能参与席位的分配,1953年进入议会的政党便减少到6个,1957年进一步减少到4个,1961年则为3个。此后,能够常驻联邦议院的政党就一直只有3个,直到1983年绿党突破5%。根据《俄罗斯联邦选举法》,在全联邦选区的杜马代表选举中,得票率在5%以上的竞选联盟可根据本竞选联盟的得票率参加全联邦选区的225个代表席位的分配,如果某个竞选联盟的得票率低于5%,则被排除在全联邦选区的代表名额分配之外。

四、代表与选民的关系

(一) 代表制或代议制理论简说

从民主制度考察,代表制或代议制乃是一种有局限的民主制。民主就是公民参加国家管理的制度,然而在经济、文化和技术条件的约束下,公民不可能都直接参加公共事务管理,于是,代表制或代议制才应运而生。所谓代议制民主,是指人民把原本属于自己的权力委托给自己选出的代表,让他们决定国家事务、实施公共管理。早在古希腊雅典就有代表制,但是真正意义上的代议制政府是近代资产阶级革命后并由资产阶级建立的,随后世界各国都逐渐接受了这种民主形式,在现代社会,代议制已成为普遍的民主制度。那么,在代议民主制度下,代表与自己选民的关系怎样呢?代表与全体选民的关系又怎样呢?兹分述如下。

1. 代表与自己选民的关系

第一,强制委托说。认为选民与代表之间存在类似民法上的委托与受托的关系,代表不是独立的,而是纯粹的代表,它依赖于本选区选民,代表是选民派驻议会的使节,是选民意见的传声筒。因而要求代表在议会的各种发言和投票应严格按选民的意志行事，而不能按自己的认识和能力独立行事。

第二，代表责任说。认为选举代表是公民的职责或义务，所以，代表一经选出，则取得独立的地位，独立承担责任，代表在代表机关的发言和表决，完全凭个人的学识、经验和才能去独立做出判断，直接表达自己的意志，不受选区选民的任何指示，不受任何人包括选民的约束。就是说，选民与代表之间不存在私法上的委托关系。

第三，折中说。选举确定的是选民与代表者之间的代表关系，代表既不能脱离选民完全独立，也不能处处顺从自己的选民，事事接受选民的指示或授意，这样既难以做到，也没有必要。代表在议会的发言、投票可以根据个人的认识、能力去判断行事，但应当在总体上尊重选民意志，向选民负责，受选民利益的约束。

2. 代表与全体选民的关系

代表被选举出来之后，出现的问题是，他是代表全体选民还是代表自己的选民，或二者兼而有之？对此，也有几种不同的观点：

第一种观点是代表授权说。这种理论认为选举行为是一种授权行为，选民选出代表就意味着把自己的权力授予代表，并且这种授权不是个人的授权，由于人民的权力不可分割，这种授权的性质是整体的授权。因此，代表一旦当选，就代表全社会或全体人民的意志和利益，代表在议会的发言和表决随时都要以全体人民的利益为准则。总而言之，代表当选之后，他应代表全体选民。

第二种观点是代表受托说。这种观点认为，选民与当选代表之间的关系类似私法上的委托关系，代表既然是由本选区的选民选举产生的，他当然应当反映本选区选民的意志和利益，因此他只能代表本选区的选民，而不能代表包括别的选区选民的全体选民。事实上，让具有人的局限性的代表去把握和实现全体人民的利益和全局利益也不现实。

第三种观点认为，当选者既应代表全体选民，又应代表部分选民。即，当选代表既要考虑全体选民的整体利益，又要兼顾本选区选民的特殊利益。议会代表人民的意志和利益，亦即议会的全体成员整体地代表着人民的意志和利益；但每一位代表却只是选举他的那一部分选民的意志的代表，并接受这部分选民的监督。当然，每位代表在参政、议政以及在投票表决时，仍应当立足全局，将整体利益置于首位。

(二) 我国人民代表与选民的关系

马列主义理论对代表的性质虽然没有专门系统的论述,但是坚决反对议员责任制,指责资产阶级代议制的最大弊端就是议员选出之后就脱离人民,甚至背叛人民。因此,他们强调无产阶级代表机关的特点是:第一,代表必须忠实于选民的意志和利益,代表是由人民"选派"或"委托"去参加代表机关工作的。马克思说:"脱离被代表人意志的代表机关,就不成其为代表机关。"[①]第二,选民随时可以撤换代表,这就足以迫使代表时刻遵从选民意志。可见,马列主义特别强调代表与选民之间的"委托"关系,选民可以监督罢免代表,从而保证代表服从选民意志,服从于选民利益。

我国宪法学界对代表与选民或选举单位关系的理论,亦主要有前述"强制委托说"、"代表责任说"、"折中说"、"代表授权说"与"集中代表说"等几种。从实际情况看,强制委托理论似乎更符合我国当前人大代表的性质,也获得较多认同。该主张可进一步表述为:代表是特定的选区或选民利益和意志的代表,而不是抽象的"全民意志"代言人;代表是由各地区或单位选举产生的,并经过法定程序,获得选民的合法授权和委托;这种制度要求代表必须完全服从特定选区或选举单位,要在选民的经常监督下行使权力,代表违背选区或单位利益,选民或选举单位就可以随时罢免他们。

关于支持"强制委托说"的理由主要有以下几个:首先,这种理论符合马列主义的代表制观点。马列主义明确主张代议机关代表必须是选民利益的忠实代表者,主张代表对选民负责,选民随时可罢免代表的制度,也确切表明代表必须听命于选民。其次,抽象的全民意志和利益是不存在的,全民意志和利益是每个局部和地方人民意志和利益的整合,全民意志和利益不是先天存在的;让每个代表去掌握一个全民意志和利益是不可能的,这样只能增加代表行为的盲目性,让代表去服从一个统一的意志,代表就会被人操纵利用。最后,让代表独立地依个人能力行使职权,这种理论与我国现实的指导理论不符;按马列主义理论,代表选举后,必须接受选民的监督并受选民利益的约束。

按照强制委托的理论,我国人大代表行使职权的指导思想和着眼点,应该放在大力加强代表与选民和选举单位的联系上。通过强调代表与选民之间的强制委托关系,强化代表意识,使代表全面、客观、真实地反映选民和选举单位的意志和利益,把自己所了解、掌握、倾听到的群众意见、呼声和利益

---

① 《马克思恩格斯全集》第 1 卷,人民出版社 1965 年版,第 54—55 页。

充分地反映、表达出来,这就是人民代表的职责。从这个角度说,这种理论是比较符合当前我国人民代表大会制度运行的实际情况的;但是,长远来看,"代表责任说"更符合现代国家代议制的观点,议员选出后作为职业政治家的眼光比局限于各种利益的选民更具远见,不局限于选民利益也许是更理想的代表。

第二节　西方国家选举权的程序安排

公民选举权的实现有赖于选举制度的有效运作,而选举程序制度是选举制度的核心内容,在一定意义上,选举程序如何构建直接关乎公民选举权的实现程度。西方国家是选举制度的先行者,在长期的政治实践中积累了丰富的经验,形成了各具特色的制度。虽然世界各国的选举制度植根于本国的法治传统,但"他山之石,可以攻玉",这些国家对选举程序的设计给后发国家的民主政治提供了可资借鉴的先例。在宏观上考察各国选举的基本程序安排,可以为我们寻求选举程序的完善提供制度事实。

一、选民与议员的资格

世界各国对选民的资格,均以年龄和公民与国籍为基本要件。在年龄方面,各国普遍以18周岁为公民享有选举权的起始年龄;在国籍方面,虽然一些国家允许一定条件的外国公民参与本国一定级别的选举,但总体而言,具有本国国籍仍然是享有选举权的一个基本要件。在形式上,选举权须经某种程序予以确认,主要方式是选民登记。另外,居住期限和精神健康状况也是构成选民资格的条件。如在德国,《基本法》第38条规定,享有选举权的资格条件是:(1) 具有德国国籍;(2) 达到最低年龄标准,即在选举日年满18周岁;(3) 选举日前在德国境内至少连续居住3个月以上;(4) 没有被法院宣布剥夺选举权且选举时精神正常。

对于候选人资格,基本要件亦是年龄与国籍。但在年龄方面,候选人一般比选民的要求要高。美国宪法规定,众议员必须年满25周岁、成为合众国公民满7年;参议员必须年满30周岁、成为合众国公民满9年。

二、选区划分

选区是候选人开展竞选活动和公民行使选举权的基本地理单位。选区划分制度有小选区制、中选区制和大选区制之分。所谓小选区制是指一个选区只选举一名议员的制度,中选区制是指一个选区选举2—5名议员的制度,大选区制是指一个选区选举5名以上议员的制度。

在美国,从1842年起,国会通过一系列法律规定:众议员均从国会选区选出,一个选区只能选举一名众议员,选区相互连接,选区人口应尽可能相等,从而确立了小选区制。为了保证选民选举权的平等性,选区在划分时应遵循以下几个原则:(1)一人一票、每票等值原则,即同等数量的代表应由大致同等数量的选民或人口选举产生,也就是每个选区所选代表与其选民数呈现大致的比例。(2)按自然界限划分选区的原则,即通常应按国家地理学或行政区域来划分选区。如美国1832年通过的一个法案规定,国会每个议员选区必须是毗连的整块土地,1911年,国会将该法案修正为"毗连及紧连地区"。(3)按人口的变动而不断划分选区的原则。即选区的划分要以定期的人口普查为依据,以保证议员所代表的人口的准确性和议员代表权的平等。①

在各国的选举实践中,由于选区划分对各政党选举是否获胜关系重大,所以各政党都力求采取对本党有利的选区划分,于是违背上述原则划分选区的情况时有发生。"选举地理学"就是执政党为了在选举中击败其他政党,估量形势,凭借国家权力,尽可能地按照有利于本党的原则而划分选区的一种方法。玩弄"选举地理学"可以使本政党占优势的小片区域连成一个选区,使其在该选区中获胜;使不支持本党的选民化整为零,分散到其他各选区去,使他们在各个选区都不能形成多数;或者使不支持本党的选民集中起来划在一个选区内,使本党失去该选区的获胜机会,但在其他选区却可能连续获胜。这样的结果就是使各个选区人口数量悬殊巨大,并使全国选区出现奇形怪状的情形。如美国得克萨斯州曾出现过最大的众议员选区有951527人,最小的众议员选区仅216371人②;密执安州,1950年人口调查显示,第12国会议员选区仅有177360人,而第17选区却有724717人。③ 人们将"选举地理学"称之为Gerrymander,这一称谓起源于该州州长格里(Elbridge Gerry)的名字。马萨诸塞州依照1812年的法律划分州参议员选区,州长格里为使本党在选举中再次获胜,他不顾自然和传统的选区划分界限,说服州立法机关在划分选区时把选区划得奇形怪状,其中一个选区的形

---

① 杨伯华、明轩:《资本主义国家政治制度》,世界知识出版社1984年版,第103页。
② 唐晓、王为、王春英:《当代西方国家政治制度》,世界知识出版社1996年版,第116页。
③ 杨伯华、明轩:《资本主义国家政治制度》,第104页。

状恰似一条火蛇(Salamander),于是报界把州长的姓与火蛇相连,称之为"Gerrymander",即"选举地理学"。

在美国的政治传统中,选区划分一直被视为一个政治问题,选区划分争端的解决在立法机关内部,司法机关基于"政治问题回避"的原则,不干涉因选区划分而产生的纠纷。1946 年,联邦最高法院对科尔格罗弗诉格林一案(Colegrove v. Green)[1]作出了判决。在判决中,联邦最高法院认为,选区的划分是具有特殊性质的问题,具有党派相争及利益妥协的色彩,不适宜作出司法判断,法院应该拒绝介入。这一类事项属于立法机关排他的统治事项,纵使选区的划分有不公正的方面,具有重大的危害,也不许法院来予以纠正,否则无异于将公民的政治判断交付法院判断,势必破坏政治秩序;并且依据《美国宪法》第 1 条第 4 项的规定,立法机关如果认为各州的选区划分不适当,自可以运用其立法权加以监察纠正;如果立法机关不采取行动,则只好由人民通过投票权来进行纠正,而法院是不能进行干涉的。

联邦最高法院在科尔格罗弗诉格林案作出的判决表明了法院的立场,即划分选区问题是不在司法审查之内的。在此之后的 20 世纪 50 年代和 60 年代,美国人口普查的资料显示:选区划分的不公平问题依然存在而且在加剧。直到 60 年代,联邦最高法院在这一问题上的立场才开始松动。这种变化的产生是多种因素综合而成的。一方面,选区划分不公平问题受到了社会各方面极大的关注,人们认为当政府官员运用不适当的标准进行选区划分,或者当选区划分的结果造成对某一选区选民的不公平待遇的时候,严重的法律问题甚至是宪法问题就可能会产生,在这样的情况下,法院便可以被请求介入到在一般情况下应该属于立法机关的职权事项之中。另一方面,在最高法院的法官构成上,在科尔格罗弗诉格林案中持多数派意见的大法官中,除法兰克福特还在任上以外,其余法官都作了调整,首席大法官变成了沃伦,从而使最高法院进入沃伦时代,即奉行司法能动的理念,积极受理关于公民权利受到侵害的诉讼。在此背景下,在 1962 年的"贝克尔诉卡尔案"中,联邦最高法院修正了自己以前在此问题上的立场,判决选民有权利

---

[1] 该案的基本案情是:伊利诺伊州自从 1901 年起,四十多年的时间里从未重新划分过选区。但是,由于工商业的发展,该州人口流动频繁,该州在此期间曾经进行过 4 次人口普查,普查资料显示,大量的人口涌入了城市地区,这样就造成了极大的不公平,同样只能选出 1 人的不同选区,其人口从 11 万多人到 91 万多人不等。1946 年,选举即将开始的时候,原告肯尼斯·科尔格罗弗(Kenneth Colegrove)等人以划分选区的州法违反宪法的平等保护原则和宪法所规定的共和政体为由而提起诉讼,请求法院命令被告(该州州长等人)禁止依据该法而进行选举的准备。

对议会重新分配代表名额提出质疑,并且判决这些问题应该由联邦法院来进行审理。正是这样的一个判决毫无疑问地使法院拥有了审理那些剥夺宪法赋予人民的权利而任意划分选区的案件的权力。①

继贝克诉卡尔案后,1964 年联邦最高法院在"威斯伯利诉桑德斯案"(Wesberry v. Sanders)②中又宣布,就国会代表的名额而言,"一个人在一次国会选举中所投的票应该与另一个人所投的票具有同样的效力,这大致上是可行的"。而在这一年的另一个案件"雷诺兹诉西姆斯案"(Reynolds v. Sims)③中,联邦最高法院则进一步将这样的代表名额原则推广到了各州的州议会中,尽管在后来联邦最高法院又对这一判决进行了细小的修改。

三、选民登记

选民登记是确认公民选举权的法律程序。在德国,享有选举权的人必

---

① 此案的基本案情是:在 20 世纪上半叶,美国田纳西州大量人口由农村进入城市,但自 1901 年起,该州即未再进行选区的重新划分,结果造成了州立法机关议员名额分配的严重不公,其中最大选区议员所代表的选民数是最小选区议员所代表选民数的 19 倍。选民贝克和另三位选民将州务卿卡尔起诉至地区法院,要求法院宣布选区划分的法律违宪,并禁止该州继续根据这一法律进行选举。地区法院认为选区划分是政治问题,司法机关不宜作出判断。卡尔等人不服,上诉至联邦最高法院。

② 这一个案件是由威斯伯利(James P. Wesberry)和其他几个佐治亚州(Georgia)第 15 国会选区已经登记的选民提起的针对该州州长桑德斯(Carl Sanders)和其他政府官员的诉讼。原告方声称,佐治亚州立法机关划分选区的机制违反了联邦宪法。因为在该州 10 个国会选区中第 5 选区最大,其人口为 823680,而第 9 选区拥有人口 272154,各个选区的平均人口为 394312。这就意味着第 5 选区所选的议员代表的人口数是其他选区所选议员代表人口数的 2 到 3 倍。这种安排是由该州立法机关于 1931 年通过的,而且从此没有改变过。这种重大的不适当的分配状况违反了《宪法》第 1 条第 2 款的规定:"众议院由各州人民每隔 2 年所选举的议员组成"。地区法院根据联邦最高法院于 1946 年在科尔格罗弗诉格林一案中所作出的判决驳回了这一诉讼,理由是立法机关选区划分问题属于"政治问题",而不是一个法律问题。联邦最高法院接受了原告威斯伯利等人的上诉,并且按照先例"贝克诉卡尔案"中所确立的原则来对此案予以审理。

③ 该案案情是:阿拉巴马州(Alabama)1901 年《宪法》规定,该州立法机关的议员产生于基于人口均等原则而划分的选区。然而,该州的选区划分是基于 1900 年的人口普查,并且始终没有进行过变更。但是,事实上由于该州人口流动以及该州《宪法》规定每一个县不论其大小必须至少有一个代表,使选区划分十分不合理。就州众议院议员的选举而言,人口最多的选区是最少的选区的 16 倍,而州参议院议员的选举更不公平,人口最多的选区是最少的选区的 41 倍。于是,在城市地区的选民们提起了诉讼,指责阿拉巴马州的这种做法违宪,违反了"平等保护条款"。经过层层诉讼,官司打到了联邦最高法院,联邦最高法院作出判决,"对于这个国家的代议制政府来说,根本的原则是同等的代表名额代表同样数量的人民,而不管其种族、经济状况和在州的什么地方居住"。因此,根据这一判决,"一人一票"的原则不仅适用于人数众多、以人口为基础的州议会的众议院,而且也适用于州参议院,而参议院的代表常常是以地区(比如县或者其他行政单位)为基础选举出来的。这是联邦最高法院在选区划分问题上立场的一个调整。

须登记并领取到选票后,才能实际行使投票权。区乡政府是选民登记机关。登记采用政府登记与自行登记相结合的方式。符合资格的公民由政府自动登记到选民册上,只有在特定情况下由公民自行进行变更登记。在美国,选举实行选民任意登记制,即法律不规定符合选民资格的人必须列入选民名单,而是根据选民本人的意愿才列入。各州依据各自的法律,分别采用本人登记和非本人登记两种办法进行选民定期登记;但是,北达科他州不要求选民登记,俄亥俄州和密苏里州采取不完全登记。

四、候选人提名

个人提名和政党提名是候选人提名的两种基本方式。在德国,联邦议院议员的候选人有两种产生方式:一种是个人向选区选举委员会提交个人报名参选的申请书,此种候选人称为直选候选人;另一种是由各政党全国委员会的主席向各州选举委员会提交本党在该州的候选人名单,此类候选人称为名单候选人。由于政党政治的影响,西方国家选举中候选人主要是由政党提名的。有些国家,如美国,某一政党的候选人必须在党内的预选中击败党内其他对手,方能赢得该党提名。

五、选举投票

选举投票是选举最基本的表现形式,是选民对候选人赞成与否的正式表态。一般而言,在进行选民登记后,公民是否进行投票亦取决于公民自己的意愿。在当今的西方国家,总体而言,投票率并不高。但也有一些国家规定参加投票是公民的义务。如奥地利法律规定,参加国民议会的选举是每个选民的义务,任何选民无合法理由必须参加投票。澳大利亚和新西兰等国的法律规定,选民如不参加投票要受到一定的处罚,如被训斥、剥夺选举权和罚金等。为使尽可能多的选民参加投票,很多国家的法律在具体制度设计时尽量为选民投票创造方便,如奥地利的选举利用星期日或节假日举行。

六、选举经费

"金钱是政治的母乳。"西方国家的这一政治谚语表明了金钱与政治的密切关系。随着经济的发展和选举活动本身的复杂化,选举所需要的经费呈现急剧增加的态势。如在美国,1964年总统和国会选举总支出约为2亿美元,1972年上升到4.25亿美元,2000年上升到30亿美元。其中,约有

40%用于国会议员的选举。① 而自1986年至1996年的10年间,两党国会选举的费用由约4亿美元增加到6.52亿美元,增长率超过50%。② 选举经费的来源主要有两个渠道:一是政府资助,二是政党和候选人自筹。前者包括两个部分:一是政府对政党的直接财政拨款,德国是欧洲第一个给予政党财政补贴的国家,且其范围广泛③;法国建立了选举补贴制度,即候选人在第一轮选举中获得了超过5%的选票,且竞选财务报告没有被否决和公布了个人财产状况,则其可以报销一部分的竞选经费,最高为选举花费的50%。二是通过减税等实行间接政府资助。但政府资助的经费只占所有选举经费的很小一部分。政党和候选人自筹的经费是选举经费的主要来源。

政党和候选人自筹选举经费在西方国家被视为选举自由的一个重要内容,被各国普遍接受。经费具体来源于以下渠道:一是政党自己的经费,如党员所交党费;二是个人捐款;三是企业或利益集团捐款。

选举所耗费的金钱数量急剧增加,因为民主本身是需要成本的。所以,对选举本身需要金钱、尤其是政党和候选人筹集经费这一事实提出诘难并不理性。即使在选举花费巨大的美国,甚至有人认为,考虑到政治选举活动的重要性,选举所消耗的金钱并不多,而真正值得忧虑的是金钱的不当运用,这主要有三个方面:竞选同一公职的候选人所能支配的竞选经费数量的差异,政治金钱的来源,对金钱使用的失去控制。④ 个人、企业或利益集团捐款的增加是西方国家选举经费急剧上升的主要来源。同时,不加限制的政治捐款和急剧上升的选举经费对选举制度造成了一定的危害:(1)选举经费的增加使候选人之间的民意竞争变成金钱竞争,决定选举结果的不再仅仅是选民的意志,而是候选人的筹款能力。所以,只有那些有雄厚实力财团支持的人才有可能成为候选人并最终当选。由此,也就决定了候选人必须花费大量的时间去筹款,而每个人的筹款能力是不同的。这种选举对金钱的依赖以及各政党和候选人筹款能力的差异必然造成候选人之间的不平等,也变相地剥夺了公民的被选举权。(2)由于议员的当选依赖于少数财

---

① 赵可金、朱锦屏:"论美国竞选财政中的'软钱革命'",载《美国研究》2003年第1期。
② 张立平:《美国政党与选举政治》,中国社会科学出版社2002年版,第191页。
③ 德国联邦宪法法院在1958年判决给予政党捐款者以所得税减免的法律违宪,但允许国家对那些参与竞选的政党提供财政补贴,从而成为第一个实施国家补助政党经费的国家。参见郭秋霞:《德国选举制度与政党政治》,台湾志一出版社,第102页。
④ 〔美〕理查德·K.斯克尔:《现代美国政治竞选活动》,张荣建译,重庆出版社2001年版,第150—151页。

第二章 选举权的制度安排

力巨大的捐款人,所以,在议会决策时更多地为向其提供竞选资金的人的利益考虑。捐款人藉此对政治权力进行全面渗透,使议会所承载的多数人统治的价值发生扭曲,变成少数人的统治,给多数人的利益造成危害。2001年美国最大的能源公司安然公司的破产深刻地暴露了政治与权力的结合对代议制民主所造成的危害。①

基于以上危害,西方国家一直在不断地完善立法,对政党和候选人选举经费的筹集和使用进行规范,以防止金钱对选举制度价值实现的危害。其总体的立法趋势可概括为以下几个方面:

第一,要求政党和候选人公开其财政来源及使用情况,增加选举中经费的透明度,使其更好地接受监控。德国《基本法》规定:"政党应公开说明其财政来源"。法国从1988年到1995年通过了一系列立法来对国民议会选举中所花费的费用及集资问题做了规定。在竞选开始前,每一位候选人都必须指定专人负责为他筹集竞选经费,由该委托人为该候选人开设一个专款专用的特别户头,用来存放和支出竞选所需的款项,一切捐款者的名字及捐款数额都将被详细地公布出来。②《美国联邦竞选法》规定,每个候选人必须在选举前10天或选举后30天向联邦选举委员会报告所收到的捐款和竞选开销,包括所有捐款在100美元以上的捐款人的姓名、通讯处和职业③;而在2002年进行立法改革选举中的"软钱"制度,限制不受联邦选举委员会监控的"软钱"增长,相应地增加"硬钱"的数量,亦是为了加强选举经费来源及使用的透明度。

第二,确立个人、企业或利益集团捐款的上限。如美国在2002选举经费的立法改革中规定个人在一次选举中对每位国会议员候选人捐款的上限是2000美元,政治行动委员会可捐赠的上限是10000美元。④法国国民议院议员竞选费用的上限是每位候选人为基数25万法郎,再加上该选区内所

---

① 安然公司是美国最大的能源公司。2001年安然公司及其子公司向联邦破产法院申请破产,涉及总资产高达500亿美元。事后调查表明,安然公司在破产前一直向共和党和民主党提供了大量的选举经费,其中仅在2000年的选举中就向两党捐款了167万美元,而其也从政府中获得了大量的回报。参见赵可金、朱锦屏:"论美国竞选财政中的'软钱革命'",载《美国研究》2003年第1期;张立平:《美国政党与选举政治》,第191页。

② 许振洲编:《法国议会》,华夏出版社2002年版,第78页。

③ 董珍祥等:"美国地方选举与州议会研究",载王晓民主编:《国外议会研究文丛》(第二辑),中国财政经济出版社2003年版,第64页。

④ 张立平:《美国政党与选举政治》,第208页。

选举权的法律保障

有居民的人数乘以 1 法郎,其中个人捐款的上限为 3 万法郎。① 德国宪法法院也通过判例确定选举经费应有一个上限,不能无限制地向政党提供经费。② 这些规定一方面是限制选经费的无限上升,另一方面是鼓励政党或候选人选举捐款来源的多元化,使议员免受少数捐款人的实际控制。

第三,建立严格的费用管理和会计制度。如韩国法律规定,政党或候选人应指定专门负责选举费用收支情况的会计人员,并把会计人员的书面情况向选举管理委员会申报,如选举费用超出最高限额的 1/200 以上时,候选人将被判处 5 年以下的劳役或 2000 万元以下的罚金。在法国,在选举日后的两个月内,候选人要准备一份有关选举费用的筹集和支出情况的清单,并连同一切发票、收据和证明等送交全国竞选及政治捐款审计委员会,该委员会在收到报告清单后 6 个月内宣布自己的审计意见,如报告被否决,则候选人将丧失获取国家补贴的机会。

第四,建立国家财政补贴制度,尽可能降低各政党因竞选经费筹集方面的差距而引发的各政党间的不平等。虽然自由筹集经费被视为选举自由的一个重要内容而受到法律保障,但客观上各政党筹集资金的能力有别,在实际选举中筹集的资金数额相关甚大,由此造成各政党竞选能力的差异。为了实现各政党一律平等的宪法理念,减少因筹款能力差异而造成的各政党间的不平等,一些国家建立了对政党的财政补贴制度。德国在机会均等的原则下于 1989 年通过了政党法修正案,允许国家资助政党,尤其是对小党倾斜,并通过联邦宪法法院的判决确立了补助的原则和范围。③ 每个政党派出候选人参加一个选区议席的竞选,一般可以获得 3 万英镑经费,这个数字根据最低开支配额的不同而有所分别。因此,如果一个政党决定派候选人参加英国所有 659 个选区议席的竞选,该政党在大选前的 365 天之内,在全国范围展开竞选宣传的经费开支总都额上限,不能超过 1977 万英镑。与美国等国家的大选体系不同的是,英国大选禁止竞选党派购买电视台或者电台广播的广告时段,参加竞选的英国党派在整个大选期间,可以通过分配得到竞选宣传广播时段。④ 另外,奥地利、西班牙、瑞典、芬兰、挪威、英国、美国

---

① 许振洲编:《法国议会》,华夏出版社 2002 年版,第 78 页。
② 甘超英编:《德国议会》,华夏出版社 2002 年版,第 87 页。
③ 同上。
④ 某个党派可以获得的广播时段取决于两个因素:该党在这个选区派出参选的候选人人数,以及该党在上次大选中的得票率。譬如,在 1997 年的大选中,保守党、工党和自民党的广播时段分配比为 5∶5∶4。

等对政党提供财政补贴。①

第三节 我国选举权的制度安排与完善

一、制度安排体现的原则与价值

选举制度的基本原则,是选举制度在各国长期发展过程中,为多数国家所共同认可和接受的一些基本价值,它是选举制度的重要组成部分。以公民选举权的制度保障作为视角来理解选举制度,选举制度的基本原则即是国家在构建选举权的保障制度时应遵循的基本规则。基于宪法的民主精神,基本原则决定着选举制度的民主程度,有学者甚至直接将其称为"选举制度的民主原则"②。由于不同国家的具体国情,选举原则在各国的实践形式也不完全一致,当代西方国家选举制度的基本原则通常被归纳为普遍选举、平等选举、直接选举和秘密选举四项。③ 当然,也有学者认为,"从当代各国的宪法和法律来看,就多数国家而言,目前所实行的基本上是普遍选举、平等选举、直接选举、秘密选举、自由选举等原则"④。可以发现,无论是四项原则还是五项原则,都是选举制度在西方国家经历长期发展后逐渐形成的:起初这些原则对于西方国家而言属于"应然"的目标,民主进程的深入,使之转化为"实然"的选举实践,于是选举又更加追求民主化——所谓"自由选举"即是此种追求的产物。

马克思主义理论关于人民代表机关选举的基本原则的理想化描述亦为"普遍、平等、直接、秘密"⑤,1942 年 4 月发布的《陕甘宁边区各级参议会选举条例》明确提出,边区各级选举"采取普遍、直接、平等、无记名投票选举制",这在中国历史上是第一次,并在选举中采用了由候选人发表各自施政意见的竞选办法。⑥ 新中国成立后,我们建立和发展了适合实际国情的选举

---

① 郭秋霞:《德国选举制度与政党政治》,第 98 页。
② 许崇德主编:《中国宪法》(修订本),中国人民大学出版社 1996 年版,第 357—364 页,主张的原则为"普通、平等、直接、秘密"四项基本原则。
③ 参见胡盛仪、陈小京、田穗生:《中外选举制度比较研究》,商务印书馆 2000 年版,第 76 页。
④ 李步云主编:《宪法比较研究》,第 640 页。
⑤ 列宁、斯大林、毛泽东、刘少奇在不同场合多次论述过"普遍的、平等的、直接的、不记名的选举方式",具体论述参见全国人大常委会办公厅研究室编:《中华人民共和国人民代表大会文献资料汇编》第一编,中国民主法制出版社 1990 年版,第 15—18、41—44 页。
⑥ 徐育苗主编:《当代中国政治制度研究》,湖北人民出版社 1993 年版,第 96—97 页。

制度,坚持的基本原则是:选举权的普遍性原则,选举权的平等性原则,直接选举与间接选举原则相结合原则,秘密投票原则以及自由选举原则。

(一)选举权的普遍性原则

选举权的普遍性原则,是指依照法律规定,公民除年龄和被法院依法剥夺政治权利外,在法律上不受其他条件限制而享有选举权的一项选举制度的基本原则。选举权的普遍性原则主要表现为享有选举权的公民范围的广泛性。根据《宪法》和《选举法》的规定,我国选举权的普遍性原则主要体现在以下几个方面。

第一,我国公民享有选举权没有特殊的资格限制条件。《宪法》和《选举法》明确规定中华人民共和国年满18周岁的公民,不分民族、种族、性别、职业、家庭出身、宗教信仰、教育程度、财产状况和居住期限,都有选举权和被选举权。这表明我国对于公民的选举权没有资格的限制。公民享有选举权或参加选举只需要具备3个条件:具有中国国籍,是中华人民共和国公民;年满18周岁;依法享有政治权利。除此之外,公民享有选举权再没有其他的限制条件。

第二,在我国被剥夺政治权利的公民数量很少,并呈下降趋势,不影响我国选举权普遍性的体现。选举权是一项重要的政治权利,我国《宪法》和《选举法》规定,依照法律被剥夺政治权利的人没有选举权和被选举权。从我国的选举实践来看,1981年全国县级直接选举中,被剥夺政治权利的人只占18周岁以上公民人数的0.03%。可见,因被剥夺政治权利而不能享有选举权的人是极少数,不影响我国选举权的普遍性。为了保护有关人员的选举权,在1983年全国人大常委会做出的《关于县级以下人民代表大会代表直接选举的若干规定》中专门就对以下几种人准予行使选举权做了规定:判处有期徒刑、拘役、管制而没有被剥夺政治权利的人;被羁押,正在受侦查、起诉、审判,人民法院或人民检察院没有决定对其停止行使选举权利的人;正在取保候审或者监视居住的;正在劳动教养的;正在受拘留处罚的人。随着我国刑法的修改,附加剥夺政治权利的罪名减少,被判剥夺政治权利的人,将会进一步减少。还应该说明的是,精神病患者不能行使选举权,不列入选民名单,并不意味着剥夺其选举权。我国《选举法》第26条第2款规定:"精神病患者不能行使选举权的,经选举委员会确认,不列入选民名单。"这是因为精神病患者因无选举行为能力,将其列入选民名单没有实际意义,所以不列入选民名单。

第三,我国《选举法》有关人民解放军的人大代表单独进行选举,在县级以下人大代表选举期间在国内的旅居国外的中国公民可以参加原籍地或者出国前居住地的选举的规定(《选举法》第6条),这些均体现了我国选举权的普遍性原则。

但是,抽象地谈论选举权的普遍性原则意义是受到质疑的。因为选举权的普遍性原则更多地是从权利的形式性层面而言,即强调形式上的主体的广泛性,而没有论及选举权的实质内涵。在我国,虽然绝大多数年满18周岁的公民都享有选举权和被选举权,但公民真正能够投票选举的仅限于县级和乡级人民代表大会代表,县级以上的各级人民代表均不可由选民投票产生。至于被选举权,虽然在理论上其范围更宽一些,年满18周岁的公民可以作为候选人参与各级人大代表的选举,但毕竟其范围非常狭窄。所以,就选举权和被选举权而言,对于普通社会公众,更能体现其作为主权享有者地位的仍然是选举权。但恰是在此方面,我国目前的规定仍更多的是停留在形式意义上的普遍性。所以,选举权的普遍性只有与直接选举的范围结合起来才有意义。

(二)选举权的平等保护原则

选举权平等保护是指国家立法在规范公民的选举权时,应以宪法上的平等保护为原则,平等地保障所有合格公民的选举权与被选举权,非经合理的事由并经合法的程序,不得对公民的选举权与被选举权实行差别对待。国家对公民选举权的平等保护是基于平等性这一选举权的内在属性所决定的。

选举权平等性的基本含义是指:"所有选民在一次选举中只能投一个选票,所有选票的效力完全相等。"①也就是"一人一票、每票等值"(one man one vote, one vote one value)。它包括两个方面的内容或者基本要求:一是在每一次选举中每一个选民只有一个投票权,即一人一票;二是每一代表都以大致相同的人口数为基础,或者说,在一次选举中每一个选民的一个投票权在价值上是基本相同的②,即一票一值。考察选举制度的发展史,就会发现选举制度的发展史就是一部施加于公民选举权与被选举权的种种不合理限制逐步被取消、选举权的平等性逐步实现的历史。在早期的资产阶级议会选举中,年龄、性别、财产、宗教信仰、受教育程度、种族、民族等都是限制公民选举权和被选举权的因素,而这些限制剥夺了大部公民的选举权与被

---

① 何华辉:《比较宪法学》,武汉大学出版社1992年版,第163页。
② 胡锦光:《中国宪法问题研究》,新华出版社1998年版,第273页。

选举权。直至20世纪50年代以后,各西方主要国家才基本取消了这些施加于公民身上阻碍其行使选举权的限制,但在有些国家,仍然存在一些具体的限制,构成了对公民选举权平等保护原则的破坏;另一方面,现代宪法学意义上的平等不仅指形式意义上的平等(程序上的平等),必要时也包括实质意义上的平等(结果上的平等)。但是,这两种价值在某些时候并不能够完全协调,而会相互冲突。所以,准确地界定选举权平等保护的含义及正确区别两种意义上的平等及其价值选择的标准对于真正地实现对公民选举权的平等保护具有重要意义。

选举权的平等保护包括以下内容:

第一,选民资格的平等保护。

如前所述,在人类历史上的相当长时间内,公民的投票资格受到多方面因素的限制,现代各国大多已取消了这些限制。目前对选民资格的要求趋于合理,主要要件包括年龄和人的精神健康状况,而且这些限制对于任何公民都是一致的。其他施加于公民投票权上的限制都要经过严格的审查。1978年美国联邦上诉法院在审理Johnson v. Lewiton Orchards Irrigation District一案中清楚地表明了这一立场。《美国爱达荷州宪法》第20条规定,选举人必须拥有相当财产才有资格在学校选举和浇灌地区的选举中参加投票。该州的法律还规定,只有拥有永久性财产者,才有资格对灌溉地区的有关政策及人事问题的选举中参加投票。本案的原告是住在该地区的无产者,向法院提起诉讼,认为前述宪法和法规违反了《美国联邦宪法》第14修正案所确立的"平等保护条款"。联邦上诉法院认为,投票权是一项基本的政治权利,除了住所、年龄和公民身份外,其他任何限制都必须经过严格的审查,同时必须是要保障极其重要的州利益方可为之。在本案中,并没有发现极其重要的州利益来限制人民投票权的行使;而无产者对于选举的利益及其所受影响并不较有产者为轻,因为该灌溉地区主要是对该地提供家庭用水。

第二,候选人资格的平等保护。

候选人资格是指公民作为候选人竞选公职所需要的资格。如同选民资格一样,历史上施加于公民行使被选举权的各种限制也逐步被取消。如美国在1978年的一项判决中,联邦最高法院认为田纳西州的一项法律违宪。该法规规定,任何牧师、传教士、神职人员,无论其宗派如何,均不得被选举为该州制宪会议的代表。联邦最高法院认为该规定对神职人员的被选举权施加了不合理的限制,要求其只能在宗教信仰自由和政治参与自由中择取一个,因而是违宪的。

第二章 选举权的制度安排

第三,性别或种族的平等保护。

无论是在历史上还是在实践中,女性在行使被选举权时总处于弱势地位。女性的选举权在世界范围内得到普遍确立是在第二次世界大战以后才基本实现的,时至今日,还有一些国家如伊朗仍不承认女性的选举权。在种族方面,各国历史上对本国的少数人种实行选举权的限制也是普遍性的制度。如西方国家对本国的黑人和土著人种选举权的剥夺即是如此。

二战以后,随着世界民主化浪潮的发展,各国在选举法律制度上已基本实现了对女性和种族的平等保护。但这并不等于这些国家的女性或少数人种在选举权的实现方面完全达到了平等的要求。如在法国,自1945年至1997年的16次国民议会选举中,女性候选人占全部候选人比例超过20%的只有两次;当选议员的比例更低,在上述时间段里,国民议会中女性议员所占比例一般为5%,只有1997年达到了10.9%。在欧盟中,女性议员比例最高的为瑞典,比例为40.4%。① 在2000年的日本议会选举中,社民党、公明党和共产党候选人中的女性所占比例位于所有政党前列,其中社民党有22名女候选人,占本党候选人的28.9%,公明党有16名女性候选人,占21.6%,共产党女性候选人为84名,占25.3%。而在日本,在其经济高速增长至20世纪80年代末期,日本众议院议员中女性比例除极少数届超过2%外,大抵为1.5%。②

为了改变这些情况,在制度上对这些公民的选举权特殊保障,以真正实现宪法上平等保护原则在公民选举权行使的领域得到贯彻,很多国家制定法律以促成更多的女性或处于少数地位的民族或种族当选为议员。如法国2000年制定法律专门对此予以规定(具体内容前文已有介绍)。在日本,20世纪90年代随着女性参政意识的提高,政府、民间和各政党都采取了各种措施保障女性的被选举权。在2000年的日本议会选举中,共有女性候选人为202名,占所有候选人比例的14.4%,其中社民党、公明党和共产党候选人中的女性所占比例位于所有政党前列,社民党有22名女候选人,占本党候选人的28.9%,公明党有16名女性候选人,占21.6%,共产党女性候选人为84名,占25.3%。在当选议员中,日本女性议员比例提高到7.3%。③而在新加坡,为了保障少数民族或种族的公民当选,在选区划分上,1988年

---

① 许振洲编著:《法国议会》,第88—89页。
② 胡澎:"近年日本妇女的政治参与浅析",载《日本学刊》2003年第3期。
③ 同上。

特设集选区制(Group Representation Constituency, GRC)。在集选区下,由三位候选人组成选举小组,三位候选人中至少有一人属于少数种族,即在华人以外的马来人、印度人或其他少数种族等。在选举中,选民对候选人小组进行投票,而不是对个人进行投票,获得最高票数的小组即全部当选为议员,而不论每位候选人的得票情况。所以,这是一种保障议员的种族平衡并对少数种族予以适当照顾的特别制度。①

第四,政党的平等保护。

政党作为现代社会选举的基本组织者和参与者,是公民行使选举权与被选举权的重要媒介。政党的平等直接体现了公民的选举权与被选举权的平等。在比例代表制和多数制这两种基本的选举制度中,比例代表制是按照各政党在选举中所得票的比例分配议席,而多数制只是在选区中得票排列在前的候选人才能当选,这对于那些势力弱小的政党不利。所以,在保证政党平等地享有被选举权方面,比例代表制更有优势。但是,比例代表制所导致的议会中政党林立的局面又使议会无法形成稳定的多数,议会陷入经常性的政党纷争而难以正常的运作,这不利议会功能的发挥。因而,现在很多国家采取了比例代表制和多数制相结合的选举制度。

第五,选票效力的平等保护。

选举权的平等性不仅要求选民在一次选举中只有一个投票权,而且要求每一选票的价值平等。这一理念在选举制度的设计上就要求每一代表所代表的选民数大致相等。美国联邦最高法院1964年在"威斯伯利诉桑德斯案"(Wesberry v. Sanders)中,联邦最高法院又宣布,就国会代表的名额而言,"一个人在一次国会选举中所投的票应该与另一个人所投的票具有同样的效力,这大致上是可行的"。而在这一年的另一个案件"雷诺兹诉西姆斯案"(Reynolds v. Sims)中,联邦最高法院则进一步将这样的代表名额原则推广到了各州的州议会中。

选举权的平等保护原则是法律面前人人平等原则在选举制度中的具体体现,反映了其民主的性质。现代世界各国,从本世纪早期开始,特别是二战后,相当一些资本主义国家都逐步在法律上实现了平等选举的原则。有学者统计,在世界142部现行宪法中,规定了平等选举权原则的有67部,占47.2%。② 但实际数目与比例远远超过这个数字,因为这里所举出的数字仅

---

① 王瑞贺编著:《新加坡议会》,华夏出版社2002年版,第54、66页。
② 李林:《立法机关比较研究》,人民日报出版社1991年版,第52页。

是根据各国宪法所得,有些国家的平等选举权原则不是通过宪法而是通过选举法或其他有关法律规定的。

我国《选举法》规定:"每一选民在一次选举中只有一个投票权。"这一规定体现了我国选举权平等原则的内涵,即"一人一票"。但应当指出的是,我国《选举法》并未完全确立"一票一值"的选举权平等原则,这主要表现在:第一,选民投票效力不平等。根据现行《选举法》的规定,在全国人大以及省、自治区一级的人大选举中,城市和农村之间每一个代表所代表的人口基数比例为一比四,而在县一级以及设置区的市一级以下的人大选举中,城乡每一代表的人口基数比例可以小于一比四直至一比一。第二,对少数民族给予特殊照顾。为使人民代表大会有广泛的代表性,法律对各少数民族的代表名额给予了特殊照顾,从而使有些少数民族与汉族代表所代表的人口比例是不平等的,如在全国人大代表的选举中,每个少数民族都应自有自己的代表,人口特少的民族至少有 1 名代表。第三,军队代表情况特殊。在全国人大代表军队在全国人大有 265 名代表,占全国人大代表总数为 9%,军队代表远不是按人口比例平等原则产生的。①

不同比例的规定显然是不符合民主制度建设要求的。选举权平等原则是现代民主宪政国家选举原则的重要组成部分,对于选举中不平等现象的存在,邓小平在 1953 年制定《选举法》的说明中解释到:"在城市与农村间,在汉族与少数民族间,都作了不同比例的规定,就某个方面来说,是不完全平等的,但是,只有这样规定才能真正反映我们的现实生活,才能使全国各民族各阶层在各级人民代表大会中有与其地位相当的代表,所以,它不但是很合理的,而且是我们过渡到更为平等和完全平等的选举所完全必要的"②。邓小平在上述说明中还指出:"城市是政治、经济、文化的中心,是工人阶级所在,是工业所在,这种城市和乡村应选代表的不同人口比例的规定,正是反映着工人阶级对于国家的领导作用,同时亦标志着我们国家工业化发展的方向。因此,这样规定是完全符合于我们国家的政治制度和实际情况的,是完全必要的和完全正确的。"③在理论界,早期的通说认为:基于

---

① 一般学者只注意到前两个不平等表现,如胡锦光在《中国宪法问题研究》中所持观点。不过,蔡定剑在《中国人民代表大会制度》(法律出版社 1998 年版)一书中关注了军队选举的特殊性。
② 全国人大常委会办公厅研究室编:《中华人民共和国人民代表大会文献资料汇编》,中国民主法制出版社 1990 年版,第 131 页。
③ 北京大学法律系人民代表大会与议会研究中心编:《人民代表大会工作全书》,中国法制出版社 1999 年版,第 110 页。

为工人阶级创造有利的条件以保证无产阶级的领导,必须对城乡之间的比例做出不同规定;而我国的农业人口几乎占全国总人口的80%左右,如果从等量的人口中选出等量的代表,人民代表大会就会形同农民代表大会。① 这表明,农村和城市代表所代表的人口数的规定不仅仅是考虑到当时的公民素质,而且认为这是体现我国社会制度社会主义性质的重要内容。如果从这一点来认识,这种不同规定就不是当时的权宜之计,而是事关社会制度的重大问题。

目前的学说,一方面承认现行选举制度下的选举权的平等是一种"形式上的不完全的平等",另一方面又认为正是通过这种形式上的不完全平等可以达到"实质上的平等"②。

然而,对上述所谓通过形式上的不完全的平等达致实质上的平等的理论学界尚存异议。对此,有的学者从一般的平等原则对现行模式提出了质疑③,有的学者指出通过形式上的不平等规定并不能够达到人民内部和民族之间实质上的平等。④ 其中,批评最系统和最有力者当推林来梵教授。一方面,他从宪法学亦即理论层面提出两点:一是实质上的平等是否可以适用于对选举权的保障,指出对选举权的保障只能适用于形式上的平等原理;二是实质上的平等原则一般仅适用于对弱势社会群体的保护,而有关城乡代表比例的差等措施保护的却非弱者,符合目的的只有汉民族与少数民族之间的差等措施。另一方面,在现实层面,他认为对完全平等的城乡代表比例将导致各级人民代表大会变成各级农民代表大会的担忧纯属多余,其理由是:一是农村代表未必是农民代表;二是我国目前所采的地域代表制与职能代表制相混合,实际上使农村代表的定额分配有一定限制;三是我国现行的选举制度中存在多层级的间接选举制,实际上具备对代表候选人质素的筛选机制;四是若将来全面采行直选制,并引入竞争机制,低素质的代表当选更非易事。⑤

除以上学者们的批评以外,这种制度还面临现实中户籍制度改革的冲

---

① 参见张友渔主编:《宪政论丛》(下),群众出版社1986年版,第4—5页。
② 参见许崇德主编:《中国宪法》,第360页。此观点也为全国人大常委组织编写的《中国的选举制度与操作程序》所采纳。
③ 参见王玉明:"关于修改我国选举法的理论探讨",载《政法论坛》1993年第3期。
④ 参见胡锦光:《中国宪法问题研究》,第275—276页;作者指出,这种调整本身就无实质上的平等可言,在城乡之间,汉族与少数民族选民之间一票价值上的差异显然是一种实质上的不平等,而且该主张在逻辑上是自相矛盾。
⑤ 参见林来梵:《从宪法规范到规范宪法》,法律出版社2001版,第133—134页。

击。农村人口和城市人口的划分是以户籍制度的存在作为前提的。但自2001年以来,一些省市所进行的户籍制度改革的一个核心内容就是取消户籍性质的差异,将城市户口和农村户口统一为居民身份,实现管理的一体化。① 如果农村户口和城市户口划分的取消在全国范围内得以实现,现行法律的这一规定的现实依据将不复存在,这一规定也就无法实施。

(三) 直接选举和间接选举并用的原则

直接选举与间接选举相对称,是根据选举权的行使程序进行的区分,所谓直接选举是指选民不通过任何中间人或中间组织而直接对被选举人进行选举的制度;所谓间接选举是指选民首先选举选举人或选举团或其他代表机关,再由选举人或选举团或其他代表机关代表自己对被选举人进行选举的制度。② 一个国家的实际需要与具体条件决定了应该采用何种选举方式。根据对108个国家的现行宪法或选举法的考察,议会和总统都实行直选的有36个国家,占34.25%;议会实行直接选举的有33个国家,占30.6%;众议院实行直选的有19个国家,占17.6%;众议院和总统实行直选的有5个国家,总统实行直接选举的有2个国家;无直接选举的国家有10个,我国和古巴实行基层人民代表机关的直选。③ 由于选举既包括选举国家代表机关的代表,也包括选举某些国家机关的领导人员;根据以上统计资料可以发现,现在大多数国家都采用直接选举(至少在选举的一方面)。

我国各级人大代表选举采用的是直接选举与间接选举相并用的原则,具体为:全国人民代表大会的代表,省、自治区、直辖市、设区的市、自治州的人民代表大会的代表,由下一级人民代表大会选举;不设区的市、市辖区、县、自治县、乡、民族乡、镇的人民代表大会的代表,由选民直接选举。我国目前所采的直接选举与间接选举并用原则,主要是根据国家的经济、政治与文化发展的实际状况确定的,它具有现实的客观基础。县乡两级政权是国家政权的基础,它的政治活动直接与基层人民群众的生活有关,县乡两级实行直选,有利于发扬基层人民民主,有利于对政权活动的监督。对于两种选举方式的认识,绝大多数学者认为直接选举相对间接选举在形式上更为民主,"直接选举的民主程度高,它不仅有利于选民了解和监督代表和国家机

---

① 参见马福云:"中国户籍制度改革及未来政策走向",载中国社会科学院公共政策研究中心编:《中国公共政策分析》(2003年卷),中国社会科学出版社2003年版,第54页。
② 王世杰、钱端升的《比较宪法》(第156页)的界定更简洁明了:凡议员(或官吏)的选举,不由选民直接选定,而必由选民选出的代表选定时,为间接选举;反之则为直接选举。
③ 参见李步云主编:《宪法比较研究》,第653—656页。

关领导人,也有利于代表和国家机关领导人更注重对选民负责,它使选举人对被选举人亲自表态认可,是体现主权在民原则的一个重要形式"①。直接选举的优点往往就是间接选举的弊端,如:间接选举可能不能全面、正确表达选民意愿甚至歪曲选民意志,同时会使选举权的普遍性和平等性打折扣,多层次的间接选举还会模糊代表与选民之间的责任关系,削弱代表与选民的联系,使选民不能直接监督代表。当然,也有人主张间接选举的优点。②

我国的选举制度基本形成于计划经济体制,而在市场经济体制下,公民的权利意识得到了明显的提升,因而这种多层次的间接选举制度已难以适应以尊重和实现人权为根本价值的制度设计理念。那些能够反对扩大直接选举范围的论据在现今的时代已经难以成立。在传统上,一般认为,我国之所以没有建立更广泛意义上的直接选举制度,是基于以下三个原因:第一,我国的面积太大,即使一省级行政单位的面积比一般实行直接选举国家的面积都大,因而,在这样大的范围内实行直接选举在技术上难以实行。第二,成本的原因。由于我国的人口众多,选民数也是世界第一,在所有级别的选举中都实行直接选举,需要大量的经费和人力的付出。相对而言,在同一级选举中,直接选举要付出比间接选举多得多的成本,这对于我们这样一个经济不太发达的国家是不值得的。第三,公民素质的问题。由于整体上我国公民受教育的程度偏低,公民直接选举可能难以选出合格的国家权力机关组成人员。

但这些理由无论在理论上还是在实践中都难以成立。首先,如果认为面积大而在技术上难以进行直接选举,这显然是误解。在理论上,我国虽然面积大,但由于各级人大代表主要都实行的是地域代表制,即在各个地方划分选区,由该选区的选民投票产生人大代表。权力机关的级别越高,管辖的范围越大,需要在更大范围内划分选区。从表面上看,似乎选区的面积也会成倍地增长,但实际上,权力机关的级别越高,代表的数额也越大。在划分选区方面,不会有太大的差别。所以,既然现在的县级人大代表能够实行直接选举,市级和省级乃至全国人大代表改为直接选举产生都是可行的。在实践中,我国一些实行直接选举的乡或县级的行政单位所管辖的面积超出

---

① 参见李步云主编:《宪法比较研究》,第 656 页。
② 见蔡定剑:《中国人民代表大会制度》,第 145 页;作者也提出间接选举的优点,有利于减少群众普选容易产生的盲目性,有利于选择人才和安排各方面的代表;在选民众多、选民素质较低的国家,直接选举可能更容易被人操纵;间接选举更节省经费和工作量。许崇德在《中国宪法》也表达了类似的看法。

实行间接选举的市级甚至省级行政单位管辖的面积的现象也屡见不鲜。在国外,比中国面积大的两个国家俄罗斯和加拿大的中央级议会也都实现了直接选举。

其次,如果认为间接选举的成本比直接选举的成本要低而主张实行间接选举,这显然犯了方法论上的错误。因为决定选举制度设计不能够从经济上的成本效益来核算,而应注重何种制度的设计更能使公民的权利得以实现。民主本身是需要成本的。况且,经过二十多年的改革开放,我国的经济建设已取得了举世瞩目的成就,选举所需要的成本完全应在我国的国力许可范围之内。从长远而言,对于一个国家而言,民主统治的成本实际上要远远低于专制统治的成本。

再次,如果以人口素质为由来否定直接选举,这种理由不仅难以成立,而且由于事过境迁,事实已早非如此。建国之初,在我国人口绝大部分是文盲和半文盲的情况下,以间接选举为主要方式似乎情有可原(但实际上似乎解释不了县级和乡级为何要实行直接选举,不能说县级和乡级人大就一定比市、省和全国人大的重要性低吧)。进入到21世纪,在我国的人口素质也得到大幅提高的现实下,再以人口素质为由反对扩大直接选举的范围似乎不再有说服力了。再者,不能说我国现今的人口素质比美国两百年前还要低吧?

最后,那种认为扩大直接选举是盲目崇拜西方民主、与社会主义制度不相容的观点也是错误的。列宁早就指出:"为了建立共和制,就绝对要有人民代表的会议,并且一定要有全民的(按普遍、平等、直接和无记名投票的选举制度选出的)和立宪的会议。"①中国的实践已有一定范围的直接选举,周恩来同志在1957年的《政府报告》中曾经指出:"但并未排除在条件成熟的时候逐步把县以上的各级也实行直接选举。"邓小平还指出:"大陆在下个世纪,经过半个世纪以后可以实行普选。"②他这里用的普选一词实际指的是全面的直接选举。因而,扩大直接选举的范围与现行制度并不违背,甚至还是建设社会主义民主政治的重要途径。在解决了制度性障碍后,其他问题相对容易解决,这是因为:改革开放使我国社会经济得以较大发展,直选成本不再是问题;科技通讯发达,传媒日益先进,可在技术上推动直选;人民权利意识、民主意识增强,能接受直选;直选的机会成本高,社会收益也高。

---

① 《列宁选集》第1卷,人民出版社1984年版,第51页。
② 《邓小平文选》,人民出版社1993年版,第220页。

应当指出,我国人大代表的多层次间接选举已经使先进的民主理论同落后的选举实践形成反差;尽管目前我国采取全面直接选举的条件尚不成熟,但必须逐步扩大直接选举的范围,为将来向全面实行直接选举过渡。扩大直接选举的层次实际上有两个路径:一是在代表选举方面,将直接选举人大代表的范围逐步扩大到县以上的各个层次(如地市一级、省一级、国家一级);二是在有关国家机关领导人员上推行直选,如直选乡镇长、县市长、省长等。目前在很多地方所出现的各种形式的乡镇长直接选举为这方面的改革积累了各种有益的经验。[1] 另有学者认为,目前在一些选民素质较高、经济较为发达的城市,包括省辖市和中央直辖市,可以试行以直接选举方式选举人大代表,为将来实行全面的直接选举积累经验。[2]

(四)秘密投票原则

秘密投票,也称作无记名投票,是指选举人在参加选举时采用不公开的投票方法,亲自书写选票,对候选人投赞成票还是投反对票或者投弃权票只有自己知道,别人当时不知、事后也无从查知,选举人在选票上不署自己的姓名,亲自把选票投入密封的票箱。同无记名投票相对的是记名投票,凡选举人在选票上必须签署自己的姓名,或者不用书面投票而是在公众场合以口头、举手方式表示自己愿意选举的人的,叫做公开投票,亦称记名投票。记名投票和无记名投票虽然只是一个表决方法,但在我国选举制度是否能实现真正的民主的问题上,有着十分重要的意义。无记名投票较之记名投票,优越性在于选举人能更为自由地表达自己的意志,排除外界干扰,毫无顾虑的选举其愿意选举的人,这对于我国民主制度的发展具有很强的现实

---

[1] 如四川省遂宁市步云乡1999年进行乡长选民直接选举的具体做法是:(1)由遂宁市中市区制定《遂宁市市中区步云乡选民直接选举乡人民政府乡长试行办法》。(2)设立直接选举机构。选举在上级党委和人民代表大会的指导下,由同级党委直接领导,乡选举委员会具体组织实施。(3)进行直接选举乡长宣传发动和候选人公开报名。(4)确定正式候选人并进行公开竞选。经过第一轮竞选和预选产生的选民提名候选人与党委推荐的候选人共同进入竞选。(5)选民直接投票选举。(6)乡人民代表大会确认。而同年深圳市大鹏镇镇长选举改革后的步骤是:(1)由镇党委提出推选镇长的基本办法和候选人的基本条件;(2)将全镇按党政机关、镇属企事业单位、行政村、居民委员会等划分为17个推选小区;(3)在广泛宣传、发动群众的基础上,首轮选举由全镇所有选民每人一票直接推荐镇长候选人的初步人选,获得100票以上的将成为镇长候选人的初步人选;(4)召开由全镇全体党员、干部、职工和农村户代表参加的竞选演讲大会,候选人初步人选在会上发表竞选演讲,然后从其中选出一人作为镇长的正式候选人;(5)镇长候选人经主持会议的镇党委审议确认后,正式将其向镇人民代表大会提名推荐为惟一的候选人;(6)镇人民代表大会召开会议,正式选举镇长。

[2] 参见胡盛仪、陈小京、田穗生:《中外选举制度比较研究》,第289页。

意义。我国《选举法》第 36 条规定:全国和地方人大代表的选举,一律采用无记名投票的方法;《地方组织法》第 23 条也规定:选举采用无记名投票方式。当然,选民如果是文盲或者因残疾不能写选票时,可以委托他信任的人代写。

我国目前人大的选举采取无记名投票方式,经历了一个发展过程。在建国初期,1953 年的《选举法》曾经规定基层选举,采用举手投票的办法,也可以采用无记名投票的办法。这一规定,考虑了当时我国基层选民的实际情况;当时我国基层群众普遍文化素质较低,农村里文盲、半文盲占绝大多数,在这种文化落后的情况下,基层选举普遍采用无记名投票的方式不符合实际,无形中剥夺了许多公民的选举权。随着我国政治、经济、文化的不断发展,人民群众的思想觉悟和文化水平也都有了明显的提高,到 1979 年我国在制定新的《选举法》时,我国农村虽仍有文盲和半文盲的存在,但较之解放初期文盲占绝大多数的情况已经有了根本的改变。根据这些情况,1979 年新的《选举法》明确规定,全国人大和地方人大代表的选举一律采用无记名投票方式,从此,这种民主的投票方式就被法律化、制度化了。当然,随着社会的不断发展,目前,无记名投票方式的形式也从单一的由选民或者代表独立地填写选票然后再进行投票的形式发展到一部分选举是以按表决器代替填写选票投票的形式。但无论是何种形式,在现阶段,我国人大选举坚持的都是无记名投票原则。

在秘密投票中,还有一个值得注意的问题,即如何保护投票者划票时的真实意思表示问题。世界各国的普遍做法是在投票场所设立秘密投票间,并要求每位投票人都要进去划票,不受他人干扰,而我国的《选举法》与选举实践均未施行这一措施。

(五)自由选举原则

自由选举原则通常简称为自由选举或选举自由,与强制选举相对立,是指选民是否参加选举以及选举谁和不选举谁完全由自己决定,不受任何外界强制。理论根据是,选举是选民的权利,权利的享有者是否行使自己的权利以及如何行使自己的权利,应当是自由的。因此,选民可以参加选举,也可以不参加选举,参加选举可以选举这个,也可以选举那个,到底如何处置自己的选举权完全由自己决定,任何政党、机关和个人都不得干涉。[①] 强制选举在历史上很普遍,它是与公开选举相联系的,随着秘密投票方式的出现

---

① 参见李步云:《宪法比较研究》,第 659 页。

逐步产生了自由选举的原则。

　　自由选举原则的本意在于尊重民意,保障民主,使选民在选举中可以完全根据自己的意志进行活动,保证选举的民主和合法。现在,一般国家都实行自由选举的原则,许多国家还以宪法明确肯定这一原则;如《巴基斯坦宪法》规定,国民议会议员由选民通过直接和自由投票选举产生,美国也实行自由选举的原则。但是,有些国家仍然实行强制选举,当然强制的内涵已经发生了变化,与过去不同,它是在秘密投票的条件下,把选举作为公民的一项义务以宪法或法律肯定下来。《意大利宪法》规定,凡已经成年的男女公民均为选民,参加投票是公民的义务。

　　自由选举原则的确立是选举制度民主化发展的必然要求,我国《选举法》也在一定程度上肯认了这项原则。如《选举法》第 52 条明确规定,惩治破坏选举的违法行为的目的是"保障选民和代表自由行使选举权和被选举权"。但是,无论在立法上还是在实践中,我们对自由选举原则的认识都不够深入。如我国代表选举实践中对高参选率的追求就反映了这一情况。关于这一问题,后文有专门论述。此处我们欲强调的是,真正的民主选举是建立在自由选举原则之上,切实贯彻自由选举原则在当前和将来的中国都是必须的。

二、选举程序及其完善

　　选举程序是选举制度的核心,它是有关选举权行使的步骤、方式、期限等具体法律规则的总和。选举程序使公民选举权利的行使有法可依,同时也使国家对选举活动的组织有章可循;选举程序同时也是选举公正和有序进行的法律保证。不同的国家选举程序虽然不尽相同,但作为实现公民选举权利的程序设计,各国的选举程序有其共性。我国的选举程序是为适应我国的民主制度而建立的,总体而言,它能够保障我国选举的顺利进行和公民选举权的有效实现。但历经二十多年的实践,在我国民主政治得到快速发展的背景下,选举程序中一些问题暴露出来,这需要我们对其予以进一步完善。

　　(一) 选举组织机构

　　1. 选举组织机构的组建

　　根据我国《选举法》的规定,我国县级以上人大代表选举时,由本级人大常委会主持本级人大代表的选举。而在进行县级和乡级人大代表的直接选举时首先要设立选举主持机构。《选举法》第 7 条规定,不设区的市、市辖区、县、自治县、乡、民族乡、镇设立选举委员会,主持本级人大代表的选举。不设区的市、市辖区、县、自治县的选举委员会受本级人大常委会的领导。乡、民族乡、镇的选举委员会受不设区的市、市辖区、县、自治县选举委员会领导。

  选举委员会是组织办理本级人大代表选举事宜的临时机构,其组成人员由本行政区域内有关方面的人士参加,由县级人大常委会任命。根据实际的做法,人大常委会负责人或乡镇人大主席团主席,党政有关负责人,特别是党委的组织、统战、宣传,政府的公、检、法和财政部门,还有工会、共青团、妇联等部门负责人都要参加选举委员会,这样比较便于组织选举工作。选举委员会通常设立选举办事机构,并设立选区选举办事处作为派出机构办理有关选举具体事务。

  直接选举设立专门的选举委员会,是因为直接选举选民数量大,要划分选区、登记选民、组织候选人的提名、组织投票等大量非常繁琐的工作,加上乡镇一级又没有人大常设机构,所以,只有设立专门选举机构,才能组织好选举。选举委员会具有下列职权:(1)主持本级人大代表的选举;(2)进行选民登记,并做出决定;(3)划分选举本级人大代表的选区,分配各选区应选代表的名额;(4)根据较多数选民的意见,确定和公布正式代表候选人名单;(5)规定选举日期;(6)确定选举结果是否有效,公布当选代表名单。

  2. 选举组织机构的完善

  通过二十多年的实践,已经证明这些规定基本是有效的,但也出现了一些问题,主要有以下几个方面:

  (1)选举组织的稳定性问题。

  对于各级人大常委会来说,这似乎不是一个问题。因为人大常委会本身就是一个常设性的机关。但人大常委会也是有任期限制的。实际上,每一届人大常委会也只是主持一次人大代表的选举。至于选举委员会,更是在每次选举前临时成立起来的,人员都是兼职的,选举一结束,选举委员会也就被撤销。所以我国的选举组织机构是一个临时性的组织。临时成立的选举委员会的组成有很大的随意性,这不利于选举工作的顺利进行,甚至连选举资料的保存都成问题。从国外来看,选举组织一般都是固定的,人员是专职的。尤其是中央选举委员会更是如此。在我国,人民代表大会的层次多,代表数量多,选举工作量大,必须要有专门的稳定的选举组织来主持,才能够保证选举工作的持续性,也有利于培养熟悉选举工作的人员。

  (2)关于选举组织的独立性问题。

  选举组织机构是主持选举的组织。从国外来看,为了保证其能公正地主持选举,必须要求:第一,选举组织是独立的,独立于各党派、各国家机关和各利益团体之外。选举组织本身和选举组织的产生不能由某一党派或集团控制。第二,选举组织的成员不能作为候选人参加选举。实践中,选举一般都由独立的组织来主持。西方各国一般在中央和地方分别设立选举组织,叫选举委员会或选举管理委员会,形成了比较严密的组织系统,并且赋予其很大的权力。法律一般规定,选举委员会的成员不论是否参加政党均不得参与政治活动。有的国家法律还规定,选举委员会独立行使职权,只服从宪法和法律。有的国家除专门的选举组织机构外,还有专门的选举监督机构。①

我国的人大常委会是人民代表大会的常设机关,是国家权力机关的一部分,人大常委会的组成人员本身是人民代表大会的代表,是由下级人民代表大会选举产生的。所以就人大常委会本身来说,它和选举是有利益关系的。从实践来看,人大常委会的组成人员在选举中有很多就是候选人。这是不符合选举组织的独立性和公正性原则的。

在选举委员会方面,两级选举委员会的组成人员都由县级人大常委会任命。但组成人员由谁提名、人员的来源渠道如何、有何任职资格或职业限制等问题,法律均无明文规定,虽然有些地方在选举法实施细则里有所涉及,但各地的差异相当大。② 选举委员会不仅具有法定的主持选举的职能,而且在实践中是一个具有协调职能的机构,主要是协调党政部门、民主党派和人民团体与人大机构的关系,尤其是要反复协商党委、政府、各民主党派和人民团体在新一届人民代表大会代表中所占份额及其候选人人选。所以在任命选举委员会的组成人员时本身就要照顾到方方面面的关系,组成人员要包括各方面的成员,并且要有一定的地位。实践中的做法是,由县级人大常委会与相关部门协商后提出,经县党委或区党委批准后,由人大常委会任命。人大代表选举过程中的每一个步骤,都要有党组织的参与,所以选举委员会中必须要有党委及其组织、宣传、统战部门的负责人;选举要有经费、要有大量的行政组织工作,所以选举委员会中要有行政部门的负责人;在选举中要协调民主党派和人民团体与人大的关系,一般情况下,党委统战部门负责协调民主党派的关系,但人民团体的负责人也要参加选举委员会,以协

---

① 有关这方面的情况可参见李步云主编:《宪法比较研究》,第 661—663 页。
② 如在人数上,青海省规定县级选举委员会组成人员为 7 人(最少),而吉林省为 24 人,在各省中是最多。

调工会、妇联、共青团等组织同人大的关系;对选民资格的审查和对违法行为的处理要有司法机关的参与,所以选举委员会中要有司法机关的负责人。① 可问题是:《选举法》规定,各政党、人民团体可以联名或单独提名候选人,所以这些部门的负责人往往被提名为候选人,又由于我们非常强调和注重代表的广泛性,所以这些部门的负责人一般都被确定为正式候选人。这样,就不可避免地出现候选人和选举委员会成员角色重叠的现象。这也是有违选举组织的独立性和公正性原则的。

(3)选举组织的法律责任问题(这一问题在后文的我国选举权救济制度里有详细论述,此处不赘)。

针对以上问题,目前我国选举组织改革的思路主要有两条:第一条是还选举组织权于民政部门。1979年制定的选举法规定,县级以下的地方人大代表选举在地方人民代表大会常务委员会成立以前,由地方行政机关主持。实践中,在其后进行的第一次和第二次直接选举主要是由各级民政部门组织的。1982年修改《选举法》时,没有对选举组织问题作出修改,1983年全国人大常委会通过的《关于县级以下的人民代表大会代表直接选举的若干规定》中明确了县级以下的人大代表的直接选举由选举委员会主持,并规定了两级选举委员会同县级人大常委会的关系。主张还选举组织权于民政部门的理由主要有两个:一是人大常委会主持选举的做法实际上是一种自我选举认定。作为国家权力机关,不应该由本机关主持的选举产生。二是民政部门负责组织基层群众性自治组织的选举,已摸索出一些成功的经验,况且还有以前主持县级以下人大代表选举的经验。② 第二条是成立独立的全国选举委员会及其下属机构。这种主张认为,应该将全国所有的选举事务包括人大代表的选举、村民委员会和居民委员会的选举等,交由一个独立于党政部门、民主党派、人民团体及人大系统之外的组织系统管理,即建立全国选举委员会,并在省、市、县、乡各级设立相应的专门机构负责选举。为保证选举的公正性和客观性,还应该建立独立的法院、特别法庭或选举法庭,对所有选举进行监督,就选举争讼和当选争讼作出仲裁,并对选举中的违法行为进行处理。

第一种主张从技术上说,有两点困难:第一,县级以上的人大代表是由

---

① 实证研究证明了这一点。可参见史卫民、雷兢璇:《直接选举:制度与过程》,中国社会科学出版社1999年版,第73、127、168页。

② 参见上书,第430页。

下级人民代表大会间接选举产生的。下级人民代表大会在选举上级人大代表时，实际上是人民代表大会在行使自己的职权，并且按自己独立的程序进行。由民政部门来主持，无疑是由行政机关来指挥权力机关怎样行使职权。这是与现代法制原则相违背的。第二，民政部门在县一级是县政府下的民政局，在乡一级只是民政助理，而无完整的部门。由民政部门主持选举既不具备选举国家权力机关的权威性，也无必要的下属组织力量。第二种主张在理论上似乎是一种合理先进的制度设计。但这种理论本身的含义是不明确的。如果这种独立的选举委员会是一种独立于各级党组织、行政机关、人大系统的机构之外的另一机构，那么，这种"独立"的确切意义是什么？在我国，中国共产党是一切事业的领导核心，是执政党，要求选举委员会独立于党组织，是仅仅指选举委员会组织独立于党委系统，还是说不仅组织独立，而且其成员也不能是中共党员？如果仅指第一种意义，则现在的人大常委会和选举委员会在制度上已经做到了这一点，只不过现在没有具体落实而已。如果说是指第二种，则在中国是不现实的，根本违背了多年来形成的"党委领导、人大主办、各方面配合"这一组织选举的原则。如果说选举委员会完全独立于人大系统，则不仅要求建立一整套从中央到地方的常设性的而不是临时性的机构和体制，需要配备大量的工作人员。这种制度变革的跳跃性太大，也没有实践基础。况且，由于县级以上的人大代表都是由下级人民代表大会选举产生的，以独立的选举委员会来主持下级人民代表大会选举产生上级人大代表，在技术上难以操作，在理论上是不符合法制原则的。

本书认为，完善我国的选举组织机构可以分为两步：

从近期看，如前所述，组建完全独立的选举委员会与现行体制是不相容的，在技术上是难以实现的。"党委领导"的原则必须坚持。所以在当前，应该重点研究如何真正落实"人大主办"这一点。首先，党组织要摆正自己在选举中的地位，要认识到"党委领导"并不就是要"党委包办"。其次，要保证人大系统真正具有"主办"选举的能力，并使选举工作具有连续性。可以在县级以上的人大常委会下，设立负责选举工作的固定机构。这并不违背《选举法》中关于人大常委会主持选举的规定。目前，我国绝大部分省级人大常委会已经根据省级人大制定的《选举法实施细则》设立了负责选举的专门机构。市级人大和县级人大有的已经设立了这样的机构。对于那些还没有设立选举工作机构的地方，必须尽快设立，从而形成完整的选举组织网络。选举机构要稳定，人员由各级人大常委会任命，人员来源主要是人大常委会委员和非委员的人大代表，也可以任命一些非人大代表但不担任领导职务。为保证选举组织的相对独立性，选举委员会的人员在选举中不可以作为候选人。如果选举委员会的组成人员被政党或人民团体或选民、代表联名提名为候选人，必须要向人大常委会辞去选举委员会人员的职务。为保证选举委员会工作的连续性，选举委员会要有一定的任期限制。如果上届选举委员会组成人员无重大过失，则应继续被任命，以培养成一支熟悉选举工作、富有选举组织经验的队伍。这能够保证选举工作的顺利进行。

从远期看，我们应该建立独立于行政、人大系统的选举组织系统。应设立全国选举委员会以及由其任命、领导的地方各级选举委员会。全国选举委员会主席由国家主席提名，由全国人民代表大会任命，对全国人大负责。其他组成人员由全国选举委员会主席提名，由全国人大或全国人大常委会任命。地方各级选举委员会由全国选举委员会任命人员组成，选举委员会系统实行垂直领导。全国选举委员会负责全国人大代表的选举，并监督地方各级人大代表的选举。地方各级选举委员会负责地方各级人大代表的选举，并负责监督下级人大代表的选举。构建这样的选举组织，并不是否定党组织的领导。在各级选举委员会中，主要负责人应该是党员。选举委员会组成人员中的党员建立党组织，全国选举委员会中的党组织要接受党中央的领导，地方各级选举委员会中的党组织要接受上级和全国选举委员会中的党组织的领导。党对选举工作的设想和意志可以通过选举委员会中的党员来实现。

选举组织机构的改革绝不仅是选举制度改革的一部分，也并不是单纯的组织制度的改革所能奏效的。应该把这一改革放在中国整个政治体制改革的大背景下进行考虑。为了实现上述远期目标，就必须逐步扩大直接选举的范围直至完全实现人大代表的直接选举。因为，在由下级人民代表大会选举上级人大代表这一间接选举的制度框架内，要求由独立的选举委员会来主持人民代表大会选举上级人大代表的选举是不现实的。推进政治体制改革的深入、建立社会主义民主政治是党所确定的目标。这就要求扩大公民的政治参与权，给公民提供更多的政治参与机会，并且保证政治参与的有效性。由独立的选举委员会来主持人大代表的直接选举，既可以扩大公民的政治参与机会，又可以保证选举的公正性与客观性，从而确保公民政治参与的有效性。

（二）选区划分

划分选区是代表选举的第一个步骤。选区是由法律规定选举代表或议员时划分的区域单位，是选民开展选举活动和产生代表或议员的基本单位。凡直接选举前，都必须划分选区，使选民能在一定选区内进行选举活动。我国《选举法》规定,不设区的市、市辖区、县、自治县、乡、民族乡、镇的人民代表大会的代表名额分配到选区,按选区进行选举。《选举法》第 25 条规定:城镇各选区的每一代表所代表的人口数应当大体相等,农村各选区每一代表所代表的人口数应当大体相等。在划分选区时,一般按照每一选区选 1 名至 3 名代表划分。选区要以一定数量的人口为基础,选区可以按居住状况划分,也可以按生产单位、事业单位、工作单位划分。划分选区的基本原则是:应当便于选民参加选举活动,便于选举组织工作的进行;应该便于选民了解候选人,便于代表联系选民;应当便于选民监督和罢免代表。

实践经验表明,选区按居住地划分或按生产、工作单位划分各有利弊。按居住地划分选区的优点是:选举与选民利益联系密切,因为基层政权需要解决的问题和相应的社会事务,主要在居住区域内解决;选民选举地位更为平等,同一居住区域内的居民是平等的,不像在单位有复杂的行政隶属关系。但按居住状况划分选区也有问题,如选举组织工作难度大,选举费用高等。按生产、工作单位划分选区的优点是:选举工作组织方便易行;选举经费低且可由单位分担费用;选民对候选人了解更为容易。但缺点也有:选区与选举单位利益关系不密切,特别在一些城市,生产、事业和工作单位的选民不很关心当地人民代表大会的选举;按生产和工作单位划分选区容易造成选举中的不平等,选举易于行政化;由于按单位划分选区使选举与选民利益联系不密切,导致选民对代表的监督与罢免权也难以落实。从长远看,随着我国民主政治的不断发展,按居住状况划分选区将成为必然趋势。

(三) 选民登记

选民登记,也称选举人名册制度,是由法定机关或组织对有选举权的选民进行登记注册,按照在册名单发放选举资格证明,选民持该资格证明参加投票选举的一种制度,是选举过程的第一道程序。选民登记实质上是国家对公民是否具有选举权和被选举权的确认,标志选举权从享有到行使的开始;从选举的发展史来看,选民登记经历了从严格限制到普遍广泛的过程,西方学者有云,决定谁能参加选举的问题,对于影响选举的最后结果方面"不亚于其他任何方面"。[1]

如何进行选民登记,各国的做法不尽相同,但大致可分为本人登记与非本人登记。本人登记是指每个选举区域都设有选民登记的部门,在选举前

---

[1] 〔美〕戈斯内尔、斯莫尔卡:《美国政党和选举》,复旦大学国际政治系译,上海译文出版社 1980 年版,第 107 页。

的公告时间内,接受选民亲自登记,把全部具备资格的选民,列入名册;这种方法的缺点是会导致有些选民对选民登记感到厌烦而放弃选举权。非本人登记的办法是指选民名单的编列,由登记机关做出,不需本人登记,而由选区工作人员作逐户查访,将合格选民编入名册。

我国选民登记的方法,在1953年的《选举法》中并没有明确规定,1953年《中央选举委员会关于基层选举工作的指示》中的规定属于本人登记。1979年《选举法》及1982年修改后的《选举法》也未规定选民登记的具体做法,只原则规定选民登记按选区进行。由于选民登记工作量大,耗费时间长,为了解决实际困难,1986年修改《选举法》时,简化了选民登记的手续,规定了"一次登记、长期有效"的制度。但近年来,有些地方提出这种一次登记、长期有效的登记方式在实际中难以做到,实际上,许多地方现在还是采用重新登记的办法。

依《选举法》规定,选民登记按选区进行。凡年满18周岁未被剥夺政治权利的公民均应列入选民名单,对因患精神病不能行使选举权的公民,经确认后不列入选民名单。选民名单是具有法律效力的文件,经登记确认的选民资格长期有效。每次选举前对上次选民登记后年满18周岁的、被剥夺政治权利期满后恢复政治权利的选民,予以登记。对选民经登记后迁出原选区的,列入新迁入的选区的选民名单;对死亡的和依照法律被剥夺政治权利的人,从选民名单上除名。选民名单应在选举日的20日以前公布,实行凭选民证参加投票选举的,并应当发给选民证。对公布的选民名单如有不同意见,可以向选举委员会提出申诉。选举委员会对申诉意见,应在3日内作出处理决定。申诉人如果对处理决定不服,可以在选举日的5日以前向人民法院起诉,人民法院应在选举日以前作出判决,该判决为最后决定。

在实践中,选民登记制度存在以下问题:

1. 选民登记还是"登记选民"

选民登记是选民行使选举权的前提,但怎样登记实际上又涉及前述关于选举权性质的争议,即选举权到底是一种权利,还是一种公务或权限。对此,英美宪法学者基本上以选举权乃一项权利为自明之理,大陆法系的传统宪法学中权利说、公务说(或权限说)和二元说众说纷纭。在当代,二元说在一些国家的宪法理论中独领风骚[①];我国宪法学者大都持选举权权利说,典型的观点认为,"选举权和被选举权是人民参加国家管理的一种最基本政治

---

① 参见林来梵:《从宪法规范到规范宪法》,第126—127页。

权利"①,它实际上和我国《宪法》上的规定是一致的。从理论上讲,公民的权利是否行使(包括放弃)应由公民自行决定,若选举权的性质是一项权利,则是否登记和参加选举应由公民自己决定;我国《选举法》用的是"选民登记"而没有用"登记选民"的提法似乎也表明立法者的态度。据此,选举委员会是接受选民登记的组织,而不是查找选民下落的组织,应该进行的是"选民登记"而不是"登记选民";选举委员会应为选民的登记提供各种方便,由选民主动地来登记。

然而在实践中,作为选举组织者的选举委员会,为了保证选举有效性,更是为了实现高参选率的追求,都是以积极主动的态度进行选民的登记工作。因而,法律规定的"选民登记"在某种程度上已变成了选举委员会的"登记选民",选民在此过程中则是被动的:他参加选举常有被强迫的情形,是为完成一项政治任务不得不参与。当然,在西方的选举登记中也有两种方式:一种是由政府官员对合乎选民条件的公民进行调查和造册登记,并给编制在册人员发放选举证以便让其按时参加选举;另一种是由本人主动向负责选举的官员申请登记,官员们根据公民的申请审查其是否合乎选民必备条件,如果合格即予以登记入册,并发给选民资格证书以便其能按时投票。西方学者将前一种方式称之为"职权主义"的编制方式,后一种方式称之为"申告主义"的编制方式,现在绝大多数西方国家都采前一种方式进行选民登记。② 但是应当指出,西方抛弃"申告主义"编制方式与中国实践中的变选民登记为登记选民的初衷或许并不一样,他们主要是认为申告主义给选民增添了许多麻烦,一些选民由于种种原因没有及时申告而失去了确认选民资格、参加选举的机会。中国选举实践把选民的参选看做一种神圣的职责,"登记选民"即是由选举组织机构保证所有选民参加选举。这种做法的问题是:首先,它偏离了法律的规定,使选举变质。参加选举由公民参与国家事务管理的一项基本权利演变成国家施加到公民头上的一项政治义务,由公民的主动行为演变为公民的被动行为。经常性的这种政治强迫会导致公民对选举的消极抵触心理,这极不利于我国民主政治制度的建设。其次,选举委员会主动的"登记选民"比被动的接受"选民登记"要付出高得多的经济代价。在农村,由于有大量的剩余劳动力流向城市,流出地的选举委员会要和这些人联系,进行选民登记,要付出一笔可观的费用。在城市,

---

① 吴家麟主编:《宪法学》,群众出版社 1983 年版,第 368 页。
② 参见胡盛仪、陈小京、田穗生:《中外选举制度比较研究》,第 192 页。

虽然流到农村的城市选民并不多,但是有两方面的原因也会造成选举委员会要付出一定的经济代价来查找选民。一是人户分离的原因。由于房屋改造和房屋拆迁,有相当部分的选民户口所在地和实际居住地并不一致。选举委员会对于那些户口在本选区,但因房屋改造和拆迁的选民而搬走居住的情况并没有详细掌握。所以进行选举时,就必须逐个进行查找。二是由于经济体制改革的原因,城市的下岗和失业人员逐步增多,这些人员的流向也是不确定的,进行选举时也要查找他们的下落。而且,由于这两方面的原因造成的人员流动是长期的,代价付出也将是长期的,如北京市在人大代表选举时,就要花费大量的人力和物力从事这些工作。①

2. 选民登记的方法问题

选举登记方法,又称选举名册编制方式,主要有两种:一是"继续名册制度",即选民登记名册时一次登记、长期有效的登记方法;一是"临时名册制度",即每次选举都要进行一次新的选民登记的方法。我国1986年修改《选举法》时规定了选民资格一次登记确认、长期有效的原则,1995年修改《选举法》时规定了选民可以凭身份证领取选票的规定。选举登记方法的改革,其意在简化选民登记手续,避免普遍登记手续繁多、工作量大、耗费时间长的弊端;从立法者本意来说,肯定认为这是一种先进的制度设计,实际上也符合世界选举登记的通行做法。

然而,具体做法与制度设计则有很大距离。从第六次全国县级人大换届选举来看,大多数地方都对选民全部重新登记,并颁发新的选民证,其理由在于:重新登记全部选民的工作量并不比只登记新增选民大多少,因为人口大量流动,对已登记的选民还需重新核对,而且不少选民的选民证早已丢失,与其补发,不如全部重新登记、颁发新选民证更为准确可靠。至于用身份证参选,学者们的调查不仅未发现此种实例,反而听到了反对的声音:一是年龄不符,16岁即可发放身份证,而18岁才有选举权;二是身份未必吻合,有身份证的人未必都有选举权;三是步调不一,补发遗失的身份证和新发身份证都要等较长的时间,难以保证选民在规定时间内持证参加选举。②

3. 流动人口的登记

流动人口的登记直接关系到流动选民的选举权的实现。随着我国市场经济的发展,中国城乡人口流动的规模越来越大,全国常年流动的农村剩余

---

① 参见史卫民、雷兢璇:《直接选举:制度与过程》,第348—349页。
② 同上书,第419页。

劳动力在 6000—8000 万之间,形成了巨大的民工潮[①];城市就业形势的严峻,导致大量下岗人员在不同城市间流动,甚至出现向小城镇向农村流动,城市改造和住房商品化等因素还造成了城市不同地区的人口互动。这种大量的流动人口中,绝大部分是具有选举权的成年公民,那么,他们的选举权和被选举权如何实现? 以及实现其选举权和被选举权时会不会产生新问题? 在选民登记中,各地对"流动选民"的登记都做出具体规定。对本地流出或流入人口的选民登记,可以归纳出以下四条原则:一是本辖区内的外出选民,用通信、电话或其他方式进行联络,在户籍所在地进行选民登记;二是下岗人员,在原单位登记,或在户籍所在地登记;三是搬迁户,可视具体情况确定在原户籍所在地选区或新迁所在地选区进行登记;四是对人户分离经多方查找不到的选民,不列入选民名单,暂缓登记。对外来人口中选民,只有一条原则,就是须持有本地公安部门合法的暂住证和原籍居住地乡级以上政府或公安部门出具的选民资格证明,可以在现工作单位或现居住地的选区进行选民登记。对在现居住地居住时间的要求,有的地方要求住满一年以上,有的地方只要求住半年以上。应当说针对"流动选民"的这五条原则,作为多年实践经验的总结,是有合理性及可操作性的,但流动选民选举权的实现在实践中仍存在问题。

  我国现行的选民登记是以户籍为基础的,虽然人在外地,但仍应参加本地的人大代表选。所以,对本地"流动选民"花费大量人力、财产和时间来核实登记,实际效果往往是选民登记后多数"流动选民"并没有直接参与其流出地的选举活动。而流入地恰以其户口不在本地而拒绝其参加选举,外来人口大多数被排斥在当地人大代表选举之外,如北京市的近三百万外地来京务工经商人员,并没有在本次选举中被纳入选举工作的范围之内,不仅北京如此,天津等其他城市也存在相同情况。[②] 这样,流动人口在能参加选举的地方无权参加选举,而在有选举权的地方则无法参加选举,因而使他们的选举权两头落空,无法实现。虽然存在着对外来人口中,选民经原户口所在地选举委员会同意可以在现居住地进行选举的那条原则,但是外来人口中的"流动选民"往往嫌其繁琐复杂,专为参加选举回乡开具选民资格证明的人很少,所以该原则往往形同虚设。

  当然,也有外来人口参加当地选举的情况存在,然而这又可能导致一个

---

① 袁亚愚主编:《中国农民的社会流动》,四川大学出版社 1994 年版,第 116 页。
② 史卫民、雷兢璇:《直接选举:制度与过程》,第 347 页。

新问题,即"二次参选"。按照《选举法》的规定,每一选民在一次选举中只有一个投票权。但是该规定可能产生不同理解,"一次选举"是仅指某一地区的选举,还是指全国性的"一次"选举?以县级人大代表的直接选举为例,由于各地选举的时间不一致加上选民经常流动,如果不限定每一选民在全国区县人大代表的"一次"换届选举中只有一个投票权的话,就可能造成选民在不同的地方参加选举,出现"二次参选"或多次参选的现象。因此,从法律规定来讲,在面对大规模流动人口的现实时,不仅要限定选民不得在选举中重复投票(即"只有一个投票权"),亦要对"一次"选举给出明确的定义,因为二次参选或多次参选的存在可能会直接危及我国选举法关于选举权平等性的原则。

概括而言,目前这种以户籍为基础的选民登记制度对公民的选举权造成了三个方面的问题:一是大量的流动选民因受各种因素的限制既不能在其户籍所在地参加选举,也不能在其居住地参加选举,权利实际上被架空,无法实现。二是根据"委托投票"制度,大量流动选民以"委托投票"的方式参加在原地的选举,这样,即出现了选举权的"代理"问题,而政治权利具有较强的人身专属性,不宜代理,况且代表的只是"投票权",而被选举权是代理不了的;而且,这种制度还可能被其户籍所在地的某些人利用成为破坏选举的工具。三是,即使在有些地方允许外来人口行使选举权,更多的也只是实现了"投票权",而被选举权要么受到严格限制,要么难以实现。

要切实保障公民选举权的实现,切实使选举制度与市场经济环境下的人口流动的态势相适应,就必须要改变以户籍作为选民登记制度的惟一标准,使选民登记制度的选择以更好地实现公民的选举权为标准。近年来,在我国的浙江、江苏、广东、北京等省市就外来选民在本地参加选举进行了各种有益的尝试。其中,浙江省义乌市大陈镇的方式较有代表性。

浙江义乌市的做法是:(1)确定和分配代表名额时将外来人员也计算在内;(2)单独安排外来人员代表名额和为外来参选人员单独划分选区;(3)用函告方式通知外来人员的原籍地该人员已在本地参加选举的方法,取代外来人员回原籍地开选民资格证明的方法。① 这种对外来人员的选民登记,由开具选民资格证明改为函告,实现了"选民关系"转移中的三点重要变化:一是"选民关系"的转移由选民的个人行为变成了国家行为,即由选民分散地自己去转移"选民关系"变成了由选举机构出面集中处理"选民关

---

① 参见史卫民、刘智主编:《规范选举》,中国社会科学出版社2003年版,第430—449页。

系"转移问题。二是将"选民关系"转移中的"证明"变成"函告",实际上使选民资格的确认权由原籍地转到了现居住地。三是外来人员较多的地方变被动为主动,由过去的被动接受外来人员参加选举改变为主动吸纳外来人员参加本地选举,具有重要的政治意义。归结而言,它从制度上保障了外来选民不仅可以在居住地行使选举权,还可以行使被选举权,使选举权与被选举权分离的问题得到了解决。

这种制度只是一种地方性的制度,无论其制度设计本身还是由于其地方性特点所造成的局限都还有一些问题需要进一步明确:(1) 与其他允许外来人员行使选举权的地方一样,如何防止"二次选举"的问题。在全国范围的县级或乡级人民代表大会代表的换届选举中,即便各地的选举在时间安排上有先后,选民只能在一个地方参加选举,不能重复参加不同地方的选举。大陈镇将"选民关系"转移中的"证明"变成"函告",有其积极意义,但在制度设计上有一个重大缺陷,就是只有"函告"而没有"回执",对"选民关系"的转移只有单方面的"告知",而没有得到对方的"认可",结果是对方可能在同级同次选举中,仍将已在大陈镇参加选举的人列为本地选民,并认可其以委托投票方式参加选举,造成选民投票权的重复使用。使用"回执"可以堵塞重复使用选民投票权的漏洞,至少能够在出现选民投票权被重复使用现象后可以分清责任,但是又会带来另一个问题:如果选民原籍地迟迟不寄回"回执",选民即不能参选,因此为外来选民参加选举多设置了一重障碍。问题的实质在于:外来选民参加选举有复杂的联动关系,单方面的改革往往会面临一些"两难"选择问题。(2) 如何对选民资格进行有效审查。户籍所在地出示选民资格证明的办法虽然在一定程度上限制了流动人口中的选民参加选举,但其最重要的作用是在原籍地进行有效的选民资格审查,因为原籍地毕竟掌握着流动人员的各种原始资料(包括与户籍、身份有关的各种资料以及犯罪记录等)。大陈镇将"选民关系"转移中的"证明"变成"函告",实际上使选民资格的审查和确认权由原籍地转到了现居住地,但现居住地所掌握的流动人口资料往往是很有限的,在选民资格审查中对下列问题难以作出准确判定:一是外来人员出示证件的真伪(现在有不少假造证件的情况,身份证、务工证等都可能伪造);二是外来人员有无犯罪记录;三是外来人员是否已参加过其他地方的同级同次选举。用"回执"的办法可以解决这些问题,但同样面临为"流动选民"参加选举多设障碍的矛盾。(3) 流动人员参加选举是否应有居住时间限制。大陈镇在选举中为外来人员参加选举设定了"居住满1年以上"的限制条件,依据是《浙江省县、乡两级人民代表大会代表选举实施细则》第 26 条的规定("在本地劳动、工作或者居住而户籍在外地的选民,在户籍所在地选区登记;在现居住地 1 年以上而户籍在外地的选民,在取得户籍所在地选区的选民资格证明后,也可以在现居住地选区登记")。但是按照《宪法》和《选举法》的规定,选民参加选举是不分"居住期限"的,选民无论在哪里参加选举,都不应该有"居住期限"的限制。在选举中为外来人员设定"居住期限"有一定的"合理性",即居住时间越长对居住地的情况越关心,并可保持选民人数的相对稳定,但是应该看到,"居住期限"本质上是一种带歧视性的规定,未能体现充分尊重所有选民民主权利的原则,并且不符合法律的规定。从中国的选举实践来看,如果有"居住期限"的限制,间接选举的人大代表将有相当一部分无法产生("下派"参选的候选人,不少人不在选举单位所辖区域内居住),直接选举的人大代表,尤其是县级人大代表,亦有一些无法产生。

上述问题归结为一点,就是在落实选民(包括"流动人口中的选民"和"非流动人口中的选民")的选举权与被选举权中,是否能够确定"落地参选"原则,即以"现居住地"而不是以"原籍地"为选民的参选地点。人口大量流动、户籍制度面临彻底改革的社会现实为"落地参选"提供了发展空间。少数地方的试点可以创造经验和提出问题,但问题的真正解决,需要全国性的立法来指导,进行整体性联动,建立一套完整的"选民关系"转移体系(包括选民关系登录系统、转移系统、审查系统等)。这一体系的建立,不但需要更多的试点和严谨的科学论证,更需要来自各方面的广泛支持,但至少在法律上应该作出统一规定,扫清选民大规模转移的障碍。因此,需要对《选举法》第 26 条第 1 款作出相应修改。

(四) 代表候选人的提名与正式确定

1. 候选人的提名方式

现行法律规定代表候选人有两种提名方式:一种是各政党和人民团体的提名,通称"组织提名";另一种是选民 10 人以上联名推荐候选人,通称"10 人联名"。有学者早在 20 世纪 80 年代中期就曾提出建议:候选人的提名,应以选民提出为主,政党和人民团体推荐不宜过多;对于选民自荐当候选人的,应给予法律上的认可,使其与政党、人民团体及选民联名提出的候选人一同列入代表候选人名单。[①] 1995 年修改的《选举法》对代表候选人的

---

① 详见康芳明:"关于县乡直接选举的几个问题",载赵宝煦主编:《民主政治与地方人大——调查与思考之一》,陕西人民出版社 1990 年版,第 272—284 页。

提名方式未作修改,选民自荐充当代表候选人尚未得到法律上的承认。提名的代表候选人要多于应选代表,《选举法》规定:全国和地方各级人民代表大会代表候选人的名额,应多于应选代表的名额;由选民直接选举的代表候选人的名额,应多于应选代表名额的 1/3 至 1 倍。实行差额选举有利于选民根据自己的意志选择自己满意的代表。

《选举法》规定,由选民直接选举的人民代表大会代表候选人由各选区选民和各政党、各人民团体提名推荐。选举委员会汇总后在选举日的 15 日以前公布,并在各该选区的选民小组反复酝酿、讨论、协商,根据较多数选民的意见,确定正式代表候选人名单,并在选举日的 5 日以前公布。从初步候选人到正式候选人的确定,实践中大多数地方采取的也都是反复酝酿、讨论、协商的方法。问题在于:第一,怎样"酝酿、讨论、协商",以怎样的机制来保证选民参与这一过程,并确保参与的有效性?实践中的多数做法是选区领导小组与下属的单位来讨论,选民极少有机会参与。第二,怎样保证最后的正式候选人是根据多数选民的意见确定的?由于选民很少参与,在确定正式候选人的过程中经常发生以"组织手段"将十人联名候选人"酝酿协商"下去的事,目的在于确保组织提名的候选人当选。

1997 年至 1998 年的第六次县级人大换届选举,在候选人的提名上主要出现了三种情况:一种情况是仍以政党和人民团体推荐候选人为主,选民 10 人联名提名代表候选人较少;另一种情况是鼓励选民 10 人联名提名代表候选人,使 10 人联名候选人的比例达到一半以上甚至更多;还有一种情况是除了参选干部的提名推荐外,全由选民 10 人联名提名代表候选人。应当指出,其中仍然存在一些不合理甚至是错误的做法,主要有:第一,只重视组织提名,而忽视 10 人联名。组织提名一般是在党的组织部门或统战部门的直接或间接干预下进行,所以在提名候选人过程中,实际真正起作用的是党组织,于是在 10 人联名的候选人与组织提名的候选人间造成了一种实际地位上的不平等。第二,组织提名的候选人数量过多,而 10 人联名提出的候选人却很少、甚至没有,选民或代表在选举中只是被动地在由政党和人民团体提出的候选人之间作选择,而难以选出自己满意的代表。对于实践中存在的问题,有些地方也作出了回应,限制组织提名的候选人在候选人总体中的比例是一个重要思路。组织提名与 10 人联名候选人之间的比例关系选举法没有具体说法,大多数地方的选举实施细则也没有明确规定,目前只有北京市、天津市、上海市以及广东省在《选举实施细则》中对组织提名的候选人有明确限制(在应选代表总数的 15% 或 20% 以内),并确定了两类提名方式的比例关系。① 当然这些地方性法规的规定尚有待上升到选举法作出明确规定的层次,以提高其权威。还有一些学者主张,明确规定组织提名和10人联名提出的候选人地位平等,为了淡化党在提名过程中的色彩,应将提名主体作进一步的详细分类(如分为共产党、民主党派、人民团体和代表或选民四类),公布候选人时应明确列明各候选人是由哪类主体提出的。

2. 候选人的构成比例及"参选指标、预留指标"

人民代表大会是我国人民行使国家权力的机关,这就要求人大代表要有广泛的代表性,人大代表的构成比例历来受到高度重视。人大代表的合理构成比例来源于正式候选人的合理构成比例。为了确保选出来的代表符合预定的比例,就要事先确定各选区应选出什么身份的代表,对于那些不符合这些条件的候选人则可以通过"酝酿、讨论、协商"等方式将其剔出正式候选人的范围。为确保符合身份条件的候选人顺利当选,在候选人的搭配上往往将这些候选人配以那些明显处于劣势的候选人(即所谓的配软差),由于后者的竞争力明显缺乏,那些符合条件的候选人很容易当选。这些在地方选举中很常见的做法使得选举成为一种可预见的被操纵的选举,极易引起选民的不满和对选举的不信任;另外,过分强调代表的构成比例也可能会使选出来的代表身份和该选区多数选民的身份不一致,如在以农民为主的选区选出乡村教师这种知识分子代表。还应当指出,一般来说,代表构成比例强调的身份是"干部、工人、农民、知识分子"等;而实践中党员代表比例不断攀升,各级人大中党员比例一般都在三分之二以上,"人代会"俨然变成又一个"党代会",此点尽管已为各地选举组织者密切关注,但是尚无特别有效的办法改善之。

参选指标的下达与预留的代表指标也是问题。1997年8月中央换届选举会议后,中共中央组织部部长提出地方党委书记原则上担任上一级人大代表的意见;据此,乡镇一级的党委书记、乡镇长和人大主席团主席均要担任县级人大代表,本来在县级人大代表选举中,为解决干部问题,已有一定数额的参选指标(一般不超过15%),这样一来势必突破参选指标的限额,从而挤占知识分子或工人代表名额。虽然有人主张中组部部长的意见属于党内掌握政策的范畴,不具有法律上的强制性,但是可以想像实践中各地方基本会按照"新政策"来安排代表名额。实践中还存在"预留代表名额"的

---

① 详见全国人大常委会办公厅联络局地方处编:《县乡两级人民代表大会选举实施细则汇编》(1998年8月)。

做法,这种做法使得在代表选举中,有些地方应选代表与实选代表名额不符(具体来说是实选代表名额少于应选代表名额)。以第六次全国县级人大代表换届选举为例,由于换届选举时有些省的各级领导班子尚未调整结束,选举前不少地方采取变通法律或规避法律的办法,预留了少量人大代表名额,待党政主要领导人到位后,再行补选。预留代表名额不同于补选,在兑现时无法确定其选举单位或选区,即便硬性加以确定,是否合法亦有疑问;问题还在于,预留代表名额的选举,进行等额选举和差额选举都是悖论。

3. 正式候选人的确定与恢复预选

在选举时,由于存在多种候选人的提名方式,被提名的候选人总量可能超过《选举法》所规定的最大差额比例。因而,如何在众多的候选人中确定正式的候选人就成为选举制度中设计的一个重要问题。在第六次全国县级人大代表换届选举中,少数地方(如天津市河西区)采用了预选的方式产生正式候选人。但这种办法并不是一些地方的首创。其实1979年《选举法》曾规定直接选举人大代表时的预选制度。1979年《选举法》第28条规定:由选民直接选举的人民代表大会代表候选人,由各选区选民和各单位提名推荐。选举委员会汇总各方面推荐的代表候选人名单和各候选人情况,在选举日前20天公布并由各该选区的选民小组反复讨论,民主协商,如果所提候选人名额过多,可以进行预选,根据较多数选民的意见,确定正式代表候选人名单,并在选举日前5天公布。1983年3月5日通过的《直接选举若干规定》中,对预选又作了补充规定:"每一选民(三人以上附议)推荐的代表候选人的名额,不得超过本选区应选代表的名额。选民和各政党、各人民团体推荐的代表候选人都应当列入代表候选人名单,选举委员会不得调换或者增减。正式代表候选人名单,经过预选确定的,按得票多少的顺序排列。"1986年《选举法》进行第二次修改时,取消了预选规定,主要考虑是在直接选举中有的地方集中选民困难,统一规定预选,会大大增加选举的工作量,操作起来比较困难。

由上可知,在选民直接选举人民代表大会代表中曾有过的预选的法律规定,并没有将预选作为确定代表候选人的"必备"程序,而是作为"后备"程序,因为只是在"如果所提候选人名额过多"的情况下,才可以进行预选。

尽管《选举法》修改后去掉了有关预选的规定,但有的地方法规中还有预选的规定,有的地方依然将预选作为一种备用程序,并加以实际运作。在河北、宁夏、海南、广东、北京等省、自治区、直辖市的《选举实施细则》中,仍有直接选举人民代表大会代表时可以进行预选的规定。如1995年修订的

《广东省各级人民代表大会选举实施细则》规定:"如果提名的代表候选人较多,可以采用举手或者投票的方式表达意见,根据较多数选民的意见,确定正式代表候选人名单。"1998年《北京京市区、县、乡、民族乡、镇人民代表大会代表选举实施细则》规定:各选区应当按选民小组,组织选民对选举委员会汇总公布的代表候选人初步名单进行反复酝酿、讨论,选区工作组可以召集选民小组或者几个选民小组联合推选的代表进行民主协商。必要时,也可以进行预选。选举委员会根据较多数选民的意见,确定正式代表候选人名单,在投票选举日的5日以前公布。

但由于没有全国立法性的规定,各地方的立法和实践有相当大的差距,预选制度没有统一,而且有很多问题没有解决。

第一,预选的适用条件是什么?

县、乡人大代表选举中,作为确定正式代表候选人备用程序的预选,其前提条件应该说是很明确的,就是提名代表候选人较多,经过反复酝酿、讨论、协商,仍不能集中意见,确定正式代表候选人,可以进行预选。所谓提名代表候选人"较多",有下限而没有上限,就是提名代表候选人的人数必须超过(不含等于)应选代表名额1倍以上,都可以视为"较多"。

但是,在选举实践中提出的新问题,并非是提名代表候选人较多,而是在各种因素作用下没有提出代表候选人,可否通过预选提出并确定正式代表候选人?如河北省沧州市运河区南陈屯乡在2002年的乡人大代表选举中,有6个选区在乡镇人大代表选举中都无法通过各政党、各人民团体或选民10人联名提名推荐的代表候选人,不得不直接进行预选,由选民投票产生正式代表候选人。这种制度应能够成为一种行之有效的制度,所以有必要明确预选不仅适用于提名的候选人过多的时候,也应适用于没有候选人时来确立正式候选人的方式。

第二,谁可以提出预选,即预选的程序如何启动?

一般而言,预选的提出者都是选举机构或选举组织者。选举机构或者选举组织者根据选举中的实际情况,提出预选的要求并具体落实预选的组织和安排,当然是责无旁贷的,但从制度设计上讲,选举机构或者选举组织者不应该是预选的惟一提出者,选民和候选人也可以提出预选的要求。既然《选举法》有"根据较多数选民的意见,确定正式代表候选人名单"的规定,那么选民就有权利对确定正式代表候选人名单的方式提出意见和要求,并可以成为预选的提出者。但是由此可能引出以下两个问题:(1)多少选民提议进行预选才能被采纳,是否必须在"较多数选民"提议下才能进行预选。就尊重选民的权利而言,只要有选民提出预选的建议,选举机构都应该认真加以考虑,并在广泛征求其他选民的意见后,决定是否进行预选。因为"较多数选民"的意愿最终将通过预选结果来表达,而不是通过预选的要求来表达。(2)选举机构是否必须接受选民的预选要求。尊重选民的提议并不等于必须采纳选民的提议,是否进行预选,不但要广泛征求其他选民的意见,还应征求候选人的意见,并充分考虑其他因素(如预选的时机选择,干部与群众关系等),才能作出最后决定。

第三,预选的参加者如何确定?

由全体选民参加预选,使选民在确定代表候选人的过程中不但享有知情权,还享有选择权,符合充分发扬民主的原则,显然是一种理想的制度安排。但是组织全体选民参加预选,不但增加了选举的工作量,还会因此而大大提高选举的成本。在乡级人大代表选举中这一问题已经显现出来,在县级人大代表选举中更加突出,因为县级人大代表选举的选区更大,涉及的选民会更多,组织工作会更困难。所以,不能强求只要是预选就必须要求全体选民参加,必须慎重考虑地理因素(选民居住是否分散以及交通是否方便)、时间因素(是否农忙季节等)和经济因素(是否能够承担高额的误工补贴等支出),因地制宜的选择最佳方案。

由选民选举的选民代表参加预选,由于参加预选的人员大大减少,可以大幅度降低预选的成本并减少工作量,是一种较为合理的制度设计。实行这种做法,要解决两个问题,一个问题是如何保证选民代表能够参加预选,另一个问题是如何保证选民代表能够真正表达民意。选民代表参加预选,毕竟使选举增加了一个程序,河北张家口市采用的是将村民代表等同于选民代表的做法。这种做法简便易行,为预选的设计者和组织者提供了一个新思路。实行这种做法的前提是村民代表产生的时间不宜离人大代表选举的时间太长,要留有完备的手续和相应的记录,并能得到选民的认可。

无论预选的参加者是谁,都还有一个"量"的规定问题,即多少人参加预选,预选有效。由全体选民参加的预选,当然不必像正式选举一样必须有一半以上的选民参加,只要有 1/3 甚至 1/4 以上的选民参加,即能反映出选民的基本取向,预选应该就是有效的。由选民代表、村民代表或选民小组派人参加的预选,由于人数本身并不多,如果实际参加者过少,其正当性将受到质疑,所以至少应有 3/4 甚至 4/5 以上的人参加,预选才有效。

第四,预选的时间如何限定?

由于初步代表候选人名单必须在选举日的 15 日以前公布,正式代表候选人的名单必须在选举日的 5 日以前公布,选举日前的 6—14 日,就是可以安排预选的时间。

需要注意的是,如果选民或者候选人提出预选要求,等到各选民小组酝酿、讨论、协商之后再提出,时间上已经接近正式代表候选人公布的日期,即便要预选,也来不及安排了,所以应有提出时限的要求,至少应在选举日的 10 日以前提出预选建议,使选举机构有一定的时间作出决定并进行安排。

第五,预选投票如何安排?

无论是选民参加的预选,还是选民代表(村民代表)参加的预选,预选会议的安排基本一致,包括以下内容:(1)进行预选动员(领导干部讲话)或通过预选办法。(2)主持人介绍本选区提名的人大代表候选人的情况,宣布本选区的正式代表候选人名额。(3)代表候选人依次作不超过 5 分钟或 10 分钟的陈述(只作陈述,没有提问答辩)。(4)以举手表决方式通过唱票员、计票员和监票员。(5)参加预选者写票和投票,不实行委托投票。(6)唱票员、计票员和监票员公开进行计票。(7)主持人宣布预选结果。

(五)候选人的介绍

选举法规定,推荐者应向选举委员会介绍候选人的情况,选举委员会应当向选民介绍代表候选人的情况。推荐代表候选人的政党、人民团体和选民可以在选民小组会议上介绍所推荐的代表候选人的情况,但是在选举日必须停止对代表候选人的介绍。介绍候选人是我国选举制度的重要特色之一:从选民角度来看,对代表候选人的认识具有间接性;从代表候选人的角度来看,不需要主动向选民宣传自己,具有消极性。在选举实践中,全国已有近三分之二的省、自治区、直辖市在《选举实施细则》中列入了组织代表候选人与选民见面的内容,但在第六次县级人大代表选举中,真正大规模组织代表候选人与选民见面的只有北京市和天津市。[1] 可以看出,我国关于候选人的介绍与宣传的制度比较简单,并且该制度自身的科学性和民主性也值得考虑。我国目前在候选人的介绍与宣传中,候选人自己本人基本上是无所作为,目前所介绍的只能是候选人有限的表层的情况,这种介绍的真实可靠性也不是无可置疑的;至于候选人自己对人大代表的认识、自己若当选有何工作设想等选民均无从了解,以至于在选举中多数选民对候选人不了解、甚至不认识,投票只能是盲目的、随意的,既阻碍了选民"知情权"的实现,又剥夺了候选人直接向选民推荐自我的机会。

---

[1] 参见史卫民、雷竞璇:《直接选举:制度与过程》,第 457 页。

1979年《选举法》曾有规定:"各党派、团体和选民,都可以用各种形式宣传代表候选人。"现行法律规定,介绍与宣传代表候选人的主体只能是选举委员会或人大主席团,而推荐候选人的政党、团体或选民、代表只能在选民小组或代表小组会议上介绍候选人。在全国人大常委会向全国人大所作的修改选举法的报告中这样解释:原《选举法》的规定是为了使选民能够充分了解候选人的情况,"但是在实践中发现这一规定不够严谨,可能产生不同的理解"①。然而,何谓"不同的理解"?是不是允许宣传候选人就是意味着与我国社会主义制度不相容?为什么不允许最了解候选人情况的政党、团体和选民、代表宣传自己提名的候选人,又为什么允许其在选民小组或代表小组上介绍?

但是,在我国相当多的省级权力机关的《选举法实施细则》对此问题有比全国性立法更为完善的规定。据统计,全国有20个省、自治区和直辖市的《选举法实施细则》中规定了委员会或选区可以组织代表候选人与选民见面。②坚持人大代表候选人与选民见面的制度,符合选举的公开、公平和公正的原则,有利于选民更充分、全面和深入地了解候选人,是对选民知情权的尊重和保障,从而减少选举中的盲目投票现象,使选举结果更真实地反映体现选民的意志;对于候选人而言,与选民见面制度有利于平等地保护他们的被选举权,增强他们的民主意识和责任意识。也正是由于见面制度对体现选举制度的价值具有重要的作用,2004年全国人大常委会在对《选举法》第四次修改时,也增加了见面制度的规定。

虽然全国性立法确认了见面制度,但到目前为止,各地的做法相差甚大,尤其缺乏必要的程序性规定,这就使这项制度的效用无法充分地发挥出来。综言之,目前的候选人与选民见面制度存在以下问题。

第一,见面活动的启动程序问题

从各地地方性法规的规定情况看,如果是应当组织见面活动的,即没有所谓的启动主体。作出这样规定的,有天津、内蒙古等12个省份。但在规定见面活动是选举委员会或选区可以根据选民的意见或要求而组织的,即

---

① 北京大学人民代表大会与议会研究中心编:《人民代表大会工作全书》,第144页。
② 如北京市1998年颁布的《选举法实施细则》第39条规定:"选区可以根据选民的意见,安排候选人和选民的见面活动。"天津市2000年颁布的《选举法实施细则》中第42条规定:"各选区应当组织正式代表候选人与选民见面,听取选民的意见和建议。"内蒙古自治区1999年颁布的《选举法实施细则》规定:"在选举日前,选举委员会应当实事求是地向选民介绍正式代表候选人的情况,组织代表候选人与选民见面。"

有一个启动主体的问题。如果是选民要求启动见面活动,则选民必须达到一个多大的数量,要求才可以被接受。另一方面,代表候选人是否也可以成为见面活动的提出者。从各地方既有的规定看,既注意到了选举机构组织见面活动的功能,也注意到了选民作为见面活动倡议者的重要地位,惟独忽视了代表候选人本身的权益。选举是代表候选人之间的竞争,候选人一经提出,就应享有法律赋予的公平竞争权利,候选人主动要求与选民见面,是完全正当的,应该受到尊重并予以采纳。即使因条件限制不能组织见面活动,选举机构也应向候选人说明理由。所以,就见面活动的启动程序而言,有两点可以明确:(1)代表候选人与选民见面活动的提出者,既可以是选举委员会或选区领导小组,也可以是选民,但必须达到一定的规模;也可以是候选人自己。(2)对选民或代表候选人提出的见面活动要求,选举委员会应认真加以考虑,并根据本地的实际情况,作出决定。

第二,见面活动的组织者问题

代表候选人与选民见面活动,无论由谁提出,组织者应该是选举机构而非个人,即选举委员会或选区领导小组。由选举委员会确定相关程序和规定,作出部署。具体的见面活动由选区领导小组负责见面活动的组织和实施。具体方式,可以分为两种:一是召开选民大会,二是召开选民座谈会。

第三,对代表候选人的要求问题

只要组织代表候选人与选民见面活动,代表候选人必须为见面活动作相应的准备,这既是对选民负责,也是为了保障候选人自身利益的需要。为此,所有正式代表候选人须按照选举委员会的安排,按时参加与选民见面活动。无故不参加与选民见面活动的正式代表候选人,可被视为主动放弃竞争机会。如确因工作需要或有特殊原因不能参加与选民见面活动,须及时向选区领导小组或选举委员汇报情况,经选区领导小组或选举委员会同意可不参加见面活动。必要时可以委托他人代为宣读在见面会上的陈述。被委托者应认真记录选民或选民代表、选民小组代表、各单位代表的提问和建议,并负责将记录转交给委托人。

第四,见面活动的秩序保障问题

为保证见面活动的公平、公正,对代表候选人、见面活动的参加者以及选举机构和见面活动的主持人,都应有一定的限制。对见面活动组织者的要求是应保证所有代表候选人具有平等地位,不允许只组织各政党和各人民团体联合或单独推荐的代表候选人与选民见面,而把选民10人联名推荐的代表候选人排斥在见面活动之外;在主持见面活动时亦不得带有倾向性,在程序上不得做出歧视性安排。

对代表候选人的要求是不得攻击其他候选人,不得以欺骗手法骗取选民、选民代表或选民小组代表、单位代表的信任和支持,不得拒绝回答他们提出的与选举有关的问题。

对见面活动参加者的要求是选民、选民代表或选民小组代表、单位代表不得对代表候选人进行人身攻击,不得借见面活动达到美化某一候选人并打击其他候选人的目的。选民、选民代表、选民小组代表和工作单位代表可指出正式代表候选人的不正当竞争行为,但不得以不正当行为(如人身攻击、围攻候选人、扰乱会场等)阻挠和干扰见面活动。

所以,为了充分发挥代表候选人与选民的见面制度的作用,中央立法应当要在以上各个方面作出详细的规定。但也应当看到,见面制度本身有很大的局限性:在形式上,选民和候选人的直接接触范围过小,还没有达到完全公开的程度,在内容上,还要受到选举委员会规定范围的限制,甚至这种见面受现时条件的影响,不是自由的竞争,也不完全是平等的竞争(如政党和团体推荐的候选人显然处于比其他候选人有利的地位)。所以,就长远而言,应当建立起真正意义上的竞选制度。吴家麟教授指出:"没有差额的选举,不是真正的选举;没能竞选的差额,不是真正的差额选举。"[1]所谓竞选就是选举竞争,以候选人为中心,在选举中通过不同候选人有广泛深入的了解[2];竞选是通过候选人的种种活动和表现帮助选民在选择中作出决定的一种方式,它是各国选举制度的重要组成部分和选举的一个重要环节。

竞选这种方式有其可取之处:从选民的角度看,通过候选人的竞争演说或自我介绍等,对候选人的情况有了更多的了解,这就更加便于选民在投票中能够选择自己更满意的人;从候选人的方面看,竞选能够锻炼意志和各方面的才干,更重要的是使候选人记住自己的当选是由选民的投票推举出来的,无论如何,一些希望登上政治舞台的人不能忘记与选民的密切联系。[3]资本主义国家普遍实行竞选,而社会主义国家多采取无竞选的选举,这种制度的特点是:"一般只允许官方机构介绍候选人的情况,选举经费、选举机构、各种选举活动均在国家的操纵之中"[4],我国现行选举即是如此。

---

[1] 吴家麟:《吴家麟自选集》,宁夏人民出版社1996年版,第474页。
[2] 参见蔡定剑:《中国人民代表大会制度》,第180页。
[3] 胡盛仪、陈小京、田穗生:《中外选举制度比较研究》,第137页。
[4] 王玉明:《选举论》,中国政法大学出版社1992年版,第32页。

自 20 世纪 70 年代以来,在世界范围内实行竞选的国家明显地增加了,尤其表现在前苏联和东欧等社会主义阵营国家。建国初期,我国也有党和国家领导人主张人大实行竞选,只是到 1957 年极"左"思潮泛滥,竞选才被当作资产阶级的东西受到批判。到了 20 世纪 80 年代,有人主张在选举中引入竞争机制,指出竞争不仅能保持社会政治经济的活力,还有助于形成竞争者对上下负责的法定责任,有助于选民对竞争者进行监督,并可以从制度上促进选举者对社会、对人民生活疾苦的了解,密切党群关系和干群关系。[①]近年也有学者在比较了中外选举制度后,在不提"竞选"的情况下指出完善我国选举制度的制度建议——"完善候选人介绍的方法,在选举中引进竞争机制,提高候选人的参选意识和选举人的选举积极性"[②]。我们以为,循序渐进地推行竞选应成为落实"三个代表"重要思想,加强中国共产党执政能力建设的重要任务之一。

(六)组织投票与确定当选

组织投票与确定代表当选是选举的最后阶段,对代表选举具有决定性作用。为充分保证选民或代表的选举权利,使选民能自由表达意志,《选举法》对这些程序作了较具体的规定。组织投票主要有两种形式:一是各选区设选举投票站;二是召开选举大会投票。不论哪种方式,选举投票都必须在选举委员会主持下进行。实践中,为解决那些不能到投票站或不能参加选民大会的人的投票问题,设流动票箱,上门接受投票,这对提高投票率,保证选民选举权利是必要的,但流动票箱容易出现漏洞成为弊端。

《选举法》规定,直接选举人民代表大会代表时,选民应根据选举委员会的规定,凭身份证或选民证领取选票。投票一律采取无记名方式,投票站应提供适当场所,保证选民秘密填写选票,选举人对于代表候选人可以投赞成票,可以投反对票,可以另选其他任何选民,也可弃权。如果选民在选举期间外出,经选举委员会同意,可以书面委托其他选民代为投票,每一选民接受的委托不得超过 3 人。委托投票的具体条件是:委托投票必须事先征得选举委员会同意;被委托人必须是有选举权的公民,并且必须忠实遵从委托人意志;委托形式必须是书面的。

投票结束以后,进入选举结果的确定程序。代表候选人以"两个过半

---

① 详见康芳明:"关于县乡直接选举的几个问题",载赵宝煦主编:《民主政治与地方人大——调查与思考之一》,第 272—284 页。

② 胡盛仪、陈小京、田穗生:《中外选举制度比较研究》,第 288 页。

数"当选。一方面,全体选民过半数参加投票,选举有效;每次投票所投的票数多于投票人数的无效,等于或少于投票人数的有效。另一方面,代表候选人获得参加投票的选民过半数的选票才算当选。若获得过半数选票的代表候选人的人数超过应选代表名额时,以得票多的当选;如遇有相等不能确定当选人时,应当就票数相等的候选人重新投票,以得票多的当选;当获得过半数选票的当选代表的人数少于应选代表的名额时,不足的名额应当根据第一次投票时得票多少的顺序,并按法定差额比例确定候选人名单(若只选一人,候选人应为二人),进行另行选举,以得票多的当选,但得票数不得少于三分之一。选举结果由选举委员会依法确定是否有效,并予以宣布。

在我国的选举实践中,在公民投票方面一个值得关注的现象是投票率一直保持在相当高的水准之上。一定意义上,参选率的高低反映选民实际参与程度和对选举的关注程度,可以作为选民民主意识提高与否的标志,也往往是衡量选举工作好坏的标志。我国在 20 世纪 50 年代提出了追求高参选率,1953 年《中央选举委员会关于基层选举工作的通知》要求参加选举的人数占全体选民数的很高比例;而我国现行《选举法》第 41 条第 1 款规定:在选民直接选举人民代表大会代表时,选区全体选民的过半数参加投票,选举有效。明确表明选举只需要合法人数,并不要求过高的参选率。但是在实际操作中,各地选举组织者都明确要求和努力保证高参选率等关键数字,根据全国第五次县级人民代表大会选举的统计数据,除青海、宁夏参选率分别为 88.33% 和 86.19% 外,其他地区的参选率均为 90% 以上。[1] 总之,在我国选举实践中,高参选率已经成为普遍现象。然而在西方民主国家,澳大利亚 1993 年的平均投票率为 90%,意大利 1995 年的平均投票率为 85%,日本 1993 年的平均投票率为 75%,美国 1992 年的平均投票率为 55%[2];从投票率可以看出,在西方被誉为典型民主国家的美国,选民的参选率最低,投票率的高低不足以说明一国民主的本质和程度,选举的民主性质也不足以用投票率加以论证。

尽管高参选率已是我国选举实践中的普遍现象,但是选民实际参选热情下降,已是各地普遍关注的问题。由于高参选率被视为体现社会主义民主优越性的一个重要标志,由于高参选率已成为衡量各地选举工作好坏的一个重要标准甚至是惟一标准,现行的各级人大选举尤其是县级人大的直

---

[1] 参见全国人大常委会办公厅联络局地方处编:《县乡换届选举统计汇总简报》。
[2] 参见谭君久:《当代各国政治体制——美国》,兰州大学出版社 1998 年版,第 82 页。

接选举成为一种带有鲜明强制性特征的选举,采用的是自上而下的运动方式,人们普遍将其作为政治任务来完成,较少带有自愿成分。在轰轰烈烈的选举中,真正关注人大选举的只是地方党组织、政府和人大机构,与之相对照的是选民乃至基层单位对人大选举的逐渐淡漠,表现的也是一种"高参与率下的冷漠"。① 比较中国与西方的选举实践可以发现,参选率高低固然受到选举本质(社会主义性质的民主还是资本主义的民主)制约,但选举的本质却并非是制约参选率的决定性因素,反之也不能用参选率来说明选举的本质,资本主义国家也有极高的参选率,如前述的澳大利亚、意大利等国。实际上,选举的民主程度与投票率的高低既非一般的正比关系,也非一般的反比关系,而应具体问题具体分析。②

根据西方一些学者的统计与分析,美国的选民对于投票的情感以及对竞选的拥护百分比是最高的,但美国的选民投票率却是较低的;意大利选民对投票的情感以及对竞选拥护的比例是最低的,但投票率却是很高的。③ 参选率高低与选民对于投票的情感不成正比的事实说明,不应把参选率对选举的说明意义简单化或绝对化;导致投票率高或低的原因各式各样,《不列颠百科全书——选举》这一词条的分析是:选举的类别与层级,以政党候选人参选与非党派身份参选,比例代表制与绝对多数制等都可能构成影响选民参加选举的因素;而因选举登记导致的技术细节也可能使许多潜在的投票者失去投票权。此外,大量的随意因素也可能影响选民对于选举的参与,如气候和地理环境等自然因素对投票率的高低也起着不容忽视的作用,一般而言,宜人的天气和便利的地理条件的地方投票率比较高。④ 在中国的选举实践中,高参选率并未真正代表选民参选的高度积极性,甚至表达的是相反的说明意义;因此不过分强调高参选率已经是一种理性的声音,也是制度改革应当注意的。

尽管高参选率受到了普遍的质疑,但是高参选率在我国选举实践的存在又是不争之事实,那么高参选率是如何形成的或制造出来的? 一般认为,主要在两个环节导致了高参选率,一是投票方法,一是计票方法。有关选举中的投票,《选举法》的规定有如下内容:直接选举时,各选区由选举组织者

---

① 史卫民、雷兢璇:《直接选举:制度与过程》,第410页。
② 王玉明:《选举论》,第201页。
③ 参见加布里埃尔·A.阿尔蒙德等:《公民文化——五国的政治态度和民主》,浙江人民出版社1989年版,第180—181页。
④ 王玉明:《选举论》,第208页。

设立投票站、流动票箱或召开选举大会进行选举,选民凭身份证或选民证领取选票;选民如果是文盲或因残废不能写选票的,可以委托其信任的人代写,选民如果在选举期间外出,经选举委员会同意,可以书面委托其他选民代为投票,每一选民接受的委托不得超过三人。《选举法》的规定具有一定合理性,但实践中出现了一些问题。其一是发票马虎。尽管各地选民证或身份证以及核对过选民登记名单后,方可发出选票;但是有些地方并未严格履行,只要叫到名字就发出选票,缺乏查验选民证或身份证的关键环节,使高参选率在最初的环节就出现了可疑点。其二是流动票箱的使用。流动票箱本来是为行动不便或有特殊原因不能前往投票站投票的选民设定的投票方法,但现在已成为不少地方的主要投票方式,并已造成三大弊端:一是流动票箱容易包容大量委托投票,为选举掺加水分;二是一旦发现投票数量不够,选举工作人员即出动流动票箱上门收票,甚至代为投票;三是对流动票箱不易监督,难以保证选举的公正。其三是委托投票。委托投票在有些地方成为选举组织者片面追求高参选率的工具,对于那些无法参加甚至不愿参加投票的选民设法以委托的方式让他们投票。在人大选举中有对委托投票的具体规定,并且专门设计了委托书,但是大多数地方所谓的"委托人"并没有填写过委托书,发选票时工作人员也不强求所谓的"被委托者"出示委托书。从选举委员会来说,如果严格审查委托书,则会影响参选率;从选民来说,"委托人"与"被委托人"往往是亲属关系,使委托投票的程序限制屡被打破。在参选率的统计中,委托投票的选民人数没有统计或无法统计,在参选率中实际包含着一块难以评估选民实际参与水平的区域。所以普遍的看法是应该取消弊端较多的委托投票制度。①

在计票方法上,我国现行《选举法》第42条规定:"选举结果由选举委员会或者人民代表大会主席团根据本法确定是否有效,并予以宣布。"至于确认选举结果的过程,也就是计票过程是否公开,法律并没有作出明确规定,实践中这个过程是不公开的。这给"黑箱操作"提供了可能性,使选举结果与当初预想甚至上级意图相符合,提高参选率既是其意图之一,又可能是实现了其"暗箱操作"目的的手段。实际上,若计票过程向选民公开,选民可以对计票的准确性进行监督,即可防止"暗箱操作"、使选举的最终结果真正是选民投票的结果;国外也都要求计票过程的公开,我国越来越多的学者主张,"为保证选举的公平、公正和公开,应将现行的统一、秘密计票改为统一、

---

① 浦兴祖主编:《中华人民共和国政治制度》,上海人民出版社1999年版,第242页。

公开计票,并应由代表候选人委派的监督人到场监督整个计票过程。"①

参选率和投票问题有着紧密的联系,现在大多数人主张,应该转变观念,不再继续强调高参选率,不再用参选率衡量选举工作的好坏;即便在统计参选率时(因为在我国一定比例的参选率对于投票具有法律意义),也要使参选率客观科学,准确地反映选举的真实水平,如将委托投票的比例从参选率划分出来等等。

---

① 史卫民、雷兢璇:《直接选举:制度与过程》,第462页。

第三章 选举权的救济机制

第一节 选举权的救济原理

"有权利必有救济",没有救济就没有权利。一种无法诉诸法律保护的权利,实际上根本就不是什么法律权利。人类的权利自始就是与救济相联系的,当人类脱离了盲动或依附而获得了一定的权利时,也必有与之相适应的救济手段相随,没有救济可依的权利是虚假的,不过是镜中花水中月而已。在现代社会,当公民的选举权行使受到侵害或选举权行使的结果不能表达和反映其意志的时候,选举权的法律主体就应当可以通过一定的途径对选举权及其行使予以维护和补救,这是选举权的一种内在延伸。

一、权利与救济

(一)救济之于权利的必要性

如果每一种权利都能按照应然的轨迹运行并实现,救济就无从谈起,但在事实上,并不存在这种理想的状态。现实生活中,由于特定社会的政治、经济、文化等各种客观条件的限制,权利的合法运行与实现会受到来自社会不同方面的阻碍,这种与现实权利体系相悖的行为可谓之权利冲突。任何一种现实的权利体系都是各种利益相互交织的有机统一体,各种利益需要、各种权利错综复杂,充满着矛盾或冲突;权利的冲突既存在于权利与权利之间,也存在于权利与权力之间。

作为社会冲突的表现之一,权利冲突以"侵权"方式作为自己特定化的存在方式,在形式上,权利冲突不仅表现为由于"权利的滥用"而导致的冲突,而且还包括了其他的形式,不同种类权利之间的冲突也是无法避免的,比如说,言论表达自由权与隐私权的冲突、劳动权与休息权的冲突、自由权与平等权的冲突等。正因为权利的冲突才使权利既有绝对性又有相对性:一种权利在免受与之冲突的权力或权利侵害的意义上是绝对的,一种权利在不得侵害与之冲突的其他权利的意义上又是相对的。[①]

---

① 参见程燎原、王人博:《权利及其救济》,山东人民出版社1998年版,第357页。

救济理论考察的"冲突"是与现行的规范体系相悖离的,是对合法权利的一种侵犯,救济的任务就是通过一定程序划定权利间的界限,通过协调权利的关系解决冲突以实现权利,为权利的顺畅实施提供一种常规性的手段。① 因此,实现救济之于权利是必要的,相应地,法律不仅应宣示权利,而且还应同时配置救济的各种制度与程序。

(二) 救济的界定

"救济"通常是指法律救济,是通过法律方式或者"类法律方式"对权利冲突的解决。对公民个人而言,救济在本质上是一种权利,即当实体权利受到侵害时从法律上获得自行解决或请求司法机关及其他机关给予解决的权利。从《牛津法律大辞典》的界定来看:"救济是纠正、矫正或改正已发生或业已造成伤害、危害、损失或损害的不当行为。……权利和救济这样的普通词组构成了对语,……更准确的分析可以这样来表述,法律制度赋予特定关系中的当事人以两种权利和义务:第一与第二权利和义务。前者如取得所购买的货物和取得货物的价款,后者如强制对方交货,或强制对方就未交货一事给付赔偿,或在另一方面,强制对方支付货物的价款或强制对方就拒收货物而给予赔偿。虽然只有在第一权利未被自愿或未被令人满意地满足的情况下,第二权利或救济权利才能发生作用,但要求对方履行义务的权利,或要求对方就未履行义务或不适当履行义务给予救济的权利,却都是真正的法定权利,相应地,救济是一种纠正或减轻性质的权利,这种权利在可能的范围内会矫正由法律关系中他方当事人违反义务行为造成的后果。"②

救济权是相对于主权利的助权利。这种权利的产生必须以原有的实体权利受到侵害为基础,即是说,原权利没有纠纷或冲突就不会产生救济。从结果上看,救济是冲突或纠纷的解决,即通过救济的程序使原权利得以恢复或实现。救济具有双重特性:在本质上,它是权利主体所取得的一种合法权利,一个人若被剥夺了救济权,也就意味着他已丧失了"第一权利";在功能方面,它是"第一权利"实现的保障,通过冲突的解决,为权利保护提供一种程序化的机制。由于不同国家的法律传统、法律技术的差异,对救济的理解也不尽相同。一般说来,"救济"包含下面几层含义③:

第一,救济意味着权利冲突或纠纷的解决。任何一种救济都追求一种

---

① 参见程燎原、王人博:《权利及其救济》,第 355 页。
② 《牛津法律大辞典》,光明日报出版社 1988 年版,第 764 页。
③ 参见程燎原、王人博:《权利及其救济》,第 359—361 页。

功利目标,即解决权利的冲突或纠纷,它直接体现了救济的价值或意义。其意义在于,弄清权利冲突或纠纷的事实,掌握与之相关的法律规则,划分和确定冲突双方的各自权利义务的归属。在双方对冲突事实以及与之相关的法律规则取得共同认识的前提下允许主体双方协商解决。

第二,救济意味着解决冲突或纠纷的目的之一是实现合法权利并保证法定义务的履行。任何权利的冲突都意味着一定权利主体的合法权利受到侵害,或者特定的法定义务无法履行,故而权利救济追求的根本目的就是使受冲突或纠纷影响的合法权利及法定义务能够实际地得到实现和履行。换言之,救济追求的目标要么使权利主体的权利得到实现或者使不当行为所造成的伤害、危害、损失、损害得到一定补偿;要么使未履行的义务得以履行。

第三,救济意味着通过冲突或纠纷的解决,合法权利的实现以及法定义务的履行,使规范权利转化为现实权利。救济既是权利冲突的必然结果,也就必然通过对冲突的遏制或解决把规范中的权利引入了一个现实的过程。因而,救济的过程,实际上就是把规范权利转化为现实权利的过程之一。

(三)救济的途径

一般说来,救济的途径是指救济可以采取的形式,不同的国家往往有其不尽相同的救济方法、救济程序、救济技术等。根据《牛津法律大辞典》的相关解释,救济途径或救济方法种类很多,"主要有宽厚的行为,例如权利要求的撤回或出自恩惠的给付;政治救济方法,例如向下议院议员或地方议员提出申诉,向议会或其他政治机关提出申诉;还有法律救济方法,也就是须依法律规则获得的救济。法律救济方法可以依次采用行政或民事救济方法。行政救济可以通过向更高级的行政官员或大臣申诉取得,也可以通过向特殊的行政机关或法庭、仲裁庭(本身可以受、也可以不受一般法院诉讼的控制)提出申诉而取得。民事救济可通过在民事法庭中进行诉讼取得,也可以在可能的情况下通过当事人之间的磋商取得,还可通过对他方威胁要提起诉讼的方式取得。刑事诉讼一般不能向受害人提供救济,而是强制实施国家的社会政策。不过,刑事诉讼可以间接地提供救济。在法律救济制度中,向更高级的法院或机关上诉,本身也可以称作是一种救济方法"[1]。但是,从历史的纵向考察和理论的类型区分来看,救济应有以下几种:

---

[1] 参见《牛津法律大辞典》,第764页。

1. 自力救济

自力救济是当事者为维护自身权益自行采取的合理行动。人类原始社会以降,尤其在罗马法时期,自力救济都是相当发达的,但是,近现代法制却在很大程度上摈弃了自力救济,由国家强制力所保障的公力救济,逐渐占据了法律的大量空间。不过,自力救济在社会生活中的运用却仍是必要和不应忽视的。在当代社会,各国司法资源的稀缺与匮乏已是不争之事实,并且司法路径的解决本身又毫无疑问属于"昂贵"的解决方式,因之,严肃如刑法其条文中亦有对自力救济的肯认,而民事诉讼中大量采用和解、调解结案则属经常,这证明自力救济依然有其特定的生存空间。

2. 公助救济

公助救济又称为"类法律式"的救济,是介于自力救济与公力救济之间的中间形式,主要包括仲裁与调解两种形式。实际上,无论是仲裁还是调解,它们都具有作为公助救济的共同特点,即是在解决权利冲突或纠纷中,必须有一位纠纷或冲突的解决者———一位特殊的居间的第三者(可以是一人也可以为一群人)。居间的第三者的使命在于,劝导权利争议双方消除冲突或纠纷,提出冲突权利的处置和补偿办法或者对之作出裁决。为此,居间的第三者就必须具有一定的权威性,至于这种权威性的来源,可能来自于法律的赋予或确认,即由国家通过立法的形式赋予某些组织和个人以仲裁的方式调解纠纷的权利,也可能来自于权利争议双方的信赖和尊重。在现代的英美国家,一些称为会、部(Board)、委员会(Commission)等组织从法律上获得了"准司法"性质,某些有关诉讼的公力救济在法院实施以前都由这些组织首先仲裁;在欧洲大陆国家,也存在类似情况,某些仲裁的裁决一定条件下也具有强制执行力。

由国家法律所赋予或确认的居间第三者的救济不具有国家公权性质的强制力,只是通过劝导并在双方都同意的前提下作出的有拘束力的裁决,故而居间第三者一般没有强制迫使双方执行其裁决的权力。与此相联系,居间第三者通过其"社会优势"所获得的权威性也不能与国家的现行法律及社会道德相悖。在实践中,居间第三者通过"社会优势"所取得的救济能力实际上是得到国家法律及社会道德默许的,故而取得"公助救济"的性质。

3. 公力救济

所谓公力救济,就是国家运用公共权力对受侵害的权利进行救济。在公力救济中,诉讼救济是最主要的方式。具体而言,公力救济包含着两方面的重要含义:一方面,权利救济必须获得国家法律的认可,未经法律认可或者与国家立法相抵触的其他途径和规则都不能对受侵害权利提供救济;另一方面,由诉讼所确立的冲突权利的处置和补偿的救济方式是通过国家强力或由这种强力所产生的威胁而得以实现的。由此,就可使权利冲突主体的一方或各方服从诉讼裁判而实现救济。毫无疑问,权利冲突的任何一方都无法与国家的强力相抗衡。因而,在诉讼中权利冲突主体所能够作出的惟一选择就是承担由诉讼裁判确定的义务或放弃诉讼裁判所否定的权利要求。①

二、诉讼救济

(一) 诉讼在救济中的重要性和优越性

作为权利救济的重要方法,诉讼对其他救济方法产生很大影响,其他救济方法之所以能够产生一定的效用,在很大程度上是与诉讼救济的存在相关的。诉讼救济是其他救济方法发挥效用的条件,即其他救济方法有效地救济权利,离不开诉讼救济的支持。莱姆佩特认为,法院可以为解决争讼发挥作用有七种方法②;在这些方法中,诉讼救济本身与其他救济方法密切相关,"法院的审判作用最不受重视的时候,它对解决争讼所起的作用的重要性也就最突出"③。这一观点表达的就是诉讼救济与其他救济方法的关系。申言之,正是因为有了诉讼及其国家强力的存在才促成了权利冲突主体对非诉讼手段的选择。诉讼救济的特色之处在于:它把权利的纠纷或冲突纳入了法律规制之下,通过法律在实现权利救济的同时,也恢复或巩固了既有的法律秩序。

诉讼救济通过对法定权利的肯定,反复地强调权利的价值,不断地宣示权利和高扬权利,并维护法律的尊严和权威,这为权利的充分实现创造了良

---

① 参见程燎原、王人博:《权利及其救济》,第364—365页。
② 具体如下:(1) 明确规定影响或控制个人协商解决诉讼的规范;(2) 认可个人协商解决诉讼的法律效力,为协议的履行提供法律保障;(3) 适当地提高诉讼费用,以增加个人协商解决的可能性;(4) 为诉讼双方熟悉对方的案件提供便利,尽量减少相互猜疑的因素,增加个人协商解决的可能性;(5) 允许法院工作人员以调解人的身份活动,促使双方自愿地解决纠纷;(6) 法院先行解决案件中某一引起争议的问题,让当事人双方在其他问题上达成协议;(7) 当诉讼双方无法协商解决时,法院强制解决争讼。参见〔英〕罗杰·科特威尔:《法律社会学导论》,华夏出版社1989年版,第245—246页。
③ 〔英〕罗杰·科特威尔:《法律社会学导论》,第246页。

好的法律环境。① 事实上,诉讼救济不仅现实地救济了受到侵害的权利,而且强化了社会成员的权利意识和法律观念,这是其他权利救济方法所不能及的。诉讼救济的优越性是其他任何救济方法所无法比拟的,诉讼形式在权利救济过程中所呈现出的合法性、公正性、彻底性和权威性,使人们有理由充分地肯定诉讼救济的巨大价值,发挥诉讼救济的主导功能。这些优越性具体分述如下②:

第一,诉讼救济作为权利救济的形式,最具合法性。所谓"最具合法性"是指诉讼救济的准则是各种法律原则和法律规范,而不像其他救济方法可以依据一定的道德规则、习惯和情理来解决权利争端;并且在诉讼过程中,法院或法官依法确认和保护当事人的合法的实体权利,这就保证了权利救济的有序性和合法性。

第二,诉讼救济作为权利救济的形式,最具公正性。所谓"最具公正性",一方面是指作为解决权利争端依据的实体法,设定了符合正义原则的解决结果;另一方面是指诉讼过程是在公正的场合(法院)以公正的形式和方法作出公正的判决。

第三,诉讼救济作为权利救济的形式,最具彻底性。所谓"最具彻底性"是指诉讼过程最终就权利争端作出分清是非、判断曲直的具有法律效力的判决,即诉讼救济的目的在于最终确定权利的归属或赔偿责任。科特威尔指出:"由于法院成为正式的审判机构,它们对当事人的诉讼强制适用法律原则,作出一方当事人'正确',另一方当事人'错误'的决定。"③这充分揭示了诉讼救济的"最彻底"性。

第四,诉讼救济作为权利救济的形式,最具权威性。所谓"最具权威性"是指诉讼救济与国家权力或暴力强制相联系,从而国家权力或暴力可以强迫争讼当事人执行法院依法作出的判决,从而切实地救济权利。强制执行是诉讼法律制度为权利人提供的最后救济手段,诉讼成为权利救济的最后

---

① 摩利恩·凯因指出:"实际上,法院所进行的工作就是不断反复地阐述规则,重申在我们社会构成使用权(所有权)法律基础的权利和义务。按照原告的观点看来,如果没有这种反复的法律宣告,就会(或可能)被认为是放纵被告恣意行为,而毋须付出代价。"转引自罗杰·科特威尔:《法律社会学导论》,第244页。我们应当看到,对侵权行为的惩罚,是为了保护和恢复权利并证明权利的正当性,对侵权行为的放纵,就等于对权利的亵渎和否定。

② 关于优越性的论述,程燎原、王人博在《权利及其救济》一书第398—399页里有着较为具体的论述,但是他们主张把诉讼救济与其他救济方法发挥效用的条件等也作为优越性的表现,笔者不敢苟同,因为条件与优越性毕竟是两回事。

③ 〔英〕罗杰·科特威尔:《法律社会学导论》,第239页。

一道防线。

(二) 中国诉讼救济的观念变迁

英美法系国家的经验给我们的启发是,通过诉讼方式解决权利争端并达成救济权利的目的,是法治社会和权利主体的最佳选择。中国虽然也存在各种各样的诉讼活动,但在价值观念上,却表现出与西方人完全不同的特质。中国人的厌讼心理根深蒂固,杰弗逊有云:"任何苦难,只要尚能忍受,人类还是情愿忍受,也不想为申冤而废除他们久已习惯的政府形式。"当权利受侵害时,民众更多的是采取逃避、忍让等方式不了了之;实在需要出头,也不是通过诉讼,而是以其他方式来实现救济,尤其注重对"本土资源"的灵活运用。在古代中国,总的来说,不论是儒家、法家,还是其他各派思想家,都不主张在中国建立一个个人权利神圣不可侵犯的社会,"为权利而斗争"的思想是不见容于中国传统社会的,反之,在法律实践中和睦与调解的思想一向优于诉讼中的主观权利思想。

即使当中国踏进 20 世纪,传统观念的痕迹依然存在,费孝通先生就此指出,"中国正处在从乡土社会蜕变的过程中,原有对诉讼的观念还是很坚固的存留在广大的民间,也因之使现代的司法不能彻底推行"①。其实,即使在今天,费氏的这一论断也并未过时。譬如说行政诉讼,虽然《行政诉讼法》及相关法律解释自 1989 年以来就陆续得以制定,并且同时我国有相当数量的单行法律、法规规定当事人享有行政诉讼的权利,但行政诉讼案件少是不争的事实,这其中传统诉讼观的深刻影响难辞其咎。事实说明,在中国推行一套实体权利与诉讼救济和谐配合的机制,切实发挥诉讼在权利救济中的主导地位,真可谓"路漫漫其修远兮"。

当然,诉讼意识的观念变迁也有积极的一面,越来越多的人逐渐对司法有所认同,并重视权利的诉讼救济。随着制度文化的变迁,权利在人们心目中具有一种新的价值,诉讼也深入更多人的心,国人的诉讼意识在悄悄发生着变化:无讼不必为善,争讼并非无益。以几组关于财产权益(民事权利)纠纷案件数量为例:从 1949—1989 年 40 年间,全国各级人民法院共受理财产权益纠纷(债务、房屋、损害赔偿、继承、土地等纠纷)920 万件,其中大部分是在 1978—1989 年期间受理的;1986 年,全国各级人民法院受理的财产权益纠纷案件约 50 万件,占民事案件总数的 50% 以上②;1990 年,财产权益纠

---

① 费孝通:《乡土中国》,三联书店 1985 年版,第 58 页。
② 分别参见 1990 年《中国法律年鉴》第 11 页和 1988 年《中国法律年鉴》第 638 页。

纷案件近100万件,5年翻了一番。① 这是惊人的变化。

(三)诉讼救济的局限性及其补充

现代社会,各国法院作为解决权利争议的主要机构已经无可置疑。从文化意义上看,法院未必是解决权利纷争的理想场所。如前所述,由于诉讼的结果往往是依据法律原则和规范作出一方当事人"正确"而另一方当事人"错误"的判决,这样一来,"由第三方(法官)提出一个争讼双方一致赞同的结论几乎是不可能的。因此,法院的诉讼处理不大可能导致诉讼的真正解决,也就是说不大可能导致一个诉讼双方都能接受的结果。这种截然划分正确和错误的判决结论,很可能表现为两方对抗一方的强制结论,它会导致诉讼当事人之间的关系难以或不可能再维持下去"②。这表明了,法院判决在许多情况下并不能止争息讼,有时还会加剧诉讼当事人之间的冲突乃至对立。所以,亨利·埃尔曼说:"与法院试图解决的问题相比,法院所提供的解决办法可能引起同样多甚或更多的问题。"③

各国实践中,涉及权利的诉讼案件如潮水般地大批量涌进法院,它们都要求法院尽可能秉持公正而又合法高效地处理这些案件。然而,权利诉讼案件本身的复杂性、诉讼的固有法律程序以及庭审的繁复,总是会影响和制约着法院对这些案件秉持公正而又合法高效的解决,从而不可避免地导致讼累、诉讼拖延和花费巨大。④ 以法治发达国家美国为个案来观察,公众日益增加的诉讼使"诉讼病"流行,司法系统面临的最大问题是讼案成堆导致法院负担过重。讼案的增加,一方面会使法官草率办案,另一方面造成案件积压和诉讼拖延,这样一来就形成了一种恶性循环;从而在表面上损害的是法院的权威和公众对法院的信任,而在根本上则是使权利救济的司法路径失效。面对这种困境,美国政界和法律界多次呼吁改革美国司法制度,其中一个重要方面就是寻求诉讼外的解决方法,如通过推广调解、仲裁等司法程序之外的解决方式,以求达到既保障和救济实体权利又减轻法院讼累的这

---

① 参见1991年《最高人民法院工作报告》,载《人民日报》1991年4月13日。
② 〔英〕罗杰·科特威尔:《法律社会学导论》,第241页。
③ 〔美〕亨利·埃尔曼:《比较法律文化》,三联书店1990年版,第231页。
④ 埃尔曼有云:"在西方民主制国家,几乎所有法律诉讼都花费昂贵,由此所引起的问题并没有通过增加法律援助的便利而获解决。法庭诉讼程序的必要形式增加了费用,并不可避免地导致常常不可忍受的拖延。甚至一位最符合职业资格要求的法官——许多法官并不具备这种职业资格——也不能决定所涉及到的技术性问题,而在现代这种技术性问题甚至在相当普遍的法律诉讼中也经常出现。对法院外界专家的使用增加了费用和引起拖延。"参见〔美〕亨利·埃尔曼:《比较法律文化》,第231页。

双重实质与形式兼顾的目的。

当我们把视野从美国的个案扩展开去,可以发现,对权利争端和侵权案件,各个国家在不同时代都不得不寻求诉讼外的解决方法;事实上,无论是在权利的诉讼救济尚不发达的古代,还是在把法律程序视为公民权利和自由社会最大保障的今天,司法系统都不可能包揽对所有争议和纠纷的处理。就今天而言,诉讼外的解决方法,一是来自政府方面的救济(行政裁判等)①;二是民间或半官方性质的仲裁;三是各种形式的调解(不包括作为诉讼程序的法庭内调解)。应当认识到人们对非诉讼救济方法的重视,多是由于他们认识到非诉讼解决方法在救济权利时所具有的独特功能和意义,这一点正是我们研究者需要注意的。一般说来,民间或半官方性质的仲裁走的仍然是类似法院司法的路径,而来自政府方面的救济(行政裁判等)利用的是国家行政权威,对此,后文将予以详述,这里简要分析一下各种形式的调解。

有学者通过对调解制度存在的理由的说明,具体分析了这种特殊的功能和意义,认为求助于调解等非诉讼方式,有助于使法院摆脱困境,也有助于使诉讼当事人摆脱困境。② 埃尔曼认为,调解及其他非诉讼方式"是一种重建任何冲突可能打乱的平衡的代价低廉的方式"③。应当说,对于那些被聚讼缠身的西方国家司法系统来说,这种"代价低廉的方式"自然会具有巨大的吸引力;而对于具有东方文化传统的国家或地区,则更容易获致一种文化上的认同。各国法律对调解等非诉讼方式的肯定,有着一种追求至中、和谐的社会结构和社会关系的文化意识上的渊源,调解往往意味着权利纠纷的当事人在争取或保护自己的权利方面相互妥协。④ 在权利上的相互妥协一般包括三种情形:纠纷一方当事人放弃一定的权利;纠纷另一方当事人放弃一定的权利;纠纷双方当事人同时放弃一定的权利。通过这种妥协,和谐

---

① 在行政法学中,有"行政救济"这一概念,其含义为"针对行政权力运用的一种消极后果的法律补救",往往包括纪检救济、监察救济、立法救济、复兴救济、诉讼救济。我们这里所指为通过行政机关对权利的救济,以区别于法院的诉讼救济,它可包括行政监察、行政裁判及行政复议(如公安机关裁决治安行政纠纷案件)等,但不能包括纪检、立法、诉讼等方面的救济。

② 参见程燎原、王人博:《权利及其救济》,第432页。

③ 〔美〕亨利·埃尔曼:《比较法律文化》,第156页。

④ 正如戈尔丁所言:"当一个纠纷通过调解来解决时,常常正好是当事人都不得不对那些各自觉得自己在法律上或道义上本来有权的事情相妥协。只要一方'坚持其权利'或坚持一种'基本原则'的要求,就不可能有什么解决。"参见〔美〕戈尔丁:《法律哲学》,三联书店1990年版,第223页。

的人际关系得以恢复或重建。

当一种权利纠纷案件可能在法院久拖不决或判决后久不执行,权利救济实际上就只是空谈,在这种情况下,与其让当事人尤其是权利受害人陷入困境,不如通过调解使他们就权利归属或侵权责任达成双方一致同意的协议,或许可以相对地实现权利救济。当然,我们对调解这种救济方式的论述只是追求理论上的一种完整性,实际上,对选举权的救济来说,调解、仲裁等救济方式是注定要缺位的。因为权利及权利救济主要是建立在确定的、严格的法律原则基础之上的,并非人们在任何权利问题上的妥协都是公正的、合理的,从而应为法律所接受的。选举权作为最重要的公权利之一,基于法律的权威性及权利本身的巨大价值,不允许人们拿这种权利在调解过程中进行"交易"。

三、选举权救济

（一）选举权救济的概念与形式

如前所述,"救济"通常是指法律救济,是通过法律方式或者类法律方式对权利冲突的解决。所谓选举权的救济,在本质上是一种权利,即当实体的选举权利受到侵害时从法律上获得自行解决或请求司法机关及其他机关给予解决的权利,作为主权利的一种助权利,它是选举权主体所取得的一种合法权利,一个人若被剥夺了救济权,也就意味着他已丧失了"第一权利";在功能方面,它是"第一权利"实现的保障,通过冲突的解决,为权利的实现提供一种程序化的机制。从逻辑的角度来看,选举权救济的产生或起点必须以原有的实体的选举权利受到侵害为基础,即是说,选举权没有纠纷或冲突就不会产生选举权救济;选举权救济的结果或终点是选举权冲突或纠纷的解决,即通过救济的程序使作为原权利的选举权得以恢复或实现。一般来说,选举权的救济在形式上存在三种途径:

1. 罢免：自力救济

当选民的选举权行使的结果不能表达和反映其意志,选举权的法律主体可以寻求法律途径对选举权及其行使予以维护和补救,具体说就是当选举意愿与选举实效相违背的时候,选民可运用诸如罢免权对代表进行监督。由于罢免程序的运行无须国家司法权力的介入,它是特定范围的选民依据选举法自发的对自己选出的已有结果的一种否定,因而,罢免就是一种具有合法性并且容易行之有效的自力救济形式。当然,罢免途径也绝非完美无瑕,其最大的问题在于,有时候会出现以不合法的自力救济手段达至目的。

因此,问题的关键是如何指导和规范选民通过罢免这类形式实施的自力救济。现行的选举法律法规要通达民情、反映民意,更要千方百计保障民权,对罢免程序的设计应务求缜密,并不断改进罢免程序,只有这样,选民的合法的自力救济才是有效解决选举争议,缓解司法、政治压力的重要途径,否则貌似解决问题实在制造问题。

2. 选举监察:来自政府方面的救济

来自政府方面的救济方法主要是指选举监察,选举监察制度的践行一般意味着国家行政权力或准行政权在选举过程中的运用,从而实现对整个选举过程中各个环节的监督,为公民选举权的实现提供救济和保障。虽然选举监察制度本身在选举过程中并不构成一个独立环节,但是选举监察对选举活动起着极为重要的保障和救济作用:一方面制止各个环节中有可能出现的违法舞弊现象,防患于未然;另一方面则在选举过程中有效推动相应法律、法规的实施与执行,实现依法选举。

3. 选举诉讼:司法程序的救济

为保证选举的合法化,各国都有一套以法律形式规定的运作程序,来规范每一个具体的选举环节,并建立相应的选举救济机制给予保障。从世界范围来看,许多国家都建立有选举诉讼制度,选举诉讼是对选举权的司法救济,其着眼点在于维护选举的合法性以及为选举权提供一个终极性的救济。

(二) 选举权救济的分类

1. 以救济方法为划分标准的分类。可以分为:以罢免为典型形式的自力救济,当然从宽泛的意义上来讲,创制、复决之权(或公民投票)也可被认为或解释为一种自力救济方式;以选举监察为典型形式的来自政府方面的救济;选举诉讼这种司法或诉讼形式的救济。至于具体内容,前前后后都有详细论述,在此便不予赘述了。

2. 以救济对象为划分标准的分类。当选民的选举权行使受到侵害或选举权行使的结果不能表达和反映其意志,选举权主体可以寻求法律途径予以维护和补救,这是选举权的一种延伸,具体可分为对选举权利本身的救济和对选举权利结果的救济。前者是指选举权受到侵犯,如选举权未被依法确认,可以通过选举监察、选举诉讼等形式获得救济。后者是指选举意愿与选举实效相违背,选民可运用罢免、公民投票等形式对选举结果进行救济。

3. 以救济方式为划分标准的分类。按此标准,可将选举权救济分为选举权的消极救济和选举权的积极救济。选举诉讼需要解决的问题是因选举而发生的各种纠纷和争议,它以选举纠纷的存在为前提条件,具有司法的被动性特征,所以,选举诉讼虽然对选举制度的正常运行起着不可替代的威慑作用,但也只是一项消极的救济制度。而罢免、公民投票这类救济方法则是出于选民的主动,选举监察这种救济方法则是出于政府方面的主动,因而,它们属于选举权的积极救济。

第二节 选举监察

一、选举监察的含义

选举监察侧重于事前及事中的制止及纠正,以期阻止违法舞弊,是一种主动的审查,笔者在前面将其界定为"选举权的积极救济"。但是有人或许认为,救济总应当是事后的,无侵权何来救济?笔者以为,从长远的视角看,当针对选举权的侵害有可能或高概然性的发生,选举监察作为一种主动积极的审查,当然可以视为救济(对或然性的救济);从整个国家选举权的角度看,选举监察可以被看作一种不拘泥于具体个案的救济,是整体上选举权被侵害的"事后"措施。选举监察是否真正取得实效,将影响选举结果的公正性与合法性,因而,选举监察是选举制度运作中的重要环节,是整个选举活动合法化与制度化的重要保障。

为了保证对选举的正常进行实施严格的监督,西方国家大都建立有较完整的选举监察体制来履行监察职能,但选举监察体制并不必然要求设置专门的监察机构。设置专门机构的典型国家是法国。法国在中央一级有内务部设置的管理全国选举事务的全国监察委员会,负责监督全国的选举工作和选举基本原则在竞选中的遵守情况;在每个省、海外领地也设立地方监察委员会,负责监督有关竞选宣传品的发送,竞选者的宣言与宣传广告的张贴等;各地方监察委员会受全国监察委员会领导,常常需要接受全国监察委员会交办的调查任务。在英国,政府设置的选举委员会是专司选举监察的机构:选举委员会除监督竞选行为和选举过程外,还承担对选举资格的监督职责,包括对选民和候选人的资格条件,以及是否存在重大法律和品行问题等使其丧失资格问题的监督。而在美国、瑞士等国选举时,并不特设职掌选举监察的机关,其保障选举公正的方法主要是通过政党之间互相监督及每一选民的监视。

二、西方国家的选举监察制度

（一）西方选举监察制度的历史演进

西方国家在选举制度初创时，对选举监察问题的关注并不多，许多规定缺位或并不严密。随着普选权的不断扩大，选举制度的日趋完善，政党在选举中的作用日益增强，人们对选举过程中出现的各种不正常或丑恶现象越来越不满，并在19世纪后半期成为众所关注的主题，选举监察遂逐渐形成相应的制度。当代世界，虽然在选举监察方面仍面临着诸如日本的"金权政治"①、美国的"选举经费"问题等这样和那样的变数和挑战，但是总体看来，西方国家在选举监察方面已形成较为完善的体制，它对依法选举起着重要的保障和救济作用。

今天，西方国家在选举监察制度上的努力非常明显，各国立法机关制定了大量的法律以反对和防止选举中的舞弊行为，这就为有关机关对选举中的违法行为进行监察提供了法律根据。在这方面英国是先行者，早在19世纪80年代，英国议会就曾经通过三个法案——1880年的《国会议员选举及舞弊治罪法》、1883年的《防止舞弊及非法选举治罪法》以及1884年的《自治市选举舞弊及非法选举治罪法》，从而以立法形式对选举舞弊和非法行为实施法律制裁。尤其是1880年的《国会议员选举及舞弊治罪法》，该法在以下三个方面取得了明显的效果：一是它确立了一部代理法，规定除了候选人的法定代理人，任何人都不得以宣传候选人为借口而花费金钱；二是该法禁止用选举经费款待投票人喝酒及租用乐队；三是对候选人的开销额进行限制。上述限制使英国的选举活动在仅仅几年内就变得纯净了，而且竞选议员及其他公职的巨额支出明显下降。英国经验对欧洲其他国家产生了很大影响，不少国家纷纷效仿。在日本，1889年通过立法对选举不法行为的惩治做出严厉规定。在美国，纽约州于1890年正式通过立法限制选举费用，其后各州也都通过相应的立法，到20世纪50年代美国只有少数几个州缺乏防范选举舞弊的法律规定。此外，美国国会在1925年就联邦议员的选举制定了《联邦选举舞弊行为法》，对选举中的各种活动（包括选举经费筹集

---

① "花钱多当选，花钱少落选"在某些国家（如日本）成为选举现实，更使"金权政治"越演越烈。1974年日本国会参议员选举时，每个议员候选人花10亿日元方能当选，花7亿日元就要落选。为了筹集资金，为了回避监督，非法秘密政治资金的存在和运作成为日本政治生活的一大特色。

作出了严格限制。① 现在,选举监察已渗透到各国公职选举过程中。在激烈的竞争性选举中,它成为保证选举活动公正、合法及不同立场的选举人与候选人藉以互相监督的重要武器。

"徒法不足以自行"。在制度实践上,西方国家十分重视对选举程序的监督。他们通过对监察行为的具体规范,使监察程序更为严密完善,便于操作和监督;同时,通过设置专门选举监察机构或明确授予主持选举的机构以某些方面监督权,以保证监督得以有效实施。这些监督集中体现在:对选举与被选举资格的监督、对选民行为与选举工作人员行为的监督、对选举经费筹集与使用的监督等。此外,他们还重视新闻舆论在选举监察中的作用。在西方国家,新闻舆论已成为政党参选的重要手段与工具,选举过程尽可能公开化的结果客观上使新闻舆论在发挥上述功能的同时,也扮演着监督者的角色。新闻舆论对选举过程中的舞弊行为、非法活动和各式各样的丑闻的报道与揭露,既是对不法选举的监察,也是公正选举的保证。

(二) 西方选举监察制度的主要内容

1. 竞选经费监察

从西方的选举实况看,选举结果呈现出越来越依靠甚至取决于选举经费的筹集与开支的情形。大量数据表明,西方国家的选举经费呈逐年上升的趋势。② 当选举活动越来越依靠金钱并受金钱所左右时,选举就会由于受到金钱的腐蚀而趋向腐败,自由、公正与民主的选举就难以实现。因此,为了使选举能尽可能地保证其应有的公正,日本1993年大选后通过的与选举有关的政治改革法案中,有两个法案即《政治资金规定修正案》与《政党助成法案》就是直接与选举经费有关的。美国在20世纪70年代通过《联邦选举竞选法》后,由于未能阻止竞选经费的继续上升,1993年克林顿上台后再次提出修改联邦竞选规则,对竞选经费加以限制,但是至今未能成功。

当前,西方各国对竞选经费的监察大致有以下四种做法:一是汇报并公开竞选经费的收支。包括收入与开支都必须逐项公开,并及时提交财务报告。通常在选举前,参加竞选的个人或政党应向规定的机构(有些国家为议会的特别委员会)提交一份财务报告,内容包括收入总数,捐款者姓名、地址和捐款数额,支出总额,支出时间、用途及对象。二是规定最高竞选费用。

---

① 参见胡盛仪、陈小京、田穗生:《中外选举制度比较》,第227页。
② 以美国总统选举为例:1860年林肯竞选总统花费了10万美元;一百年后的1960年,尼克松竞选总统时的开支突破了1000万美元,而到了1996年克林顿竞选总统时,开支达到1.1亿美元。

例如美国规定,个人每次向一个候选人的捐助不得超过 1000 美元,向一个政治行动委员会的捐助不得超过 2 万美元,而且个人给予所有联邦职务竞选的捐助,每人每次不得超过 2.5 万美元,此外,对政治行动委员会、政党的捐款也都有相应规定。① 三是规定竞选经费可开支的范围。防止竞选者用金钱贿赂选举人,或拉拢选举人、选举工作人员及选举监察人员,目的在于限制经费的不正当使用,防止竞选者用金钱收买选票。四是对捐助竞选费的来源及数额进行限制。

2. 对竞选行为的监察

由于西方国家选举的竞争常常是十分激烈的,竞选者为了取得最后胜利,往往会竭尽全力与对手抗争,因而经常会采取各种手段,包括一些不正当的手段。这不仅导致选举结果的不公正,而且会导致选举秩序的混乱,造成社会政局的不稳定。在这种情况下,对候选人的竞争行为给予适当的限制和规范,就成为保证选举活动正常进行的关键。美国 1971 年通过的《联邦竞选活动法》就对竞选给予了详尽规定。这是对竞选者本人、助选的政党、团体和个人,在竞选期间及投票前后以及与竞选有关的活动的监察,监察的主要范围是:竞选者有无行贿选举人或引诱选举人的投票行为,有无以各种强有力手段威胁选举人,有无故意妨碍投票程序,有无伪造假票,有无印发不利于竞选对手的宣传品,有无让公务人员参加选举等。

3. 对选举人行为和选举工作人员行为的监察

前者主要内容包括:选举人有无收受贿赂,有无重复投票或冒名顶替投票,投票行为是否规范以及选举人是否符合资格条件等;关键在于,选举人在选举中是否有违法行为。至于选举工作人员,他们担负着选举管理与选举执行的任务,他们的行为极易对选举活动产生直接影响,因此对选举工作人员的监察范围颇广,涉及对选举的时间、地点、方式和行为等的监察。后者主要包括:选举工作人员有无诱导选民的投票意向(如对民族、种族、性别、职业的歧视等),投票开始与结束的时间、投票站的设置、选票的印刷与运送、多次投票与选票作假、选票的开箱统计等有无违法现象,有无破坏秘密投票规则,有无在计票时作弊等。有时还涉及到对选举委员会的组成及其活动是否存在违法问题的监督,西方许多国家选举委员会负责主持选举

---

① 参见胡盛仪、陈小京、田穗生:《中外选举制度比较》,第 227 页。

第三章　选举权的救济机制

工作,因而对选举委员会的监督也构成选举监察的一部分。①

4. 对创制与复决行为的监察

在自由选举过程中,每个选民都有提名候选人的权利,但这种提议要被正式采纳,就需要一定数量的选举人复议和签名,为了保证这一行为的严肃性和选举能正常进行,就有必要对选举人在这方面的创制与复决行为进行监察。监察的内容有:候选人联名推荐书上的签名是否真实,签名者是否符合选举人资格条件,提议者有无利用强硬手段威胁签名者签名,提议者有无收受贿赂,选举工作人员是否利用职务之便使合格的推荐书无效或使不合格的推荐书生效等。

三、选举监察与选举诉讼的关系

一般而言,选举监察的产生早于选举诉讼,但是在美国、瑞士、加拿大、澳大利亚等国选举时,由于不特设职掌选举监察的机关,因而这些国家事实上并没有严格的选举监察制度。他们保障选举公正的方法主要是通过政党之间互相监督及每一选民的监视,然后再依法对选举中的违法舞弊行为作出惩戒规定,通过普通法院或特设的选举法庭等对之作事后的补救,所谓"选举监察"只是为选举诉讼提供一个先决条件。这某种程度上反映了选举监察在一定意义上的无能为力。② 当然,这其中也有各国特定法治传统的缘由,让这些国家的政党、新闻媒体和选举人对选举中的违法舞弊行为进行揭发,再加以舆论的强有力监督,足以让违法舞弊行为者受辱,并使之丧失选票,无需依法惩戒即能发生有效的威慑作用,选举监察的缺位并不会产生太多负面影响。

对当今世界大多数国家的选举制度来说,选举诉讼与选举监察(或监督)都是制度运作中必不可少的环节。具体而言,选举诉讼与选举监察的关系一方面是两者之间高度紧密的关联性。第一,提起选举诉讼与选举监察的主体竞合。比如说,按照我国台湾地区公职人员选举罢免法规定,选举罢

---

① 傅思明在"西方国家的选举监察制度"一文(载于中国政治学网)中将二者分开来论述,笔者以为二者毕竟并非与选举结果具有直接利害关系,行为具有一定相似性,因而合在一起论述之。

② 比如说,美国在1907、1910和1911年先后三次通过了《取缔选举舞弊法》,这些立法的基本内容保持了美国1880年法的要求,但是"限制美国竞选开支的试图彻底失败了",因为这部立法与《美国宪法》第1修正案所保障的言论自由原则不太相符,阻止候选人的支持者或支持其观点的政治行动委员会花费金钱去帮助他们是不可能的。参见邓正来主编:《布莱克维尔政治学百科全书》,中国政法大学出版社1992年版,第217页。

免之监察事项为各级选举委员会职责之一,同时又有选举委员会得向管辖法院提起当选无效之诉及罢免案通过或否决无效之诉的规定,这是选举委员会的主体竞合;同时,在该法的相关条文中明确了检察官在各级选举罢免监察及选举诉讼中的主体竞合关系。第二,选举诉讼与选举监察两者所受理的案件所保护的客体权利均为选举权与被选举权。这具体就表现在对选举人、被选举人、选举委员会、选举监察机关及选举中各程序的资格审查或程序审查。第三,选举监察与选举诉讼前后连贯。就同一事件而言,一般先经选举监察机关制止,制止不听者,则得以其为被告提起选举诉讼;如果前者有效,则不必诉诸法庭;两者相辅相成,共同促进选举的制度化与合法性。

另一方面,选举诉讼与选举监察之间又有着明显的区别。第一,从本质而言,选举监察体现的是行政权与行政效力,而选举诉讼则反映的是司法权与司法权威在选举中的干预。相应地,就效力而言,选举诉讼所具有的强制力 就会高于选举监察。第二,从形式而言,选举监察侧重事前及事中的制止及纠正,以期收到阻止的作用,是一种主动的审查;而选举诉讼则坚持"不告不理"的司法准则,非依法律规定的有关人员或机关提起诉讼,主管机关不得受理,因此,其对选举中违法行为的纠正及制裁,是被动与事后的。第三,从时序上看,通常各国的选举法上都规定了先监后审原则。选举监察以事先及事中的制止及纠正为主,选举诉讼则为事后起诉与裁判,在时期上即有先后之别。①

第三节 选 举 诉 讼

选举合法化是选举制度的一项核心问题,选举合法化不仅要求选举的结果要合法,更要求选举过程的每一个环节都必须符合法律规定。② 为保证选举的合法化,各国都有一套以法律形式规定的运作程序,来规范每一个具体的选举环节,并建立相应的选举救济机制给予保障。从世界范围来看,许多国家都建立有选举诉讼制度,以维护选举的合法性,同时为选举权提供公正的救济。在我国,目前尚没有系统完善的选举诉讼制度,因而从理论上加

---

① 我国台湾地区的学者对于选举监察与选举诉讼之间的关系并不从联系与区别角度出发,只是约略描述为主体竞合关系、分工合作关系、先后顺序关系,参见刘昊洲:《我国选举罢免诉讼制度》,五南图书出版公司(台湾地区)1990年版,第30—33页。

② 参见亚里士多德:《雅典政制》,商务印书馆1959年版,第46、58页。

强对选举诉讼的研究,对于我国选举诉讼制度的建构,甚为必要。

一、选举诉讼的概念

早在古希腊城邦,选举诉讼就已产生,在当时,公民的资格登记、官吏选举都可以向陪审法庭起诉或上诉。① 随着近现代普选制度在民主思潮的推动下而在各国的逐步确立,选举已成为近现代民主的标志性活动。但是,由于选举涉及到某一个公民能否担任一定公职,深层次则有涉国家政权的归属,所以常会有个人或政党为了在选战中获胜进而担任公职或执掌国家政权,而利用选举过程的每一个环节、采取各种可能的方法从事违反选举规则的行为。为了保证选举的公正性与合法性,对于选举过程中出现的不正当选举或破坏选举的情况,选民或相关候选人就有权以选举不公正或选举违法等理由提出争议。因此,要确保选举能够充分地体现选民的意志,就必须建立解决选举争议的制度,即选举诉讼制度,否则就不能保证在选举过程中出现的纠纷得到及时、有效和合法的解决,从而在根本上影响公民选举权的实现以及整个选举的公正性与合法性。

关于选举诉讼的概念,学界的看法并不一致。有人认为,选举诉讼是指选民、候选人、参与选举组织的工作人员以及国家公诉人员对有关选举问题所进行的诉讼。② 也有人指出,选举诉讼需要解决的问题是因选举而发生的各种纠纷和争议,选举诉讼以选举纠纷的存在为前提条件。③ 还有人不用"选举诉讼"而用"选举争讼"这一概念,认为选举争讼是指解决因选举而发生的各种纠纷法律方式的总称,选举争讼是伴随着选举纠纷的存在而存在的,没有选举纠纷的存在选举争讼就失去了存在的意义和前提。④ 另一种观点认为选举诉讼的内涵要比选举争讼的内涵狭窄,选举争论依据处理的机关不同可以分为议会裁决模式、宪法监督机关裁决模式、选举法院裁决模式和法院裁决模式,其中法院裁决模式就是一般所指的选举诉讼。也就是说,选举诉讼仅仅是选举争讼的一种模式。⑤

我们认为,对选举诉讼的概念应作广义与狭义的区分。广义的选举诉讼是指选民在选举权受到侵害时的救济手段,凡针对选举过程中一切违法

---

① 参见杨临宏:"选举争讼制度比较研究",载《现代法学》1999 年第 3 期。
② 参见李步云主编:《宪法比较研究》,第 693 页。
③ 参见王玉明:《选举论》,第 225 页。
④ 参见杨临宏:"选举争讼制度比较研究",载《现代法学》1999 年第 3 期。
⑤ 参见任端平:《选举争讼制度研究》,中国人民大学法学院 2004 年博士论文,第 67 页。

或不当事件所提起的诉讼,都可称为选举诉讼,又可称为选举争讼或选举争议的解决(如在日本,选举争讼就是比选举诉讼更广泛的概念)。它包括整个选举过程中产生的纠纷,即自公告选举日期开始,经选举人名册的编制、公开,候选人登记,候选人审核与公告,投票处的设置与管理,竞选、投票,到最后统计投票结果及公告选举结果所引发的一切争议。而狭义的选举诉讼,"乃选举人或候选人确认办理选务人员或其他选举人及候选人有威胁利诱或其他舞弊情事时,或确认当选人资格不符,或所得票数不实,及候选人确认其本人所得票数被计算错误的,于法定期限内向法定机关提出诉讼之谓"①。狭义的选举诉讼不包括就选民名单提起的诉讼及妨害选举的刑事诉讼,主要类型有选举无效之诉、当选无效之诉、罢免无效之诉、罢免案通过或否决无效之诉等。我国选举法规未明确使用"选举诉讼"这一概念,在我国学术界,学者们对选举诉讼多采广义的看法,如《中国大百科全书·法学卷》和《中国大百科全书·政治学卷》对"选举诉讼"就持广义的解释。②

　　本书也将广义的选举诉讼作为研究对象,即选举诉讼是对公民选举权(包括被选举权)受侵害的救济,是选举人、被选举人、参与选举组织的工作人员以及国家公诉人认为办理选举事务的人员、其他选民或候选人有威胁、利诱以及其他舞弊行为,或认为当选人资格不符,所得票数不实以及候选人认为其本人票数被计算错误等情况时,以及对妨碍和破坏选举的违法犯罪活动在法定期限内向法定机构提出的诉讼。具体来说,广义的选举诉讼具有以下特征:首先,提起诉讼的主体,除选举人与候选人外,还可以由参与选举组织的工作人员以及国家公诉人来担当。其次,诉讼标的涉及选举的整个过程,不但对选举人资格、选举条件及当选瑕疵可以提出异议,对选举程序中出现的任何有关贿赂、欺骗、暴力、威胁、歧视、渎职等妨碍和破坏选举的违法犯罪活动,均可以作为诉讼的标的。最后,受理诉讼的机关,既包括普通法院,又包括议会或宪法委员会等。

---

　　① "选举争讼词条",参见罗志渊编:《云五社会科学大辞典·政治学》,台湾商务印书馆1971年版。
　　② "选举诉讼"词条,分别参见《中国大百科全书·法律卷》(中国大百科全书出版社1994年版)和《中国大百科全书·政治学卷》(中国大百科全书出版社1992年版),何华辉在《比较宪法学》(武汉大学出版社1988年版)的"选举诉讼"一节也作此解。

二、选举诉讼的性质

(一)选举诉讼的法律主义与政治主义

各国对选举纠纷的性质认识不一致,在解决纠纷的理论上主要有政治主义和法律主义两种主张。① 所谓政治主义,是指把选举诉讼看作政治问题的学说和理论,据此,选举过程中出现的纠纷和诉讼具有高度的政治性,其裁判亦具有高度的政治后果;以此理论为依托所建立起来的解决选举争议的制度就属于政治解决模式。持此理论者认为,选举权与被选举权都是公民在政治上应当具有的重要权利,选举的过程也就是公民行使政治权利的过程,在选举过程中发生的纠纷自然也就具有高度的政治特性,解决因选举而产生的纠纷的机关自然也应当是国家的政治机关。所谓法律主义,是指把选举诉讼作为法律问题的学说和理论,据此,选举过程中出现的一切纠纷和诉讼都必须以法律的形式加以解决,其裁决的后果亦具法律上的后果;以此理论为依托所建立起来的解决选举争议的制度就属于法律解决模式。持此理论者认为,虽然选举权与被选举权都具有政治性的特性,但公民的选举权和被选举权都由国家通过法律的形式确认并受法律所保护,离开了法律的确认和保护就无公民的选举权与被选举权可言,因此选举问题本身也属于法律问题,因选举而发生的争议虽然具有政治性的一面,但更主要的是法律问题,应当由国家司法机关以法律的方式解决。

选举诉讼的政治主义与法律主义采取的是非此即彼的两分法,而对其性质亦可作更为细致的三分法。大别如下:一是完全否认选举诉讼具有争讼的性质。这种观点认为,在议会进行的选举审查并非诉讼,因为对议员当选效力加以审查时,被审查的议员也不是以当事人的身份出现,即无当事人两造的对立,因此所谓"议会选举无效之诉"实际不过是对议员资格审查的资料而已,根本不可能存在议会对选举作出"声明无异"的表示。二是认为选举诉讼是公法上的非讼事件。比如,依法国 1911 年 5 月 31 日《阿尔萨斯·洛林(Alsace-Lorraine)宪法》的规定,有关邦议会选举效力议员资格问题,其审判权赋予邦"最高法院"及科尔马市(Colmar)控诉法院,对此条件的裁判虽需待公诉提起后才得进行,但相关的审查程序却适用阿尔萨斯一洛

---

① 参见王玉明:《选举论》,第 225—227 页。论者认为,政治性与法律性,一为实质内容,一为程序规范,二者相辅相成,密不可分;并且,选举诉讼不同于已有的三大诉讼类型,要依靠各种诉讼手段相互配合来实现。

林邦所制定的"有关联邦非讼事件法的执行办法",因此选举诉讼应被归入公法上的非讼事件一类。三是主张选举审查乃是公诉上的争讼裁判,其代表为耶利涅克(Jelinek)及拉邦德(Paul Laband),这一主张已为今天大多数论述所采认。[①] 稍加分析可以发现,前两种观点类似于政治主义的主张,所说的选举诉讼都是有诉讼之名而无诉讼之实,最后一种观点则是法律主义的典型看法,因而三分法与选举诉讼的政治主义与法律主义事实上是殊途同归。

（二）选举诉讼在法律上的性质

在理论界,选举诉讼的法律主义较受认同。以此为基础,进一步的问题就是选举诉讼究竟属于什么类型的诉讼,是民事诉讼、刑事诉讼、行政诉讼还是宪法诉讼？西方国家一般认为,选举权和被选举权属于公权,它与私权有着严格的区别,涉及到公权利行使的选举诉讼是公法上的诉讼。法律根据其所规范的社会关系不同可分为公法与私法,公法是规定国家机关之间、国家与个人之间公权关系的法律,私法是规定个人之间、国家与个人之间私权关系的法律,公法诉讼是因适用公权关系的法律而生的诉讼。公法诉讼有宪法诉讼和行政诉讼两种情况：在设立宪法法院的国家（如德国）,对公民以宪法赋予的基本权利受到侵犯为由提出的宪法性控诉,宪法法院可以进行违宪审查;日本则把与公职选举有关的诉讼称为民众诉讼,民众诉讼是指选举人为谋求纠正国家或公共团体不合法的行为而提起的诉讼[②],属于行政诉讼案件;还有的国家（如巴西）把选举诉讼作为独立的诉讼,成立专门的选举法院解决选举纠纷,但其性质仍属于宪法诉讼的范畴。

在我国,有人指出,选举诉讼兼具公法权利诉讼与公益诉讼的性质,选举权利诉讼是以自己的选举权或被选举权受到侵害为由而提起的诉讼;公益诉讼则是指选民或者其他与案件没有直接利害关系的人,为维护公正与合法的选举秩序而提起的诉讼。选举诉讼的公法权利诉讼的特征有：选举诉讼的被告一般都是选举管理机关,选举刑事诉讼一般不允许自诉,选举诉讼不适合调解;选举诉讼主要有选务机关承担举证责任。选举诉讼的公益诉讼的特征有：选举诉讼的目的在于维护选举法律秩序,选举诉讼的提起主

[①] 参见程洁：《宪政精义：法治下的开放政府》,中国政法大学出版社2002年版,第102页;详细内容可参见刘昊洲：《我国选举罢免诉讼制度》,第27—29页。

[②] 根据《公职选举法》提起的选举诉讼,原告不一定是维护自己的利益,诉讼结果并非必然与其有直接的利害关系,例如：在当诉讼中落选的候补者,关于选举人名簿的诉讼中对自己的登记不服的人,都可以自己的参政权受到侵害为理由提起诉讼。

体的广泛性。① 本书赞同这样的分析。

在制度实践中,我国没有真正意义上的选举诉讼,对其没有明确的归类定性,目前我国涉及选举的诉讼分散在民事诉讼和刑事诉讼之中,其中选举资格案件属于民事诉讼,破坏选举的犯罪案件属于刑事诉讼。② 我们认为,对选举诉讼的裁判有别于一般的民事和刑事裁判,其诉讼主体与职权机关亦有别于一般的民事和刑事诉讼,因而对选举诉讼应当做出一个更加明确的性质界定。虽然我国还没有建立违宪审查和宪法诉讼制度,但在理论上将我国的选举诉讼作为一种相对独立的诉讼依归于宪法诉讼,是较为恰当的。一方面,选举权和被选举权是作为公民的基本权利属于公权利范畴,对公权利的调整应当依据公法规范,适用的诉讼程序及其法律性质应当纳入宪法性诉讼之中,而以往使用单一的诉讼手段很难解决选举诉讼的全部问题。另一方面,由于选举诉讼的目的,专在保障选举结果的公法行为效果的合法性,这种合法性不仅关系到特定的个人,并且对全体国民的政治权益产生影响,从法律实践上看,采取日本式的"民众诉讼"较为妥当。因此,从选举权的角度出发,本书的结论是:选举诉讼是一种公法上的救济途径,是以公法保障选举运行的合法性以及选举权实现的公法诉讼。

三、选举诉讼的特征

(一)选举诉讼在起诉与受理上的特征

选举诉讼制度是现代宪政国家为保障选举法实施,维护公民选举权的切实实现而建构起来的制度,作为选举权救济机制的重要组成部分,选举诉讼既是对公民个人宪法权利的维护,也是对整个国家政治的民主性质的保障,因此,相对于民事、刑事与行政诉讼而言,选举诉讼在起诉与受理上具有以下一些特征:

1. 管辖机关的特定性。选举诉讼案件只能由特定的国家司法机关管辖,如专门的选举法庭、选举法院或宪法法院等,因为它需要管辖机关的法官具有特别的选举法以及宪政知识背景,这是一般的民事、刑事法院或法庭

---

① 参见任端平:《选举争讼制度研究》,第119—121页。
② 我国《民事诉讼法》第164条规定:"公民不服选举委员会对选民资格的申诉所作的处理决定,可以在选举日的5日以前向选区所在地基层人民法院起诉。"我国《刑法》第256条规定:"在选举各级人民代表大会代表和国家机关领导人员时,以暴力、威胁、欺骗、贿赂、伪造选举文件、虚报选举票数等手段破坏选举或者妨害选民和代表自由行使选举权和被选举权,情节严重的,处3年以下有期徒刑、拘役或剥夺政治权利。"

的法官所缺乏或陌生的。

2. 起诉主体的广泛性。选举诉讼是关乎特定地区或范围的民主问题的重要诉讼,这样的诉讼具有公益诉讼的性质,因而其起诉主体应当具有广泛性,只要有直接或间接的利害关系均可提起诉讼。

3. 被诉主体的宽广性。选举诉讼案件的被诉主体,包括一切违反选举法的国家机关、政党、社会团体和企事业组织以及公民个人。只要他们的行为构成了对公民选举权的侵害,对特定范围的民主产生了不良影响,就可以作为被告,因而,在设计选举诉讼制度时,尽可能地扩大选举诉讼的被诉主体范围,对于保障与救济公民的选举权利,是甚为有利的。

(二) 选举诉讼在审理与裁判上的特征

选举诉讼案件的裁判程序,因选举的特性决定而有别于民事、刑事、行政等案件的裁判程序,特征具体如下:

1. 及时性。选举诉讼,由于事关选举的进程以及选民或当选人行使选举权利的合法性,在选举的每个环节中出现的问题,必须在规定的不影响选举进程的期限内完成,即选举案件的裁判进程要与选举进程相适应,否则,将不利于选举的正常进行。选举诉讼的及时性包括两个方面:当事人起诉的及时性和裁判机关裁决的及时性。如我国选举法规定,如果对选举委员会公布的选民名单有异议,在向选举委员会申诉经选举委员会裁决后仍不服而向人民法院起诉的,起诉必须在选举日前5日进行,人民法院必须在选举日前作出裁决。

2. 确认性。选举诉讼案件裁判的主要目的是查清事实,对非法的行为予以纠正或制裁,对合法的行为予以确认和保护。在选举案件的裁判中,公民依法享有的选举权和被选举权都是确定无疑的,裁判机关无权予以变更,在裁判过程中,也不产生具体的权利义务关系,而只要求对合法的事实予以确认。

3. 简单性与复杂性并存。在简单性上,除在当选效力诉讼等少数情况外,一般不要求双方当事人的对峙,也不必一定要求具有被告,审查案件时也不必一定要进行复杂的程序。另外,有很多选举问题是比较复杂的,有一些问题难于查清或认定,例如选举舞弊问题,有一些问题的公正性难于掌握,例如选区划分问题。

4. 公开性。选举诉讼案件一般不涉及国家机密或个人隐私问题,因此应完全采取公开主义,以接受选民或普通公众的监督。选举诉讼案件的裁判书,必须及时通知有关当事人,并在最广泛的范围上公告于众。

（三）选举诉讼和其他诉讼形式的区别

作为一种新的诉讼形态，我们还应注意到选举诉讼与普通诉讼形态即民事诉讼、刑事诉讼与行政诉讼在诸多方面的区别。

1. 选举诉讼同刑事诉讼、民事诉讼的差别

首先，诉讼的主体不同。刑事诉讼参与的主体是各级普通法院、侦查机关、自诉人、公诉人、被告人等；民事诉讼的主体是原告（或者代理人）、被告（或者代理人）、各级普通法院；选举诉讼的主体则是专门的选举诉讼管辖机关、有直接或间接利害关系的原告人以及被诉侵害选举权的主体。其次，诉讼的客体不同。刑事诉讼的客体是被犯罪嫌疑人侵害的社会关系；民事诉讼的客体是需要通过审判加以确定的民事法律关系或者合法权益；选举诉讼的客体则是被争议或受侵害的选举权。再次，诉讼成立的条件不同。民事诉讼或者刑事诉讼以已经或即将发生的损害为其成立依据，选举诉讼中除了选举纠纷本身为成立依据外，还有破坏选举的刑事诉讼成分。最后，诉讼的结果不同。刑事诉讼的结果通常表现为对被告人科以具体的刑罚；民事诉讼的结果表现为确定具体的权利义务关系；选举诉讼最终的结果主要是选举本身、当选或罢免的有效或无效。

2. 选举诉讼和行政诉讼的不同

首先，二者的管辖机关不同。选举诉讼由特定的国家司法机关管辖；行政诉讼则根据案件的性质，不同等级的法院有不同的管辖范围，主要依靠不同级别法院的行政庭管辖。其次，二者的诉讼范围不同。选举诉讼通常主要指向特定范围内的选举本身是否有效、当选或罢免是否有效；而行政诉讼主要涉及到行政机关及其所属内部工作人员所为的某项具体行政行为。再次，诉讼的结果不同。选举诉讼的结果主要是宣布某项选举本身、当选或罢免的有效或无效；行政诉讼的结局则或者是合法权益受到某行政行为侵犯的受害当事人胜诉、撤销错误的行政行为、赔偿受害者遭受的损失，或者是行政机关胜诉、维持原来的行政处分。最后，诉讼成立的前提不同。行政诉讼以客观存在的发生损害的事实为依据；而选举诉讼则不要求损害一定发生。

四、选举诉讼的种类

（一）种类概说

自选举诉讼制度确立以来，各国立法对选举诉讼的范围一般都未加以专门的规定，只是在宪法、选举法及相关法律关于选举诉讼管辖的相关规定

中进行粗略的界定。例如《荷兰宪法》规定,议会参、众两院对证书或选举所产生的争议事项作出裁决;菲律宾宪法规定,最高法院对有关选举、投票结果、总统或副总统资格等一切争议事项有专属管辖权①,等等。由于各国对选举诉讼的立法迥异,学者们的分类标准也不尽相同,于是对选举诉讼的具体种类或范围也就众说纷纭了。

第一种观点认为,选举诉讼包括选举效力诉讼和当选效力诉讼两种。选举效力诉讼又称对事之选举诉讼,指因某选区发生选举违法或舞弊等行为而影响选举结果,经选民或候选人向法定机关提起诉讼而由法定机关依法裁决某选区选举是否具有法律效力的制度;当选效力诉讼又称对人之选举诉讼,指因某当选人当选资格与法律规定不符,或在选举中有舞弊等行为,或其所得票数不实等,经选民或候选人向法定机关提起诉讼而由法定机关依法裁决某当选人当选是否具有法律效力的制度。②

第二种观点与上述观点相近,认为选举诉讼分为选举争讼和当选诉讼两类。选举争讼指发生在选举进行过程中,对选举程序违法引起的选举效力的争讼。当选诉讼是建立在选举有效的前提下,选举委员会决定某人当选违法而对选举效力引起的诉讼。③

第三种观点从比较法的角度出发,认为选举诉讼的种类除了上述两种外,还有一种"选举人登记诉讼",并且对选举效力诉讼和当选诉讼(前面称为"当选效力诉讼")的界定与前述不尽相同。他们认为,选举效力诉讼是选举程序违法引起的选举是否部分或全部无效的争议,当选诉讼则以承认选举的有效性为前提,对候选人当选有效性的争议;选举效力诉讼的原告是选民或候选人,被告是管理选举的机关及其负责人,当选诉讼的原告仅为候选人,被告是管理选举的机关及其负责人和当选者。④ 认为应包括选举人登记诉讼的起因,主要是与选举资格的限制条件有关,如是否达到法定年龄等等,而这一环节是与选举过程和当选独立存在的,因此这一环节的诉讼也应独立存在。

第四种观点认为,选举诉讼分为广义的选举诉讼和当选诉讼两类。当选诉讼是指因某候选人资格不符,或当选票数不实,请求确认其当选无效的

---

① 杨祖功、顾俊礼:《西方政治制度比较》,世界知识出版社1992年版,第160页。
② 王玉明:《选举论》,第225页。
③ 伍华军:"选举诉讼体制比较研究",载《甘肃政法学院学报》2002年9月第3期。
④ 参见胡盛仪、陈小京、田穗生:《中外选举制度比较研究》,第237—239页。

第三章 选举权的救济机制

诉讼。广义的选举诉讼,是指因某地办理某项选举违背法律,请求确认选举无效的诉讼。①

第五种观点认为,依据所针对的选举内容对选举诉讼所作的分类,具体包括选民资格诉讼、候选人提名诉讼、选区划分诉讼、选举经费诉讼、计票诉讼、其他选举违法诉讼等;依据选举诉讼与选举效力的关系,选举诉讼具体可以分为与选举效力有关的诉讼及与选举效力无关的诉讼。②

第六种观点认为,选举诉讼分为刑事上的选举诉讼和民事上的选举诉讼两种。刑事上的选举诉讼是指要使妨害选举罢免的违法行为在刑事上得到应有的制裁,而依照刑事诉讼法的规定,按照普通刑事诉讼程序追诉处罚;民事上的选举罢免诉讼是指准用民事诉讼法所提起的诉讼。③

对于选举诉讼种类的确定或范围的厘定,笔者认为,选举种类的确定与分类标准有着密切联系,按照不同的分类标准可界分为不同种类。上述第一至第五种观点实际上都是以选举过程为标准的划分,由于选举是一个完整的过程,包括选民资格认定、候选人提名、选民登记、选民投票、选票计算以及选举结果的确认等阶段,在这些过程中都有可能发生争议和纠纷,把这些不同阶段作相应归类就有了不同的分类结果,而按照选举内容所作的上述分类其问题就在于没有作相应的归纳。

笔者赞同第三种观点,认为以选举的全过程为依据来确定选举诉讼的范围,具体说来主要包括三个部分,即选举人资格诉讼、选举效力诉讼和当选效力诉讼。至于第六种观点实际上是以争议性质或诉讼形式为标准所作的划分,笔者认为,选举争议的具体行为不仅会涉及到民事法律责任和刑事法律责任(如贿选、暴力威胁等等),因此,选举诉讼可能会涉及到行政诉讼、民事诉讼甚至是刑事诉讼,事实上,依据诉讼形式,选举诉讼可以分为选举民事诉讼、选举行政诉讼以及选举刑事诉讼,当然如果选举诉讼被法定为一种新的诉讼类型则又另当别论了。如前所述,选举诉讼要依靠各种诉讼手段来配合实现,按照我们这种大选举诉讼的界定,笔者以为,妨害选举的刑事诉讼作为一种更高层次的保障措施亦应属之。下文将有详细论述。

(二) 选举诉讼的种类

从比较法的角度看,因各国法律体系及具体制度的不同,各国往往对选

---

① 转引自杨临宏:"选举争诉制度比较研究",载《现代法学》1999 年第 3 期。
② 参见任端平:《选举争讼制度研究》,第 95—105 页。
③ 转引自杨临宏:"选举争诉制度比较研究",载《现代法学》1999 年第 3 期。

举诉讼作不同分类,如英国分为选举事务案件的裁判及选举诉讼案件的判决,美国则分为一般选举纠纷,议员选举纠纷及总统选举纠纷三种,法国分为地方选举诉讼案和国会选举诉讼案两种,日本则分为选举人名簿之争讼、选举效力之争讼及当选人违反选举法而提起的当选无效争讼三种。基于本书对选举诉讼的广义界定,关于选举诉讼的种类,依其涉及的内容可以分为:有关选举人资格的诉讼,有关选举效力的诉讼,当选无效之诉,妨害选举的刑事诉讼四种。这里对选举人资格诉讼、选举效力诉讼和当选效力诉讼、妨害选举的诉讼详述如下:

1. 选举人资格诉讼

又称选举人名册诉讼。选民只有经过登记列入选民名册后,其选举资格才获得法律上的确认。更为重要的是,只有列入选民名册的选民才有资格被提名为候选人。引起这方面争议,主要与选举资格的限制条件有关,如是否符合法定年龄、达到居住期限、存在丧失资格的重大法律问题等。对候选人名册的争议还涉及到是否已进行选民登记、已交纳保证金、提名程序是否合法等。

2. 选举效力诉讼

选举效力诉讼,又可称为选举无效诉讼,选举效力诉讼是由于在选举手续上出现差错或违法行为,因而对选举的部分效力以至全部效力提出质疑、发生争议而引发的诉讼。选举无效的要件包括两个部分:(1)违反选举法规定;(2)有影响选举结果变动之虞者。① 根据选举中的失误对最终的全局性结果或局部的结果失效对其进行区分,可分为全部无效的选举诉讼和部分无效的选举诉讼,分别指对选举的全部或部分效力发生争议时的诉讼。引起选举效力诉讼的主要原因,一是由非法剥夺或赋予选举权而引起;二是由选举管理方面的违法行为而引起。具体来说,包括选举人名册的确定、选举公告的发布、选举日期的安排、投票时间的确定、投票场所与票箱的布置、开票人与监票人的选择、选举票箱管理、投票记录与开票记录等与组织选举相关的各个环节是否符合法律的规定。此外,选区划分、应选议员名额的分配、竞选的组织、竞选的经费和行为、选举监察等,也会引起选举有效性的诉讼。

---

① 〔日〕林田和博:《选举法》(第六章),参见李鸿禧译:"选举争讼",载吴庚主编:《选举与政治参与》,台湾正中书局印行,第313页。

3. 当选诉讼

当选诉讼是以选举有效作为前提,对候选人当选的有效性提起的诉讼,又可称为当选效力诉讼或当选无效诉讼,指因当选人被选举资格不合法,或在竞选时有违法行为,或所得票数不合法,或所得票数不符合实际,经提起告诉,由法院判决当选人的当选不发生效力的一种选举诉讼形式。引起当选诉讼的情况有如下几种:一是决定当选的机构违法。通常由管理选举机构宣布当选名单,若该机构的产生、构成、任期或决定程序违法,则其当选名单的宣布也自然失去法律的有效性。二是选票计算违法。对有争议的选票的有效性的断定,将会影响相关候选人得票数的增加或减少,导致当选或落选。管理选举的机关对有争议选票如若产生违法的判断,即可引起选票计算违法,导致当选无效。三是当选人的资格认定违法。如某人被确定当选人后,发现其不具备候选人资格,或在选举日期后,候选人依法丧失选举权却成了当选人;在这两种情况下,当选资格相应消失,认定其当选则属于违法。四是管理选举机关的负责人受到违法指控,也会引发对当选人当选效力的指控。应当注意,当选无效之诉仅针对特定当选人,作出当选无效的裁决的效力不影响其他当选人,当选无效之诉的原告只能是未当选的候选人,选举人不能成为原告,其被告则是当选人和各种选举管理委员会及其负责人。

4. 妨害选举的刑事诉讼

主要有如下三种:(1)指依选举法规定,对用暴力、威胁、欺骗、贿赂等非法手段破坏选举或者妨害选民自由行使选举权的违法行为可以提起刑事诉讼;(2)对伪造选举文件,虚报选举票数或有其他违法行为的,可以提起刑事诉讼;(3)对于控告、检举选举中违法行为的人,或者对于提出要求罢免代表的人进行压制、报复的违法行为,可以提出刑事诉讼。有学者对各国法律关于选举犯罪的设定进行了深入考察,认为主要包括以下几种:妨害选举自由的犯罪、妨害选举秘密的犯罪、妨害选举公正方面的犯罪、选举经费方面的犯罪、破坏选举秩序罪;并且指出选举犯罪基于公诉与自诉相分离的理论只能由检察机关提起公诉。[①]

在我国现行法律制度中,选举诉讼与以上所述有较大不同,只有选民资格诉讼和破坏选举的刑事诉讼两大类。选民资格诉讼是根据《民事诉讼法》第十五章关于"特别程序"的规定而引发的一类诉讼,选举的刑事诉讼是根

---

① 任端平:《选举争讼制度研究》,第106—113页。

据《刑法》第 256 条的规定而引发的一类诉讼。虽然也有人认为中国存在选举诉讼制度,并列出三种具体的诉讼类型。① 我国当代的选举实践中没有严格的选举诉讼制度,全国人大常委会组织编写的《中国的选举制度与操作程序》中即没有选举诉讼制度的专门论述,但坦率地讲,我国目前尚未建立起真正意义的选举诉讼制度,因而,对选举权进行救济的司法途径或手段是非常有限的,这也为我国选举诉讼制度的建构提出了一个必然性要求。

五、选举诉讼的模式

(一) 模式概说

如前所述,各国在解决选举纠纷的理论和制度主要有政治主义和法律主义两种主张。相应地,对于选举诉讼的处理,西方国家存在三种倾向:一种观点认为应从政治角度处理,因而议会要在选举诉讼中承担审判职能;另一种观点认为选举引发的争议应依法裁判,因而应由司法机关承担审判职能;更多情况下,西方各国往往采取折中的做法。② 美国是采政治主义的典型国家,美国宪法第 5 条第 5 款即有关于"两院是本院议员的选举、选举结果报告和资格的裁判者"的规定;英国是采用法律主义模式的典型国家;而法国则采取了折中的做法,该国地方选举引起的诉讼由司法机关的行政法庭管辖,而国家议会引起的诉讼则由议会自行处理。③ 我国有学者则认为,选举诉讼的实质内容是政治性的,但这种政治性的问题是由法律加以规范的,并且应该以法律规定的内在程序加以贯彻和解决,政治性与法律性一为实质内容、一为程序规范,二者相辅相成、密不可分;选举诉讼很难以单一的一种手段,经常是靠各种手段相互配合来实现的。④ 本书赞同这样的观点。

在选举中出现的争议和诉讼,各国处理的机构与方式,或者说选举诉讼的模式实际上可以分为两类:一是选举过程中的诉讼管辖机关,二是选举结果公布以后的诉讼管辖机关。从选举纠纷发生的阶段来看,发生在选举进行过程中的诉讼,世界各国一般都由普通法院管辖,少数设有行政法院的国家由行政法院管辖。而发生在选举结果宣布后的诉讼,涉及到当选者的合法性,管辖权较为复杂,一般认为,选举结果公布以后的诉讼管辖机关可以

---

① 详见胡盛仪、陈小京、田穗生:《中外选举制度比较研究》,第 242—245 页,但这种出于比较需要而得出的结果显得比较牵强。
② 同上书,第 239 页。
③ 郑全咸:《资本主义国家宪法论》,科学技术文献出版社 1994 年版,第 209 页。
④ 王玉明:《选举论》,第 227 页。

分为代议机关管辖、普通法院管辖和宪法法院管辖。关于选举结果公布以后的诉讼管辖机关,有学者提出了不同意见,认为从各国的宪法和其他有关法律来看,将选举诉讼分为代议机关管辖、普通法院管辖和宪法法院管辖三类还很不够,起码还应增加两类,即选举委员会管辖和专门的选举法院管辖或选举法庭管辖。[①] 有的学者还进一步指出,在各国的选举诉讼中,行使选举裁判权的机关往往不是单一性的,而是由不同的选举裁判机关分享的,比如现在法国的选举裁判权,在地方选举中由地方行政法院管辖,不服地方行政法院裁决的,可以向中央行政法院上诉,国会议员的选举裁判权则由国会自行行使,宪法委员会在发生选举争议的情况下有权就国民议会议员和参议员选举的合法性作出裁决。[②]

大多数国家将选举纠纷和争议交由司法机关解决,据各国议会联盟1985年对83个国家的调查,各国的选举争执交由法院解决的有38个,交由特别的司法机构解决的有7个,总和在半数以上[③];这可能暗示着法律主义的选举诉讼性质获更大认同,亦表明了司法机关的中立性质在解决选举诉讼上的天然优势,而代议机关的管辖或选举组织机构的管辖则易于给人一种"自己做自己案件法官"的印象,从而违反了自然正义的原则,比如,选举人登记诉讼由选举组织机构管辖,显然是不妥当的。另外,从理论上看,西方许多国家采用地方自治的体制,地方选举与全国选举属于不同体系。选举人资格诉讼基本上由地方管理选举的机关处理,或向司法机关提起诉讼;选举效力诉讼和当选效力诉讼,大都由司法机关管辖,或由国家特定机关处理。[④]

(二) 裁判机关

全国选举中出现的争议与诉讼,由于各国的宪政实践不同,每个国家所确定的管辖选举诉讼的机关也不相同,如前所述有代议机关、普通法院、宪法法院或宪法委员会、选举法院或选举委员会管辖等种类,这些机关归纳起来具体如下:

---

① 参见李步云主编:《宪法比较研究》,第692页。
② 参见王玉明:《选举论》,第227—228页。
③ 参见湖北省社科院政治学所编译:《各国议会制度概况》,吉林人民出版社1991年版,第27页。
④ 何华辉:《比较宪法学》,武汉大学出版社1988年版,第168页。

1. 美国式的代议机关管辖

代议机关管辖是将议员、人民代表当选的合法性诉讼由代议机关自行管辖,这一模式起源于法国。在法国大革命时期召开三级会议之际,就选举审查权限是否应当属于三级会议问题,既争议不已。1789 年 6 月法国国王路易十六宣布承认议会有选举审查权,有关事项由议会的多数决定之,唯有在各级议会中有三分之二以上议员反对三级议会的决议,该当事项移交国王,由国王进行最后裁决。这一原则,经由 1831 年的《法国组织法》等法律得到确认。现在这一做法盛行于将选举争讼看作是政治问题的国家,如美国、德国、蒙古、朝鲜、荷兰、卢森堡、澳大利亚等国。例如《美国宪法》第 1 条第 5 款中明确规定"参、众两院应各自审查本院的选举、选举结果和本院议员的资格",议会的参、众两院分别是本院选举诉讼的裁判机构。《荷兰宪法》规定,议会参、众两院应审查其新当选议员的证书,并依照议会法令所定之规则,对证书或选举所产生的争议事项作出裁决。冰岛和丹麦两国《宪法》规定基本相同:议员当选是否合法,议员是否丧失资格,由议会自行裁决。① 对于代议机关管辖选举诉讼案件的优劣,学者们基本上具有共识:在政党政治十分发达的今天,代议机关一般都由一个多数党或政党联盟控制,议会对议员资格的审定常偏袒议会中多数党或政党联盟,以致产生不公正现象;因此,由代议机关解决选举诉讼,存在比较明显的缺陷。

2. 英国式的普通法院管辖

法律主义者认为,选举是一项依法进行的活动,司法机关的介入是解决争议的重要手段。因此,议员当选等选举的合法性诉讼由司法机关处理。目前采用这种管辖方式的国家很少,英国是典型代表,其他国家还有西班牙、斯里兰卡、瑞士、菲律宾等等。英国立宪初期即由议会自行处理议员资格的争讼。后经多次改革,从 1866 年 8 月颁布《选举审查法》后才确立了普通法院管辖制,1868 年的《议会选举法》又进一步予以完善。现在英国的选举诉讼,依据普通司法程序审理;如果对裁决不服,可以向高等法院甚至是最高法院上诉。

3. 法德式的宪法委员会或宪法法院管辖

各国都有承担违宪审查等宪法监督职能的机关,它们的名称不完全相同,如宪法法院、最高宪法法院、宪法法庭、宪法委员会等等,选举诉讼也是这些机关的重要管辖事项。采取这一管辖方式的国家主要有法国、奥地利、

---

① 参见伍华军:"选举诉讼体制比较研究",载《甘肃政法学院学报》2002 年 9 月第 3 期。

德国、伊朗、叙利亚、希腊、也门、马耳他等等。法国是由宪法委员会管辖选举诉讼,现行的《法兰西第五共和国宪法》第 58 条规定:"宪法委员会监督共和国总统选举的合法性。宪法委员会审查申诉,并且公布投票的结果。"第 59 条规定:"在发生争议的情况下,宪法委员会就国民议会议员和参议员选举的合法性作出裁决。"第 60 条规定:"宪法委员会监督公民投票程序的合法性,并且公布其结果。"法国现行的管辖方式也是由代议机关管辖转化而来的。德国在《基本法》第 41 条中规定了联邦议院享有选举的审查权,并对某一代表是否丧失联邦议院议席作出决定;《德国联邦宪法法院法》第 13 条第 3 款规定了宪法法院"关于对联邦议院就选举的效力或就丧失联邦议院议员资格的决议所提起的诉愿案"的管辖权,同时在第 48 条进行了详细规定,主要审查选举的程序、议员席位分配的合法性以及选举实质的正确性和选举形式的合法性等问题。① 同时,德国实行联邦制,各州的宪法法院也受理本州议会议员选举所产生的纠纷。如根据《汉堡州宪法》规定,在汉堡的州议会选举之后,汉堡州议会对于选举的有效性作出认定。议员是否丧失议会成员资格事项,也由州议会作出决议认定。② 对于州议会作出的这些决议不服的,相关人可以向汉堡宪法法院提起诉讼。③

这种管辖模式,有着诉讼制度严密、选举监督有力和选举诉讼管辖全面等优点;与代议机关管辖相比,这种管辖方式能够有效排除选举活动中的违法行为和不公正性。

4. 选举法院、选举委员会等专设机关管辖

第一,选举法院管辖。选举法院是依照宪法和有关选举的法律监督选举,负责选举诉讼的专门法院。设立这种法院的国家为数不多,在各国有选举法庭、选举法院以及选政法院等不同的称呼。这种模式对于选举的监督作用也比较全面,它们与选举委员会的关系紧密,在一些国家中二者的工作基本上合为一体,巴西、巴拿马、玻利维亚、尼泊尔、巴基斯坦等国都由选举法院负责管辖选举诉讼。④ 例如《巴基斯坦宪法》规定,选举诉讼由选举法院负责管辖,选举法庭由选举委员会任命的法官组成。根据《厄瓜多尔宪法》,选举诉讼的管辖权属于最高选举法庭。根据《乌拉圭宪法》规定,选举

---

① 参见刘兆兴:《德国联邦宪法法院总论》,法律出版社 1998 年版,第 243、331、342 页。
② 汉堡《宪法》第 92 条第 1 款。
③ 汉堡《宪法》第 92 条第 2 款。
④ 参见杨临宏:"选举争讼制度比较研究",载《现代法学》1999 年第 3 期。

诉讼由选举法院管辖,一切有关选举的争议都由选举法院负责裁决。

第二,选举委员会管辖。选举委员会一般是每个国家都设立的,负责组织、管理和领导选举工作的专门机关。它在许多国家都是常设机关,名称也有多种,如选举管理委员会、选举检查委员会等等。并不是每个国家的选举委员会都拥有选举诉讼的管辖权,瑞典、土耳其、秘鲁等国家是一些典型代表。① 例如,瑞典王国宪法性文件《政府组织法》第 11 条规定:"对议会选举的争讼由议会任命的选举检查委员会受理。……选举检查委员会由一名主席和六名委员组成。……对选举检查委员会的裁决不得上诉。"《孟加拉国宪法》规定,选举委员会审理并裁决国会议员在当选后是否具有本宪法所规定的议员资格的争议,或者国会议员的席位是否空缺而应依法增补的争议。选举委员会的裁决是最终裁决,不得上告;议会得以法律的形式,为选举委员会行使上述职权作出规定。通过各国对选举委员会选举诉讼管辖的规定,可以看出该管辖方式也是比较严密的。

第三,行政法院管辖。在法国,关于选举争讼的立法中,区分为地方选举争讼与议员选举争讼两类。关于地方选举的争讼,由地方行政法院管辖,对地方行政法院的裁决不服者,有权向中央行政法院上诉,由中央行政法院审理。

5. 复合管辖

目前实行的选举诉讼管辖模式中,许多国家都是一种复合型管辖模式,即多个机关进行管辖。日本是复合型管辖模式代表,其代议机关和司法机关对选举争议都具有管辖权。② 现行《日本宪法》第 55 条规定:"两议院各自裁判有关议员资格的争议。但撤销议员资格,必须由出席议员 2/3 以上多数作出决议。"在日本,由司法机关管辖的选举诉讼可以分为有关选举人名册的诉讼、选举诉讼和当选诉讼三种基本类型。选举人名册的诉讼是指选举人对选举名册的记录不服时,可以向该市的町村管理委员会提出异议,如对其答复不服时可以向地方法院起诉;如对地方法院的判决不服,还可以向最高法院上诉。选举诉讼是指选举人或者公职候选人员对地方公共团体议员及公职人员选举的效力不服时,有权向该市町村的选举委员会提出异议,如对其决定不服有权向各都道府县的选举管理委员会要求审查;如果对其裁决仍不服者,可以向高等法院提起诉讼。如果选举人或公职候选人员

---

① 参见伍华军:"选举诉讼体制比较研究",载《甘肃政法学院学报》2002 年 9 月第 3 期。
② 同上。

对众议院议员、参议院议员的选举效力有异议时,得向高等法院提起诉讼。当选诉讼则是选举人或候选人对于地方公共团体议会议员及首长选举的当选效力不服者向高等法院提起诉讼。

六、选举诉讼的体制——普通法系国家

(一) 英国

英国是世界上最早实行议会制度的国家之一,被称为现代议会之母。与发达的现代议会制度相适应,它的选举制度的规定也较完备,值得借鉴。

1. 有关选举诉讼的法律制度。主要有1883年的《腐化行为法》(The Corruption Practices, 1883), 1884年的《选举权法》(The Franchise Act, 1884)以及1918年、1948年、1969年三个《人民代表法》(The Representation of the People Act), 1928年的《平等选举权法》(The Equal Franchise Act in 1928)及1945年的《人民代表法》等。

2. 选举诉讼的裁判机关。英国的选举诉讼最早由议会行使裁判权,自1969年《人民代表法》开始,选举诉讼的管辖权由下院移至法院。通常先将有关选举争议向选举官提出,对选举官裁定不服者,则向法院提出诉愿。当然,从英国习惯法上看,议院也可以对王座法庭的判决作无效裁判,并自行审理,但实际上议院从未有行使此项权力的实例。

3. 有权提起诉讼的主体与选举诉讼的诉因。任何人对于选举官员就候选人名单效力的判定,就签署人是否为本区选民的判定,以及就计票时对可疑的选票的判定等,均可提起诉讼。英国法上提起选举诉讼的诉因包括两类,即选举事务案件的裁定及选举诉讼案件的判决。具体而言,有贿赂、伪造选票、招待选民等行为,候选人或代理人有违法或舞弊行为,候选人资格不实,未经合法多数当选,选举结果受普遍不合法行为的影响等。

4. 对选举违法行为的制裁。英国规定,违法选举行为如为当选人或其代理人主动所为,或为其所知而不举报,则此项选举可被宣告为无效,同时也可以剥夺其特定的选举权。违法选举行为系由候选人的代理人所为,则该候选人在3年内不得当选为议员。法院如认定系候选人自行违法选举行为,或由他人所犯,为其所知而不举报,或曾得其同意,则该候选人终身不能当选为议员,并且在5年或7年内不能参加选举。如果违法选举行为系由候选人的代理人所为,则在3年内不得当选为议员。[①]

---

① 参见程洁:《宪政精义:法治下的开放政府》,第109—110页。

（二）美国

1. 有关选举诉讼的法律制度。美国是联邦制国家，在"双重主权"的理念之下，选举立法既在联邦又在各州的权限范围内。选举权作为宪法性政治权利，除了在《美国宪法》修正案第 1 条、第 5 条、第 14 条有所规定外，随着联邦权利的扩大，还进一步通过国会选举立法形成一个完整的选举法体系。例如美国 1965 年《选举权法》（Voting Rights Act, 1965）等，这些立法与联邦最高法院的判例解释一起，成为美国选举诉讼的法律依据。所以说美国与英国虽然同为普通法系国家，但其选举诉讼制度却多有不同。

2. 有权提起选举诉讼的主体与选举诉讼的裁判机关。在美国，任何选民或候选人均可提起选举诉讼。对一般选举事务或选举权提出的异议，须以书面叙述事实，在一定时间内向选举机关提出。选举机关接到异议请求后，应在一定时间解决，否则，应在法定时间内移送法院审理。美国宪法及有关国会的立法还规定，各议院自行审查各该院的议员的选举、选举结果的报告以及议员的资格。[1]

3. 选举诉讼的诉因。美国可提起选举诉讼原因范围极广，以美国国会图书馆所编纂之《选举判例法》（Election Case Law）看，内容涉及选举人及候选人的资格、选举经费，有关不正当选举活动，有关选区划分、选举登记、政党选举、初选、公务员参与选举活动，以及 1965 年《选举权法》（Voting Rights Act, 1965）后发生的选举问题等等。应当注意，美国选举法对公司（法人）参与政治选举活动规范极严，其目的主要在于防止特殊利益集团垄断与操纵政治活动。此外，由联邦最高法院所受理的选举诉讼案，大多涉及是否违宪的问题，从《宪法》（主要是修正案第 1 条、第 5 条及第 14 条）上对选举个案进行审查，目的在于追求民主与法治的均衡发展，从而这也构成了美国选举诉讼的特色。

4. 对违法选举行为的制裁。其制裁方式主要有宣布选举无效，处罚金或监禁，或并罚。具体来说，美国法律规定：(1) 候选人如交换政治支持，与他人约定任用于公私职位者，应处 1 千元以下罚金或 1 年以下监禁，或并罚，如果出于故意，则应处 1 万元以下罚金或 2 年以下监禁，或并罚；(2) 国会议员或议员候选人从联邦职员或官员接受或引诱政治捐献者，得处罚 5 千元以下罚金或 3 年以内监禁，或并罚；(3) 已经或企图干涉、胁迫、强制他人投票者，得处罚 1 千元罚款或 1 年以下监禁，或并罚；(4) 以金钱影响投

---

[1] 具体可参见《美国法典·国会》第 12 条。

票或以金钱引诱或给予选民者,应处1千元以下罚金或1年以下监禁,或并罚,如是出于故意,得处1万元以下罚款或2年以下监禁,或并罚;(5)利用联邦救济基金或公共工作支出金干涉,或强制他人行使其投票权者,处1千元以下罚金或1年以下监禁,或并罚;(6)以种族、信仰、肤色或以政治活动为理由,剥夺或威胁他人职位、来自联邦的救济或工作救济金的,处1千元以下罚金或1年以下监禁,或并罚;(7)在联邦大楼引诱或领取捐献者,或为获取政治捐献而强迫联邦官员、职员或国会议员者,处5千元以下罚金或3年以下监禁,或并罚。①

七、选举诉讼的体制——大陆法系国家

(一)日本

1. 选举争讼的种类。依日本现行《公职选举法》,选举争讼包括异议、诉愿及诉讼三种。选举争讼又分为四种,除了选举人名册之争讼、选举无效之争讼、当选无效之争讼三种常见类型外,还有一种特殊的类型,是因选举运动主持人或出纳负责人犯选举罪;应判该当选人当选无效而未为此判定时之当选无效之争讼。对国会议员的选举诉讼,则又可分为选举诉讼(对选举效力的诉讼)与当选诉讼(在选举本身有效的前提下,对人的当选效力之诉)。

2. 提起选举诉讼的主体。有关选举效力的诉讼,选区内任何选举人或公职候选人均可提起,选举人不限于在该选区内投过票的人,也不限于已被列入选民名册者,只要在选举日实质上已具有选举权的人,均可提出。有关当选效力的诉讼的提起,只有未当选的候选人才能提起诉讼,做了一定限制。

3. 选举争讼的裁判机关及相关程序。在日本旧制中,关于众议院议员选举或当选效力之诉讼,是一审终审制,属于大审院②,其后修正为二审制,最高裁判所仅受理上诉案;贵族院的选举争讼则由该院自行判决(《贵族院令》第9条)。在现行体制中,对公职人员的选举争讼以及有关选举人名册的争讼,应先向市町村选举管理委员会提出异议,如不服其决定,再向地方法院提起诉讼。如不服其判决,得向最高裁判所提起上诉。③ 关于市町村选

---

① 参见王玉明:《选举论》,第233—234页。
② 《日本众议院议员选举法》第82条。
③ 《日本公职选举法》第24条。

举地方公共团体的议员及长官的选举争讼，应先向都道府县选举管理委员会提出异议，如不服其决定，再向都道府县选举管理委员会提起诉愿，如不服其裁决，方可向高等裁判所提起诉讼。关于都道府县地方上共同体的议会议员及长官的选举争讼，应先向都道府县选举管理委员会提出异议，如不服其决定，方可向高等裁判所提起诉讼。关于众议院及参议院议员选举之争讼，及其他各种选举因当选人之选举运动主持人或其出纳负责人犯选举罪而应为当选无效之诉，均直接向高等裁判所提起诉讼，各该选举运动主持人或出纳负责人犯选举罪经处刑，有应当选无效者，应经判定始依《公职选举法》第251条第2款的规定。检察官认为该当选人的当选应为无效，则得以该当选人为被告，自其裁判确定之日起30日内，向高等裁判所提起诉讼，并可提起上诉直至最高裁判所。

4. 对违法选举行为的制裁。日本对违法选举行为的制裁规定得十分具体，具体如下：(1) 以财物等贿赂选举人者，处3年以下徒刑或监禁，或5万日元以下罚金；(2) 接受及要求利益而承诺其要求者，处罚与(1)同；(3) 办理选举事务的人员、公共委员会委员及警察、候选人、选举运动总负责人及出纳负责人有(1)、(2)行为者，处4年以下徒刑或监禁或7万5千日元以下罚金；(4) 收买利诱候选人及当选人而犯罪者，处4年以下徒刑或监禁或7万5千日元以下罚金；(5) 候选人贿赂报纸杂志，报纸杂志接受或要求候选人的贿赂，而使报纸杂志刊载有关选举的报道及评论时，报纸杂志的有关人员，处5年以下徒刑或监禁，候选人、选举活动总负责人或出纳负责人处6年以下徒刑或监禁；(6) 以暴力威胁选民、候选人、助选人或当选人，或以其他不正当方法妨害选举自由者，处4年以下徒刑或监禁或7万5千日元以下罚金；(7) 投票或开票时，无正当理由干涉选民投票者，处1年以下监禁或1万5千日元以下罚金；(8) 违法开启投票箱或取出箱中选票者，处三年以下有期徒刑、监禁或5万日元以下罚金；(9) 选举工作人员要求选民说明所欲投票或已经投票的被选举人姓名者，处6月以下监禁或7千5百日元以下罚金，如选举人员泄露选民所投被选举人姓名者，处2年以下监禁或2万5千日元以下罚金；(10) 骚扰投开票所，或扣留、毁损、夺取投票箱、选票或其他有关文件者，处4年以下徒刑或监禁，对选举工作人员施行威胁、暴行者，也处以同样刑罚；(11) 聚众犯前项罪者，对首谋处1年以上7年以下徒刑或监禁，对指挥或率领他人助威者处6个月至5年以下徒刑或监禁，附和者处2千5百日元以下罚金；(12) 携带枪弹、刀剑、棍棒进入投开票所者，处3年以下监禁或5万日元以下罚金。对于上述行为及处罚，可视情况并处停止选举权和被选举权。① 以上所说的为选举的刑事犯罪及其处罚,此外,日本对于选举的行政犯罪,例如,不准散发宣传品而散发者,或不准举办演讲会而举办者等的处罚规定也十分详细。

(二) 法国

1. 法国的选举诉讼制度

(1) 有权提起选举诉讼的主体。省长、选民、候选人、议员等都可以向地方行政法院提起选举诉讼,并可向中央行政法院上诉。凡在选区选民名单上登记的选民及曾提出候选声明的人,均有权就该选区当选议员的合法性向宪法委员会提起诉讼。

(2) 选举诉讼的裁判机关。根据《法兰西第四共和国宪法》的规定,议员的当选资格及选举的合法性由议会两院各自审查,1958年第五共和国成立以后,设立了集监察与审理诉讼职能于一身的宪法委员会。现在,法国的选举裁判权,在地方选举中由地方行政法院管辖,不服地方行政法院裁决的,还可以向中央行政法院上诉,在发生争议时,宪法委员会就议员和参议员选举的合法性作出裁决。同时,依法国《宪法委员会法》第7条、第58条及第59条,宪法委员会有权对共和国总统、民选代表及参议员之选举进行监察。

(3) 选举诉讼的诉因。法国是大陆法系国家,法律有公私法之分,该国在理论与司法实践中都将选举诉讼归入公法诉讼一类,并专设行政法院及宪法委员会为救济机关,这与英美将之笼统地交由普通法院裁判有所区别。在法国,提起选举诉讼的诉因分为对选举权的争讼、选举无效之诉、当选无效之诉、妨害选举的诉讼以及选举舞弊等。②

(4) 对违法选举行为的制裁。法国的违法选举行为主要有贿选、接受贿选、以暴力操纵或企图操纵选举以及公务员在选举中的违法行为。具体来说,法国法律规定:(a) 操纵他人或多数选民投票,以金钱或物品进行赠与,以公私职位或其他个人利益进行利诱或交换,不论是选票的直接取得、还是企图获得选票者,得处3个月至2年的监禁,以及5百元至5千法郎的罚金;(b) 用上述方法唆使1人或多人放弃投票者,处与(a)同;(c) 凡接受或请求(a)中的赠与、职位或利益者,处与(a)同;(d) 用暴力威胁选民的职位、家庭或财产,唆使或企图使其放弃投票、操纵或企图操纵其投票者,

---

① 参见王玉明:《选举论》,第235—236页。
② 参见程洁:《宪政精义:法治下的开放政府》,第112—113页。

得处1月至2月的监禁以及200元至5000法郎的罚金;(e)操纵选举团体或选举团体的一部分,得处2个月至两年的监禁,以及500法郎至5000法郎的罚金。上述行为如为公务员所为,则加倍处罚。

2. 宪法委员会与选举诉讼①

(1)宪法委员会与总统选举。

1958年《法国宪法》第58条规定:"宪法委员会监督共和国总统选举的合法性。宪法委员会审查争议事项并公布投票结果。"根据宪法和组织法及有关公民投票的法令,宪法委员会可在选举活动事前、事中和事后进行干预。具体运行情况是:在事前,宪法委员会接受所有与选举组织文件有关的咨询。而对选举运作过程的监督则是由专门为此成立一个特别委员会来承担,宪法委员会的主要工作是审查候选人资格的合法性,列出候选人名单。在投票过程中,在取得政府同意的前提下,宪法委员会将派出专门选出的监票人巡视各地,监票人来自行政法院或司法系统的法官。投票完毕后,宪法委员会汇总来自各地(省和海外省)专员的统计的报告,由其对投票诉讼进行审查,并公布投票结果。

宪法委员会对这两个职能的理解是有节制的。事实上,宪法委员会认为,如果就《法国宪法》第58条要求其"监督共和国总统选举的合法性",那么它就应该在此界限内行事。除可以提前确定候选人名单外,如果有人向其提出有关投票的申诉,宪法委员会也只能对选举活动实施事后制裁。同时,事先宪法委员会还得提请有关方面关注此案。事实上宪法委员会很难取消哪怕是不合规则的总统选举的结果,因为在内政部公布了选举结果之后,法国人已经知道这位新当选人是谁了。这就是为什么在1981年宪法委员会自认为其不能审理由 M. 克里芬(Krivine)提出的抗议负责准备选票的行政机关在介绍竞选人时的行为。当然,对其职能进行更宽泛的解释可能会使宪法委员会更能在选举全程中监督该过程中出现的非法不当行为。宪法委员会对此已经采取了某些预备性措施,以充分监督议会选举。就总统选举而言,宪法委员会已经公布了其对总统选举制不完善之处的看法。这些意见已反映在1976年宪法修正案和相关实施性文件之中。

(2)宪法委员会在立法选举中的职权范围及其限制。

1958年《法国宪法》第59条规定:"在发生争议的情况下,宪法委员会

---

① 本节的写作部分参考了朱国斌:"法国的宪法监督与宪法诉讼制度:法国宪法第七章解析",载《比较法研究》1996年第3期。

就议员和参议员选举的合法性作出裁决。"1958年组织法和宪法委员会自己通过的程序规则对此进行了补充。这一规定结束了法国历史上之三级会议以来的一种传统,即由议会自己来审查成员的合法性和资格。这一创新性措施的制定是出于对议会滥用权力(主要是国民议会)的制约,因为议会经常从政治意义上而非从最基本的法律原则出发来作出决定。如1956年,多名"布热德运动分子"(即"保障小商人和手工业者联盟")的当选被宣布为无效,而并没有确实的法律依据。在实行比例代表制时,许多当选者因为政治原因而被视为无效。

根据法国司法机关的分工,行政法院有权受理市镇和省议员选举申诉事务。为什么没有将受理立法选举案这一职能也赋予行政法院呢?因为,尽管市镇和省议会这两种选举都具有政治性质,但人们仍称之为行政选举,由此产生的问题因而也就归属于行政诉讼范畴。而立法选举,共和国总统选举和全民公决习惯上被称之为政治选举,也因之不受行政法官的审理。特别是,每当回忆起拿破仑时代处处受制的情形时,议会很难接受来自最高行政法院的监督。

1958年《法国宪法》赋予了宪法委员会就议员和参议员选举的合法性作出裁决的职权。在监督立法选举方面,宪法委员会的干预一般发生在选举完成之后。与关于总统选举和全民公决的规则不同,委员会不进行事前干预。此外,这种职权的行使也必须接受某些限制。具体如下:

第一,宪法委员会只在"发生争议的情况下"才进行干预。相反,在以前的体制之下,每个议会都有全权审查所有的选举活动。

第二,只能由一位选民或一位已经作候选准备的人向委员会提出这种申诉请求。"选民"在此是指在选区内的选举册上登记的人。在进行参议院议员选举时,这个条件不仅符合参加投票的选举人团,也符合相关省的选举人,因为参议员至少间接地代表了这些人。"已经作候选准备的人"不仅是指那些其候选资格已被登记在册的人,而且也包括那些其候选人资格遭拒绝的人,并因为如此,他才可以就其被拒提出质疑。

第三,委员会只受理直接提交到其秘书处或省长(在海外省力海外领地首脑)那里,但不是国民议会那里的诉状;它只受理在《法国组织法》第33条规定的期限内收到的诉状,该期限为选举结果公布后的10日内。

第四,委员会只对与国民议会议员或参议员的选举有争议的质疑有管辖权。实际上,可能有以下几种不同情况出现:(1)欧洲议会议员的选举诉讼由最高行政法院受理。(2)如果第二轮投票已经完成的话,争议不能只限于第一轮投票的结果。但是,在争议第二轮投票的不合法性时,必然也得检查第一轮投票的合法性。(3) 委员会的职能并不包括如何解决某候选人选举费用补贴的困难。就此而言,委员会的判例正在发展之中,委员会曾几次被候选人要求受理重新计票,而对选举结果本身并无争议。因为一旦某候选人的得票超过总投票的5%的话,他就可以收到一笔来自国库对选举费用的补贴。事实上,委员会已经几次直接简单地拒绝了这种请求。(4) 委员会无权审查反对任命某候补议员代替议员出席议会这种争议,当该正式议员被任命为部长时。

第五,委员会只能根据原诉状提出的或在申诉期限内提出的申诉作出决定。

第六,在以上限制内,委员会仍可以检讨所有与选举前有关活动的不合法性,即使这些活动同样构成其他诉讼的对象。比如说,普通司法机关负责选民的登记,它可以取消这些名单。候选人登记属于行政法院的职权范围。而宪法委员会则可以受理不服行政法院关于选举判决的上诉。

(3) 宪法委员会与立法选举诉讼。

根据组织法,上诉于宪法委员会并不自然导致中断效应,某位在选举过程受到质疑的议员仍可以像其他议员一样出席议会,享有应有的权利,直到取消其资格的决定向议会宣布时为止。宪法委员会可以撤销一次选举,或修改由选举统计委员会作出的声明而另行宣布按规定当选的候选人。但它从来没有将这种可能性付诸实践。撤销一次选举意味着部分选举需在3个月内进行,而在国民议会权力完结前的一年内和参议院新一轮部分选举进行前的一年内,任何部分选举都不能进行。

宪法委员会职能的司法审判性质要求其根据申诉人和选举争议当事人双方互相平等的原则来组织一种抗辩性程序。每方均可以要求律师作为代表出席这种书面程序,因为委员会不允许双方在它前面进行口头对辩。根据《法国组织法》第37条规定,将任命一名委员会成员作为报告人来审理申诉(但这从来未发生过),或由一名副报告人负责;该副报告人往往是从最高行政法院的审查官或审计院的审核官中选择,但他没有表决权。预审之后,将要求三位成员组成的小组起草一份决议案,而这三位成员由抽签产生,并且一定必须包括来自不同任命途径的成员各一名,最后决定由全体会议作出。

宪法委员会可以以两种形式来设计它的角色,即宪法委员会可以选择作为一个严格意义上的法官,审查选举的合程序性和合乎道德性,撤销任何违背选举法的选举。但宪法委员会宁可作另一选择,即作为审判选举结果"可靠性"的法官。也就是说,只有在某种不合程序的行为对选举结果造成某种影响时,宪法委员会才撤销此次选举。问题很明显,选举法典中大量的条文均没有惩戒性条款使之执行,因而它也就成了一纸空文。这特别是表现在选举宣传战的过分行为方面。比如,一个来自压倒性多数派的候选人会在选举前就宣布自己已经当选了。这种思维方式在宪法委员会的判例中得到了明显的体现。

角色设计的局限性影响到实践的有效性。从1958年到1982年期间,宪法委员会只撤销29个国民议会议员和一个参议员的当选资格。在此期间一共进行了5000次选举,但它只作出过599次决定。在一次选举中被宣布为失去当选资格的议员可以再次当选。这也说明了为什么宪法委员会行事如此谨慎。因为一旦这位议员被重新当选了,宪法委员会认为这是对其决定的一种否定。在国民议会选举方面,宪法委员会自认为它是执行监督的主要机关。它认为可以受理针对规定选举活动和准备活动的法令提出的申诉。宪法委员会认为,根据《法国宪法》第59条,这种干预是绝对必要的;对它来说,完成这一使命本身就意味着它拥有完成它的必要的权力。

这种情况可以引出以下两点看法。其一,宪法委员会自己使之成为接受"滥用权力上诉"、而非一般选举上诉的法官。这也解释了为什么在宪法委员会的决定里并不出现参加审理这些案件的委员的名字,而在选举与诉讼中这种提名是必不可少的。其二,这种职能也具有例外特性。最高行政法院自己宣布它无权接受"滥用权力上诉",这一事实也说明了这点。随后,宪法委员会自己也为这种例外职权规定了权限,比如,宪法委员会认为它不能受理一针对关于组织海外法国人高级委员会的法令的控告,该委员会和参议院共同指定由谁在参议院代表这些法国人。

(4)宪法委员会与公民投票。

1958年《法国宪法》第60条规定:"宪法委员会监督公民投票的合法性,并公布其结果。"根据各有关文件,宪法委员会可在选举行为发生之前、之中和之后进行干预。在投票之前,宪法委员会就"全民公决的组织运行发表意见,它亦可对有资格运用官方宣传手段的组织机构的目录表明看法"。事实上,宪法委员会要对所有与全民公决的组织有关的文件提出咨询意见,政府代表也要来向它汇报如何保证这些文件的执行。宪法委员会的这种活动是"纯粹咨询性的"。在投票过程中,在取得政府的同意下,宪法委员会可以从行政法官和普通法官中选出代表,派到现场监督投票活动。在投票之后，宪法委员会集中由各省或海外领地委员会提交报告。宪法委员会对各种抗议进行最后审理，并宣布投票结果。如果有不合法行为发生，宪法委员会可以或维持选举行为和结果，或宣布全部或部分取消选举。

宪法委员会对它的职能作了有限的解释。宪法委员会认为，《法国组织法》第 46 条和第 47 条规定承认的咨询职能不允许它独自作出决定，只有在第 50 条指定的抗议是针对全民公决的结果时它才可以审理。宪法委员会前委员吕歇教授认为，对此作较为宽泛的解释可以使之更好地履行《法国宪法》第 60 条赋予宪法委员会的"监督全民公决投票过程的合法性"这一使命。特别是，宪法委员会应该在整个宣传鼓动战中对各种不合规定的措施和行为提出反对意见。根据这种精神，宪法委员会应该向公共舆论说明真相，如果宪法委员会认为这是惟一能保证其充分履行这一职责的话。

（三）德国

1. 联邦议会选举中的选举审查程序

联邦宪法法院进行的选举审查，发生在联邦议会根据《基本法》第 41 条第 1 款和《选举审查法》进行的选举审查程序之后。国会对于选举的有效性、议员在国会的成员身份的取得或者丧失作出决议之后，对决议不服的，可以在两个月期限之内向联邦宪法法院提出申诉。在欧盟议会选举中，也可以对联邦议会的决议提起申诉。《欧洲选举法》第 26 条规定相应适用《联邦宪法法院法》。

《联邦宪法法院法》第 48 条逐一列举了有权提起申请者。如果一个选民提起申诉，则在两个月的期间内，必须另外有一百名选民参与其申诉。只有在一定数量的选民认为有理由提出选举审查申诉的情形中，该申诉才是许可的。联邦宪法法院非常细致地规定了其他选民参与申诉的要求：即使在多个申诉人单独提起申诉的情况下，每个申诉人都需要至少一百名选民的参与。完全属于同一个政党或者同一个候选人的选民组成的团体不得提起选举审查申诉。政党无权代表其成员行动，选民必须以自己的名义提起异议。

与宪法诉愿不同，这个程序是一个客观程序。因为这个原因，只有在申诉中所提到的违法行为有可能影响被选举的团体（联邦议会）的组成的时候，这个申诉才有可能成功。"只有在一个瑕疵具有重大性质并且使得联邦议会的决议失去基础的情况下，这个瑕疵才是有关的"（《联邦宪法法院判决集》第 89 册，第 291、299 页）。因为这个程序是客观的，如果公共利益需要，即使在申诉被撤回的情况下，联邦宪法法院也可以就选举申诉作出决定

(《联邦宪法法院判决集》第 89 册,第 291、299 页)。在选举审查程序中也有可能审查选举法的合宪性。

根据《联邦选举法》第 49 条,对于直接涉及到选举程序的决定和措施的不得提起宪法诉愿。就此而言,《基本法》第 41 条第 2 款可以被视为选举法上的特别法。成问题的是,《联邦宪法法院法》第 48 条没有赋予消极选民申诉权。在此可以考虑,是否可以允许消极选民以消极选举权受到侵犯为由,而提起申诉。

《基本法》第 41 条第 2 款只涉及到联邦议会在选举审查程序中的决定。尽管《联邦选举法》第 49 条做出了相应规定,但在其他国家机关的其他措施侵犯积极或者消极选举权的情况下,是否在选举审查程序以外,还应当保障法院提供的法律救济——从而最后还保障了宪法诉愿这一救济方式,对这个问题人们意见不一。选举审查程序具有排他性是出于如下理由:在选举过程中,有必要处理选票从而得出一个选举结果,在这种情况下,个人的主观选举权利就必须退居较为次要的地位。

2. 汉堡州议会选举诉讼

汉堡是德国十六个联邦州之一。本书选择汉堡作为联邦州的代表,介绍该州选举诉讼的有关情况,从而使得对于德国选举诉讼的介绍包括联邦和州两个层次,具有一定的完整性。

在汉堡的州议会选举之后,汉堡州议会对于选举的有效性作出认定。议员是否丧失议会成员资格事项,也由州议会作出决议认定。[①] 对于州议会作出的这些决议不服的,相关人可以向汉堡宪法法院提起诉讼。[②]

汉堡宪法法院在审理此类案件的时候,在程序上有以下特色:

(1)诉权。

下列人员和群体具有诉权:

其权利被州议会拒绝的选举人;

州议会确认其丧失成员资格的议员;

州议会的同属一个党派的议员团体,或者州议会内的一个小组;

州议会中数量至少达到法定最低人数的十分之一的少数派。[③]

---

① 汉堡《宪法》第 92 条第 1 款。
② 汉堡《宪法》第 92 条第 2 款。
③ 汉堡《宪法法院法》第 47 条。

(2) 诉讼参加人。

该诉讼的被告是州议会的主席。① 汉堡宪法法院可以通过决议的方式,允许其他人员或者团体提出申请后参加诉讼。②

(3) 期限。

这些起诉必须在州议会作出决定之后的两个月内提起。③

(4) 推迟效果。

如果州议会作出一个议会丧失州议会成员资格的决议,而相关人对此提出诉讼,则汉堡宪法法院可以做出决议,州议会的这一决议在推迟发生效力。④

汉堡作为一个德国的一个联邦州,选举诉讼的情况和联邦相似。

3. 州以下选举中选举权与被选举权的保护

对于选举权和被选举权的保护,在时间上分为两个阶段,即选举结束以前和选举结束以后的保护。下面以巴登—符腾堡州的规定为例,介绍相关情况。

(1) 选举权与被选举权的保护:选举结束以前。

选举结束以前,有可能出现多种侵犯选举权和被选举权的情况。例如不将某人列入选民名单;对于需要通过邮寄方式参加选举的选民,不给其提供相关材料;此外,选举工作人员对于选举场所的不当管理也可能导致选民无法适当行使其选举权。而对于被选举权的侵犯,有这么一些方式:例如不当地以不符合条件或者延误期限为由,驳回候选人的申请或者候选人提议。针对这些情况,地方选举法规定了对应措施。

在选民名单公告期间,在证明该名单不完整或者存在错误的情况下,任何选民都可以提出申请,要求更正这一名单。当地的行政长官应当不得拖延地对该申请做出决定,并应当将这一决定送达申请人。⑤ 发现有明显错误但是没有选民提出更正申请的,行政长官可以依职权主动予以更正。⑥ 针对行政长官的这一决定,申请人以及其他可能的利害相关人都可以在行政法

---

① 汉堡《宪法法院法》第 48 条第 1 款。
② 汉堡《宪法法院法》第 48 条第 2 款。
③ 汉堡《宪法法院法》第 49 条第一句。
④ 汉堡《宪法法院法》第 49a 条。
⑤ 《巴登—符腾堡州社区选举法》第 6 条第 2 款。
⑥ 《巴登—符腾堡州社区选举法》第 7 条第 2 款。

院提起撤销之诉或者课以义务之诉。① 这一诉讼并不具有推迟效应,否则这将导致有关人员地位的过分强化。行政长官依职权更正选民名单的,相关人也可以同样提起这些诉讼。由于复议是行政诉讼的前置程序,在复议程序中,由对选举进行法律监督的机关作出决定。对于决定不服的,再进入行政诉讼程序。

(2) 选举结束以后对选举权与被选举权的保护:选举审查程序。

选举结束以后,可以通过选举审查程序对整个选举过程的合法性进行审查。然而,并不是所有的违法情况都自动导致重新进行选举,而是只有在违反程序的情况有可能导致代议机构中的席位分配的时候,才导致重新选举。此外,这种可能性必须是具体的、现实的,而不是很小的一种可能性。

任何选民和任何候选人都可以申请启动选举审查程序。这一申请必须在公布选举结果之后一个星期之内提出,这一期限不得延长。这一申请并没有固定的格式要求。申请人单独提起申请的,必须能够主张其权利受到侵犯;如果申请人不能主张其权利受到侵犯,则必须有百分之一选民联名提出这一申请,但是最少不得少于 5 名。对这一申请,法律监督机关立刻作出决定。这一决定应当送达有关的候选人。

下面一些原因导致选举无效:

刑法上的原因;

违反法律;

候选人没有被选举权;

候选人使用了应当予以惩罚的手段,以为自己当选创造有利条件。

对于法律监督机关做出的决定,申请人以及相关的候选人可以提起撤销之诉或者课以义务之诉。在这些行政诉讼中,审查对象是法律监督机关做出的、可能侵犯原告权利的决定。

如果选举只是在一个选区无效,则在这个选区进行重新选举。但在这种情况下不得重新划分选区。重新选举必须在首次选举以后的六个月以内进行。在重新选举中,只有在第一次选举中具有选民资格的人才享有选举权,换言之,在第一次选举之后取得选民资格的人(例如年满 18 周岁)不能够在重新选举中投票。

---

① 《巴登—符腾堡州社区选举法》第 6 条第 3 款。

第四章 我国公民选举权的救济制度

第一节 选举权救济制度的历史流变

选举救济制度是与选举制度相伴而生的。在漫长的中国封建社会,奉行"君权神授"的理念,不存在人民主权的理论,选举制度没有生存的理论基础和现实的需要,因而也就不存在选举救济制度。肇始于清末的政治改革使中国引入了选举制度,由此选举救济制度也就获得了生存的基础。由此以降,选举制度以及相伴而生的选举救济制度在中国得以沿袭下来。在选举救济制度中,最为主要的是选举诉讼制度,因而本书也拟依循历史发展的轨迹,首先对我国的选举救济制度作一纵向的考察。

一、清末"预备立宪"时的选举诉讼制度

选举诉讼制度在我国最早可以上溯至清朝末年,其时政府腐败无能,民穷国弱,在内外形势的交相压力下,清王朝被迫实施宪政。1900年以后清王朝实行"新政",1905年"仿行宪政",派五大臣出国考察,设考察政治馆,后改为宪政编查馆。1906年9月发布"预备立宪谕"并进行官制改革,开始了著名的"预备立宪",1908年颁布《钦定宪法大纲》,1909年各省设立谘议局,1910年成立资政院,1911年11月匆匆发布《重大信条十九条》,但也未挽回颓局,"预备立宪"即告破产。在"预备立宪"过程中,资政院有权议决预算、决算、税法、公债,制定、修改法律(宪法不在此列)和皇帝交议的其他事件。《资政院院章》规定:"在议会未开之前具有议会的性质。资政院的议员则由钦选和互选两种方式产生。"《资政院院章》公布后,随之又公布了《资政院议员选举章程》、《议事细则》、《公股办事细则》、《资政院旁听规则》及《各部院衙门官互选资政院议员详细规则》等。至于地方的谘议局,根据《谘议局章程》,"谘议局是各省采取舆论之地,以指陈通省利病,筹计地方治安为宗旨",谘议局议员由州县复选产生。谘议局负责议决本省应兴应革事件;议决本省之预算决算、税法、公债及担任义务之增加,权利之存废事件;议决本省单行章程规则之增删修改;选举资政院议员;申复资政院及督抚咨询事件;收受本省自治会或人民陈请建议事件;公断和解本省自治会

之争议事件。

"预备立宪"时期实际上是近代选举制度(包括选举诉讼制度)在中国的肇端,那种认为我国的选举诉讼最早规定于1912年8月11日公布的《众议院议员选举法》的观点[①],本书不敢苟同。根据《资政院议员选举章程》,我们可以对中国的选举诉讼制度的端倪作一番简要描述。第一,有关选举人资格诉讼,规定如是:"凡初选举,初选监督按地方广狭、人口多寡、分划本管区域为若干投票区,分设选举调查员,按照选举资格,详细调查,将合格选举人造具名册,于选举期6个月以前,呈由复选监督申报督、抚,并宣示公众。如本人认为错误遗漏,得于宣示期内呈请初选监督更正。"第二,有关选举违法问题,规定如是:"关于选举之变更,如选举人名册有舞弊、作伪情事,或办理不遵定章,被控判定确实者,初选、复选均无效。当选议员有辞任、或疾病不能应选,或身故,或被选资格不符,当选票数不实,被控判定确实者,当选无效,各以候补当选人递补。选举人及办理选举人、选举关系人,有违法行为,分别轻重,处以监禁、罚金有差;二年以上、十年以下,不得为选举人及被选举人。"第三,有关选举诉讼的程序问题,规定如是:"如选举人确认办理人员不遵定章,有舞弊、作伪证据,或当选人被选资格不符,当选票数不实,及落选人确信得票可当选而不与选,候补当选人名次错误、遗漏者,均得向该管衙门呈控。限自选举日起三十日,凡选举诉讼,初选向府、直隶、州衙门,复选向按察使衙门呈控。各省已设审判厅者,分别向地方高等审判厅呈控。不服判定者,初选得向按察使衙门,复选得向大理院上控,限判定日起三个月。已设审判厅者,照审判厅上控章程办理。"[②]而根据光绪34年颁布的《谘议局章程》,已经开始实施地方选举,《谘议局章程》中还规定了选举诉讼实行一审终审制等内容。

二、民国初期的选举诉讼制度

(一)民国初期选举制度概说

1912年1月1日,中华民国临时政府在南京成立。至是年3月初为止,在立法方面已议决通过了《参议院法》,修改了《临时政府组织大纲》,正式议决并通过了《中华民国临时约法》。1912年5月7日,临时参议院议决了《中华民国国会组织法》,同时议决的还有《参议院议员选举法》和《众议院

---

① 该观点是目前学界之通说。
② 引文部分参见《清史稿——选举八》之"新选举"。

议员选举法》,均于同年 8 月 10 日公布,它们的出现使民初选举制度粗具雏形。

1912 年 12 月中旬,依据参、众两院的《选举法》,中国开始了有史以来的第一次国会选举。当时法律规定,选举人、当选人受其性别、年龄、文化程度、居住年限、财产、语言等条件的限制,特定的一些人无选举权与当选权。我们若将国会初次成立到最终解散的这 12 年视为民国初期,其间全国范围内的选举活动共进行四次:1912 年底到 1913 年初的选举,1916 年的选举与改选,1917 年的"再造共和"以及 1920 年的选举。

民国初年政党林立,参加选举的各政党都力图操纵和控制选举,为使本党成员当选为国会议员,各政党利用本党的势力把持各地的选举机构,纷纷采取多种策略和手段(或依靠各地方的行政长官,或协调解决名额分配)甚至以合法外衣掩饰自己在选举中的营私舞弊。在 1912 年底至 1913 年初的选举中,各地不同程度地出现了公开贿选行为,甚至出现以武力抢夺选票的事件。1914 年 1 月 10 日,袁世凯甚至以大总统的名义正式命令停止两院议员职务。其后,黎元洪、段祺瑞、徐世昌、曹锟也都在不合其意时解散国会或摒弃有关选举的法律、法令,使其时的选举制度同国会一样在非正常的轨道上运行。当然,民国初期的选举及其诉讼制度虽然像议会那样命运多舛,但选举方面的诉讼毕竟也已经有了较为明确具体的法律制度。

(二)民国初期选举案件的法律适用

民国初期,《中华民国临时约法》、《参议院议员选举法》、《众议院议员选举法》以及《省议会议员选举法》相继制定,使国会、省议会选举活动有了法律依据,其中"选举变更"、"选举诉讼"两章内容是选举诉讼的主要法律依据。这些中国法律史上前所未有的崭新内容,构成了诉讼制度近代化的重要组成部分,丰富了诉讼制度的内容。其深层次的意义更在于,为与选举活动中的徇私舞弊以及其他各种违法行为作斗争提供了法律武器,普及并增强了具有保障和救济内容的参政权。伴随着议会的选举,十几年中,司法机关通过诉讼程序审结了大量的选举案件,对于保障至重之公权发挥了重要作用,使其具有了中国近代选举法律制度里程碑的地位。有关选举案件的法律适用,兹分述如下:

1. 基本法。民国初期,政府更迭频繁,然而具有基本法地位的 1912 年 3 月 11 日公布的《中华民国临时约法》,在国家政治生活中一直发挥着重要作用。《临时约法》第 12 条明确规定人民有选举及被选举之权,此乃民初选举诉讼的基本依据。

第四章　我国公民选举权的救济制度

2. 各级选举法。具体包括1912年8月10日公布的《参议院议员选举法》与《众议院议员选举法》，1912年9月4日公布的《省议会议员选举法》，1921年6月18日公布的《县议会议员选举规则》。在这些选举法规中，皆有选举变更及选举诉讼专章，分别是国会及地方各级议会选举涉讼及其司法解决的主要法律依据。

3. 大理院判决例、解释例。时值民国初创之际，新旧冲突与交融致使社会构成极其复杂，各级司法官员因有其各不相同的政治、文化背景，理解与执行法律亦不尽一致。为了维护法律的尊严，使法律得以统一适用，大理院针对司法实践中出现的各类具体问题，作出了大量的判决例与解释例，其中有关选举部分即为解决选举案件的法律依据。

4. 各种章程、条例。选举诉讼在程序上依照民事诉讼规则进行，但在民国初期，尚没有统一适用的民事诉讼法。民事诉讼的主要法律根据是1907年晚清政府法部奏准的《各级审判厅章程》以及1922年起开始施行的《民事诉讼条例》。

(三) 民国初期选举诉讼的基本程序

1. 选举案件的范围

选举涉讼的案件，一般来说不涉及刑法意义上的犯罪与刑罚，也非普通的民法意义上的侵犯与保护私权，而是公民在依据宪法或宪法性文件参与国家政务活动即选举过程中发生的争议。在民国初期，选举案件的范围包括选举人名册因舞弊牵涉全数人员及办理选举违背法令两类。民国初期的选举由下列人员具体办理:(1)各省设选举总监督，以该省行政长官充任，监督全省选举事宜;(2)初选区设初选监督，以该区行政长官充任，监督初选举一切事宜;(3)复选区设复选监督，于初选期三个月前，由选举总监督委任，监督复选举一切事宜;(4)无论初选、复选，均设投票管理员、监察员、开票管理员、监察员各若干名，由初选监督、复选监督分别委任。所谓办理选举违背法令，即指以上这些人员在办理选举过程中公然违背法律规定。按照《众议院议员选举法》第82条第2款，此类事件一经法院认定，则该次选举即归于无效。大理院解释例统字第1502号将"办理选举人员捏造选民紊乱选权"的行为规定为"可提起选举诉讼"，即法院应受理案件，从而扩大了法院的受案范围。选举人资格在民国初期受到严格限制，凡具有选举资格且没有因法定原因而被停止或剥夺者，得应列入选举人名册，于选举日参与选举。选举人名册由初选监督就本辖区域内委派调查员，按照选举资格，造具合格者名册。依据《众议院议员选举法》第82条第1款之规定，选举人名册因舞弊牵涉全数人员,经审判确定者则该次选举无效。选举法对选举诉讼的受案范围采取严格的限定主义。若非上列两类案件,即使在选举中有舞弊嫌疑,法院也不受理。例如,1918年浙江省议会议员任凤冈等致电内务部、司法部、大理院一案①,对于此案,大理院解释例统字第881号答复为:"既经成立之省议会,因选举议长、副议长有疑义时,自不得依选举诉讼解决。"类似的处理还有大理院解释例统字第807号:"不服初选后之处分,应依诉愿及行政诉讼方法办理,司法衙门毋庸受理。"

2. 选举案件的管辖

选举案件的管辖,依据参、众两院之《选举法》,"初选向地方审判厅起诉;复选向高等审判厅起诉;未设审判厅之处,得向相当受理诉讼之官署起诉。"大理院解释例统字第797号为:"初选之选举诉讼,未设地审厅地方,自以县知事为相当官署,惟如以县知事为被告,而其承审员又被拒却,声请指定管辖者自可指定他县之地审厅依法审判。"又大理院解释例统字第1679号为:"县区未设地审厅,其县议员选举诉讼,可由邻县地审厅依当事人之合意予以受理,至高审厅为第一审之判决,自得向大理院上诉。"对于盟旗选举诉讼,依大理院解释例第626号,应由都统署审判处受理。由此可见,民国初期选举案件管辖的特点是:第一,在地域管辖方面,各地之选举诉讼以本地区审判厅为第一审。第二,初选案件,以各地之地审厅管辖为基本原则。未设地审厅之区县,由县知事管辖或邻县之地审厅管辖。第三,蒙古、西藏、青海等地之讼案,由其各自行政署审判处受理。第四,复选案件,各地之高审厅为第一审。第五,选举诉讼为三级二审制。

3. 起诉与受理

法庭审理选举案件,有形式要件与实质要件须同时具备之要求。民初选举案件的受理要经法定的正式程序,是为形式要件。如:用统一格式的起诉状起诉;在法定的时间内,向有管辖权的审判厅起诉;预交规定的诉讼费等。符合形式要件,法庭即予受理。法庭受案后,在进入实体审理之前,首先要对案件的实质要件进行认真审查,即审查起诉人的主体资格。对于不

---

① 浙江省议会议员任凤冈等致电内务部、司法部、大理院称:"选举舞弊,依省议会议员《选举法》第90条复选应于十日内向高审厅起诉等语,本届省议会姜会明当选副议长,票内有误写姓名者,依本会《互选细则》第8条第4项,并第11条规定,应作无效。讵秘书长楼宗光蒙混唱票,即由议长周漾宣告当选。经凤冈等查有舞弊嫌疑,诉请高审厅调票勘验,依法解决在案。惟该厅以法无依据,尚无具体办法,应请钧部饬令该厅准用省议会《选举法》第90条所定复选诉讼程序,急速审判,以护法律,而重选政。"

符合实质要件的,则作出驳回起诉的"决定"(作用相当于现行民诉程序中的"裁定"),中止该案件的审理。《众议院议员选举法》第 90 条规定,选举人确认办理选举人员有舞弊及其他违背法令行为,得起诉;即有起诉权的诉讼人必须是选举人,否则将不予受理或驳回起诉。①

民初之选举诉讼,基于选举进程的不同阶段,分为初选诉讼与复选诉讼,前者由初选人提起,并限于自选举日起 5 日内;后者由复选举人提起,限于选举日起 10 日内。但是,根据大理院解释例统字第 1711 号,选举人于初选举日起 5 日内以舞弊起诉,于 5 日后追加其他违背法令之事实,而不是变更诉之原因,即不应受期间的限制。大理院解释例统字第 1519 号、第 1583 号规定,初选选举人,对于复选当选人,无起诉权;如复选选举违法舞弊,应由复选选举人提起诉讼;选举人以列入选举人名册者为有选举资格;选举人对选举活动提起诉讼,不受其是否参与选举日投票影响;选举人对自己的选举权可以行使,也可以放弃。依大理院解释例统字第 1511 号,选举人虽抛弃选举权,仍得对于当选人起诉。即使是监察员,若他兼有选举人资格,对于选举提起诉讼,仍应以选举人资格为之(大理院解释例统字第 1600 号)。

4. 审理

选举诉讼的程序问题,在民国初期有关诉讼方面专门的条例、章程、规定中未见明文;在司法实践中,此类案件依照民事诉讼程序办理。法庭受理选举讼案后,即进入审理程序。审理选举诉讼,除依照民事诉讼的一般规定外②,根据此类案件自身的特点,还有一些特别的程序要求。审理普通民事案件,依诉讼通例,民事诉讼中有犯罪嫌疑,牵涉其裁判者,法院得以声请或以职权命于刑事诉讼终结前,中止诉讼程序。在选举讼案中,也常有以刑律上妨碍选举罪及其他普通犯罪罪名成立与否为先决问题(如原告以被告吸食鸦片即犯鸦片烟罪,主张当选无效)。对于刑事案件的审理往往需要较多时日,但选举有其严格时间限制,故《众议院议员选举法》第 93 条规定:"选举诉讼事件,先于各种诉讼事件审判之。"相应地,大理院作了较为具体的解

---

① 中国第二历史档案馆现存大理院档案中有一宗这样的案件:前湖北省议会议员詹大悲等呈诉湖北本届改选参议院议员违背法令,湖北省高等审判厅经审查,以詹等非选举人,无起诉权决定驳回起诉,詹大悲等抗告至大理院。大理院通过全面审查,认为詹等的选举人资格尚属未定,故不能以选举人名义提起选举无效诉讼,原审对其"不予受理,决定驳回,按之现行法例尚非不当",对于本件抗告,"不得谓有理由,应即驳回"。

② 如大理院解释例统字第 1602 号为:选举诉讼受理后,如原被告传不到案及不缴讼费,或声请回复起诉权,均照普通诉讼程序办理。解释例统字第 1009 号为:选举诉讼,既准用民诉程序,自应许其和解。即尽管此类诉讼关系公权,若不触及刑法,法庭仍采不干涉主义。

释,有解释例统字第 1577 号为:选举诉讼,既宜速结,如独立可以进行,即不应率予中止。类似的还有解释例统字第 1578 号:选举诉讼,虽涉及刑事问题,苟无终止之必要,刑事问题自宜各别办理。选举活动是在各级行政机关主持并组织下进行的,因此,有关选举案件的审理便有较普通民事案件与行政机关联系明显紧密的特点。① 这是由选举诉讼事关公权的性质所决定的。

5. 判决与执行

选举诉讼依《选举法》采"审判确定"主义,判决形式同普通民事案件。案件审理终结,即发生如下后果:此次选举归于无效,重新组织选举;当选无效,应以该区候补当选人递补。对于这样的判决,交与相应的各级行政机关负责执行。在审案过程中,如发现当事人不具备诉讼主体资格,则径予作出驳回起诉的决定。如据《大理院民事决定六年抗字第四八号》载:法庭在略述抗告原因之后,即用大量篇幅详尽引用了参、众两院议员《选举法》的各相关规定,参照省长公署、内务部、国务院的多次批文及电文,进行分析论证,认为抗告人既非选举人名册所列之人,则无权提起仅为选举人方有权提起的诉讼,至于该项选举是否有效,"即无再加审究之余地",予以驳回抗告。至此,本案便不再有寻得司法救济之途。

6. 上诉

有关选举案件上诉的法律规定,在民国初期可分两阶段:自 1912 年 8 月 10 日参、众两院议员《选举法》公布至 1917 年 4 月 25 日为非限制上诉阶段,此后至《民事诉讼法》颁布为限制上诉阶段。参、众两院议员《选举法》及有普遍法律效力的大理院解释例统字第 1 号(1913 年 1 月 15 日发出)规定:"选举诉讼,本法既无不得上诉明文,自难加以限制,且查选举法第 82、84 各条,均采审判确定主义,当然准有上诉权。照本法第 90 条规定,初选为三级审,复选为二级审。"这种非限制原则在司法实践中有具体体现,如上文

---

① 就中国第二历史档案馆保存的大理院受理詹大悲等抗告"湖北省参议院议员选举监督办理该省本届改选,选举人名册违背法令"案的档案中,笔者看到,大理院于民国 6 年(1917 年)3 月 19 日作出"抗告驳回"的民事决定前后,除与湖北高等审判厅互致"公函"三件外,与行政机关互换的"公函"更有九件之多,分别为 2 月 26 日"致湖北王省长电",2 月 28 日收"湖北省长电",2 月 28 日"咨呈国务院文",3 月 3 日收"国务院公函",3 月 3 日"致内务部函",3 月 9 日"咨内务部文",3 月 16 日收"内务部公函",3 月 20 日"咨湖北省长文",3 月 20 日"咨内务部文"。从这些公文的内容可见,詹大悲等系省前议会议员但不能复职,并他们未被列入参议院议员改选选举人名册中。对这两个相互关联的事件,詹等认为是由省选举监督的行为违背法令所致,遂起诉到省高审厅,后又抗告致大理院。大理院接受抗告后,首先对抗告人的诉讼主体资格进行审查,而它作为重要参考依据的则主要是省长公署、内务部、国务院等行政决定,这样就有了公函的频繁往来,并据此最后作出了抗告"驳回"的决定。

提及的档案卷宗中有一件"湖北高等审判厅公函"(六年函字第424号,制作于1917年2月20日),是致大理院的,内有"呈诉人詹大悲等,于法定期间内声明抗告前来,应予照准。除由民庭推事加具意见书外,相应将全案记录及决定正本连同该抗告状,并意见书函送。"可见该阶段是否准予上诉或抗告,关键是看其是否在"法定期间"内提出。但是自1917年4月25日大总统令公布国会议决1912年选举法之选举诉讼不得援用普通民事诉讼程序提起上诉后,有关选举诉讼的上诉问题即受到限制。究其原因,主要是基于选举诉讼宜于速结的本旨。但是,为了维护法律的严肃性,在司法实践中,限制上诉并非绝不允许上诉,对于当事人提出的不合法抗告,仍经由上诉机关裁判,原审不能即予批驳(大理院解释例统字第1544号)。

(四)民国初期选举诉讼的主要特点

1. 严格的时效性

普通民事案件是因财产关系或与人身相连的非物质财富受到不法侵害而需要诉诸法院并通过司法程序获取救济的纠纷。这种私权上的救济请求得随时进行,没有特定的时间要求。但是,旨在保护人民决定国家命运从而参与国家公共事务管理的公权——选举权与被选举权的准民事诉讼程序则不同。选举诉讼具有严格的时间限制。具体表现如下。第一,选举案件的起诉必须在法定期限内。限于"选举无效"的法定理由为:选举人名册因舞弊牵涉全数人员,办理选举违背法令;"当选无效"需经审判确定的事实是:被选举人资格不符,当选票数不实。又据《众议院选举法》第27条,选举人名册的宣示以选举日前5日为期,而办理选举违背法令可以发生在选举过程的任何阶段,又按照《众议院议员选举法》第90条,提起初选诉讼,应于选举日起"5日内",由此推之,对于国会议员选举无效的起诉期间只能在:有关选举人名册的诉讼提起,初选在选举日前5日至选举日起5日共10日内;有关办理选举违背法令的起诉在选举日起5日内;复选,自复选举日起10日内;逾期,则不得起诉。按照《省议会议员选举法》第27条,宣示选举人名册以选举日前20日为期,并第90条之规定,选举诉讼初选自"选举日起"推之,对于省议员选举无效的起诉,涉及选举人名册舞弊的,初选,自选举日前20日至选举日起5日共25日内提起。其他违背法令及当选无效的诉讼,得在选举日起5日内提出。复选,于复选日起10日提起。第二,法院受理选举案件后,应迅速、及时审理,并先于各种诉讼事件进行审判。

2. 严格限定起诉主体资格

刑事案件,可以因被害人告诉、他人告发、司法警察官的移送或法院自行发觉,尔后概经检察官代表国家提起公诉,法庭进行审判。民事案件,由私权受害人或其代理人提起诉讼。选举案件,一般来说,不涉及犯罪与刑罚,也非私权受侵害,所以它的提起,《选举法》规定,只能是限于选举人,从而排除了无选举资格者、被剥夺以及被停止选举资格者。因为选举诉讼的价值趋向,不仅是要维护选举人的选举权与被选举权,而且要通过排除公共利益受到的不法侵害以伸张普遍正义。如选举法规定受理选举诉讼的案由只有两类四种事件,若经审判确定,则该次该区选举一律无效或某人的当选即为无效。这样的后果,或者根本不涉及有起诉权的选举人,或者连及起诉人在内很多人。这类诉讼带有浓重的政治色彩,所以对于起诉人的资格限定就更严格。

3. 选举诉讼与选举活动的伴生性

只有进行选举活动,才可能发生选举中的舞弊以及其他违背法令事情,这本毋庸赘言,然而在民国初年这一特定的非常历史时期,透过选举诉讼的有关记录,从一个侧面再现了当时选举活动的生动场景。从中国第二历史档案馆所藏的大理院案卷以及1972年由台湾地区成文出版社有限公司出版的《大理院解释例全文》、《大理院判决例全书》中看出,选举诉讼在1916年、1917年、1920年者较多,尤以1920年最多,在1913年、1916年、1918年、1919年、1921年较少,而1914年、1915年以及1922年以后案件则没有见到。出现这种反常现象的原因,在于民国初期这一时代政治背景。虽然国家名曰民国即民主共和国,对外有一个统一的中央政府,但是中央政府除短期内由孙中山领导外,更大部分时间却被北洋军阀把持,并随军阀集团自身势力的消长而更替。占据统治优势的军阀为了维护其本集团的统治,不得不打出日益深入人心的民主、共和旗帜,通令全国进行选举、召开议会,而当议会真的动作起来发挥其决定国家政策、法律并监督政府的职能时,军阀们便暴露出其专制的真面目,将议会抛之于九霄。这便是选举、停会、再选举、解散的根源所在,也是选举诉讼时多时少、时有时无的基本原因。

(五)民国初期选举诉讼制度之检讨

民国初期的选举制度是在短短3个月的时间内匆匆制定并予施行的,由于对西方制度的"拿来主义"式的照搬引进并不太适合于中国的国情,因此这些制度自身的欠缺便很快明显地暴露出来了。例如国会的两部选举法以及省议会选举法,均无对于办理选举的人员不依法履行职务的罚则,导致这些人员游离于法律的监督之外,形成了行政机关及其人员严密规范人民行使公权而行政机关及其人员侵害人民公权一般不受惩治的失衡格局。其原因在于,西方的选举法中已有一系列行政行为方面的法律、法规,使得非法行政行为有救济依据,因而没有规定办理选举人员的违法责任。民国初期则没有行政行为及诉讼方面的专门法规,零散的大理院判决例与解释例远不能满足实践的需要,从而形成了一定的法律真空,导致选举司法实践中法律实际运作的乏力,选举之公权难以得到实际保障。

同时,由于选举诉讼程序依民事普通程序,其中"允许和解"的做法与选举权之公权性质相悖。选举违令虽非刑事案件,但其侵犯的毕竟是公众的公权而非起诉人一人的私权,若某一起诉人与被诉人(或群体)非经司法裁判而自行和解,实际是践踏了公众的选举权,那么,设立选举诉讼制度也就没有实际意义了。另外,行政机关在负责选举过程中有法不依、违法行政,并非仅凭司法程序即能纠正,由于法律自身的局限,对于来自行政机关的侵害,司法机关乃至立法机关都是无能为力的,行政机关造成的危害无论是直接致害还是间接影响都可谓严重无比。① 更何况,北洋政府时期的军阀专制在中央、在地方均是十分严重,它们对于法制的践踏与破坏使人民深受其害,这种"选举"又岂是单纯通过诉讼能够杜绝与纠正的?②

三、新中国的选举诉讼制度

(一)新中国选举诉讼制度的演进

新中国的选举诉讼制度最早可溯源至中华苏维埃政权时期。1931年的《中华苏维埃共和国选举细则》中规定:"发现某部分的选举不合选举手续时,取消某部分选举之权,属于城市苏维埃地区执行委员会;若发现全部选举有违犯选举手续时,取消选举权属于上级苏维埃政府。在选举效力上发生争执时,由城市苏维埃地区执行委员会解决之,中央执行委员会为选举上诉的终审机关。"后来,1933年的《中华苏维埃暂行选举法》也有与此相类似的规定。这些都为新中国的选举诉讼制度奠定了基础。

新中国成立初期,国家的主要任务是完成民主革命遗留的任务,同时开

---

① 从《大理院民事决定六年抗字第四八号》中可以看出,前湖北省议会议员多人因未被列入选举人名册,虽多次向选举监督声请更正,均被批驳不准,从而被法庭认为没有起诉与抗告权。而有关省议员资格问题,曾由同会议员代为请愿,并经参议院"可决"后咨行国务院,国务院针对此案咨行湖北省长。在此之前,内务部致湖北省长各电谓抗告人等应认为有议员资格,但是湖北省长接到内务部电以后,却以抗告人等之本缺早由别人依次递补(递补人为非确定选举人资格者)为由,电复内务部即表示"碍难照办"。对于此等非法行为,内务部保持沉默,国务院予以许可。

② 本部分内容的写作参考了郭兴莲:"论民国初期的选举诉讼",载《法学评论》1997年第6期。

展社会主义革命和建设,在政权组织方面采取了过渡性的办法。当时各级各界人民代表会议代表的产生主要以推选为主,有关的选举法律对破坏选举的违法制裁也未予规定。1952年底,整个国家开始了有系统的社会主义改造和有计划的社会主义建设阶段。1952年1月13日,中央人民政府举行第20次会议,会议决定成立以毛泽东同志为首的《中华人民共和国宪法》起草委员会,成立以周恩来同志为首的《中华人民共和国选举法》起草委员会。1953年2月21日,邓小平同志代表《选举法》起草委员会在中央人民政府委员会第22次会议上做了关于《选举法》草案的说明报告,会议通过了新中国的第一部选举法——《中华人民共和国全国人民代表大会及地方各级人民代表大会选举法》。

在新中国1953年《选举法》里,对选举诉讼已有具体的规定。如该法规定,"中央选举委员会……受理对于选举中的违法行为之检举和控告,并作出最后处理之决定";"省、县和设区的市选举委员会……受理各该所属区域内对于选举中的违法行为之检举和控告,并作出处理之决定";"乡、镇、市辖区和不设区的市选举委员会……受理各该所属区域内对于选民名单的不同意见申诉,并作出处理之决定。"[1]该法第45条同时还规定,"对公布之选民名单有不同意见者,得向选举委员会提出申诉,选举委员会应在5日内作出处理之决定;申诉人如对处理意见不服时,得向人民法庭或人民法院提起诉讼,人民法庭或人民法院的判决即为最后决定。"此外,1953年《选举法》在第9章还专章规定了对破坏选举的制裁。其具体规定于此可罗列如次:"凡用暴力、威胁、欺诈、贿赂等非法手段破坏选举或阻碍选民自由行使其选举权和被选举权,均属违法行为,应由人民法院或人民法庭给以2年以下之刑事处分";"各级人民政府和选举委员会的人员,犯有伪造选举文件或虚报票数,隐瞒蒙混等违法行为者,应由人民法院或人民法庭给以3年以下之刑事处分";"对于选举中的违法行为,任何人均有向选举委员会或人民政府司法机构检举、控告之权,任何机关或个人均不得有压制、报复行为,违者应由人民法院或人民法庭给以3年以下之刑事处分"。

十年"文革"动乱,人民代表大会长期不能召开,按宪法规定的任期届满后也不组织选举,选举法被束之高阁,有关选举诉讼的制度更是形同废纸。十年动乱结束后,1979年第5届全国人民代表大会第2次会议通过了新的《选举法》。该法基本上坚持了原选举法的精神,在选举诉讼制度方面,虽然

---

[1] 1953年《选举法》第37、38、39条。

第四章 我国公民选举权的救济制度

删掉了原第5章"选举委员会",但保留了对选民资格案件的申诉与处理,第10章"对破坏选举的制裁"除了规定对违法行为的刑事责任外,规定还可依法予以行政处分。1979年《选举法》后历经1982、1986、1995和2004年四次修订,不过有关选举诉讼制度未作增删。

值得注意的是,1979年及以后的《选举法》与1953年《选举法》相比,其最重要一点是没有了原来的"选举委员会"这一章,因而中央和地方各级选举委员会受理各该所属区域内对于选举中的违法行为之检举和控告并作出处理之决定的规定亦随之消失。就我国目前的选举诉讼制度而言,受理机关仅为法院(对选民资格案件应先向选举委员会提出申诉);至于第10章对破坏选举的行为给予行政处分的机关应为哪个也是不详,选举委员会及人大常委会均属立法部门的下设机构,似不应有权作出行政处分,若按我国之惯例及有关之规定似应为公安机关等行政机关,但毕竟未有法律之明确说法。

(二)1953年选举法中选举诉讼的特点

尽管新中国1953年的《选举法》中无"选举诉讼"之名,但是已有规范与选举有关的诉讼活动的"选举诉讼"之实。其主要特点如下[①]:

1. 受案机关兼具法律属性与政治属性。根据1953年《选举法》,中央及地方各级选举委员会(隶属于人大常委会)得受理对于选举中违法行为之检举与控告,同时又规定了人民法院及人民法庭对破坏选举的违法行为的管辖权。从选举诉讼的理论层面来看,1953年《选举法》的规定可以说是政治主义与法律主义的结合。至于二者权限的竞合,笔者认为可以由当事人自行选择相应路径,从而体现对公民的尊重;当然,若依情节轻重分别由两机关予以裁判,也是一种思路。

2. 提起诉讼的主体范围很广。无论是选民名单案还是破坏选举案,都规定"任何人"只要认为有法定情事出现,即可起诉或申诉。法律对提起诉讼的主体范围未作任何限制,这颇有点公益诉讼的味道。

3. 程序的双重性。选民名单案与违法妨害选举案分别适用民事诉讼程序与刑事诉讼程序。

4. 派出专门法庭审判有关选举诉讼。依《中央选举委员会关于基层选举工作的指示》(1953年4月3日),这种人民法庭由县市人民法院派出,相当于人民法院的巡回分庭。人民法庭的数量,由县、市按实际需要去规定,

---

① 参见程洁:《宪政精义:法治下的开放政府》,第120页。

以便利于人民进行诉讼为原则。这种巡回分庭的形式,是专为保障选举工作的顺利进行组成和派出的临时性司法机构,不同于专门的选举法院、常设选举法庭或宪法法院,颇具中国特色。

第二节 选举权救济制度的现状及缺陷

一、制度现状

（一）选举罢免制度

根据我国《选举法》的规定,由选民直接投票选举产生的县级和乡级人民代表大会的代表选民可以投票罢免其职务。对代表的罢免既是行使选举权的重要方面,也是人民对代表进行监督的最有力的措施。我国《选举法》以专章规定了对代表的罢免问题。按照《选举法》的规定,直接选举的代表,原选区选民30人以上联名可以向县级人大常委会提出罢免要求,被提出罢免的代表有权在选民会议上提出申辩意见,也可以书面提出申辩意见,然后由县级人大常委会将罢免要求和书面申请意见印发原选区选民。表决罢免要求由县级人大常委会派有关负责人主持。罢免案须经原选区过半数的选民通过。依法定程序通过的罢免决议产生法律效力,除代表职务被撤销外,其他担任的职务也相应撤销。

（二）选举监察制度

如本书前章所述,选举监察制度是在选举过程中特定的国家机关对违法选举行为进行监督、纠正的制度,它对于及时发现和制止违法行为、防止违法行为危害后果的扩大具有重要的意义。但我国法律对选举监察未予专门规定,对选举的监督措施与西方国家相比也极为松散。其部分原因在于:

第一,我国不存在竞选经费监察问题。我国不实行竞选制度,监督选举经费的问题基本上不存在,因此可以避免党派相争所引起许多弊端及不法的举动。我国《选举法》第8条规定:"全国人民代表大会和地方各级人民代表大会的选举经费,由国库开支";选举经费列入国家财政预算,无需候选人个人去筹集资金来支付选举中的开支。国家在选举中向人民提供经济上的保证,以确保人民管理国家事务的民主权利的实现,一定程度上体现出人民之间的平等权利,不至于因个人财产状况的差异,使公民选举权和被选举权的实现受到任何影响。选举费用不涉及任何个人或小团体的经济利益关系,不对选举结果起任何支配作用,客观上有利于选举活动摆脱金钱的

第四章 我国公民选举权的救济制度

影响。

第二，我国对候选人行为的监督与西方国家的路径不同。西方国家采用两党或多党政治体制，候选人大都代表某个政党参加竞选，彼此利益冲突很激烈，因而候选人的行为受到人们关注。在中国的直接选举和间接选举中，候选人的提名很大程度上依靠组织，正式确定需要的是反复酝酿、讨论与协商，选举中是介绍候选人，不存在西方国家的政党竞争，也不存在候选人之间的竞选，因而对候选人行为进行监督的必要性不如西方国家那样突出。

当然，我国对选举活动也有自身的监督措施，这大致包括以下内容：

（1）对选民资格的监督。对选民资格的监督，主要是对选民资格的确认以便进行选民登记，公布选民名单。我国《选举法》规定，选民按选区登记，经登记确认的选民资格长期有效；因而调查、核对、确认选民是否具备参加选举的条件，是选举合法性的重要基础。例如，《选举法》规定，精神病患者在选举时不能行使选举权利的，经选举委员会确认，不列入选民名单；因此每次选举公布选民名单都须对精神病患者能否行使选举权利，重新进行确认。此外，还有对依法剥夺政治权利的人也必须在选民名单公布前予以检查确认。

（2）对选举人、候选人和选举工作人员行为的监督。选举人（选民、代表）与候选人的某些活动都可能会影响选举的不公正，这方面的监督极为重要。这种监督包括：是否有收受贿赂行为，是否重复投票或未经授权委托代写选票等，是否有以暴力、威胁、利诱、欺骗等方式影响选举人的投票行为，或影响选举人提出候选人的行为等。同时，选举工作人员担负着选举管理和选举执行的工作，他们的行为将对选举活动产生直接影响。对选举工作人员的监督包括：是否有收受贿赂行为，有无选票舞弊，是否有诱导选民投票意向的活动，投票时有无破坏无记名投票规则的行为，选票清点、计算是否公正、准确等。中国的选举监督由主持选举工作的机构进行。

（3）选举过程的监督。对选举过程的监督，目的在于确保选举的有效性与合法性，涉及的主要内容是对选举环节的检查，如清点参加选举的人数、选票发出与收回数、有效选票与无效选票的清点、候选人的得票数等。在参加选举人数少于应参加人数一半时，或收回的选票数超过发出的选票数时，选举是不合法的和无效的。

最后，需要指出的是，我国把对当选代表的监督、罢免列入了《选举法》，这与西方国家有很大不同。在西方许多国家,议员当选之后可独立行使职权,不受选民的监督、罢免;议员如有违法行为,议会按特定的程序可以开除议员。① 按照我国《选举法》,选民或选举单位通过监督以保证代表行为不违背选民的意愿,不做出与法律规定不符的行动;代表如若违背选民的意志,做出与法律规定不相符的事情,选民和原选举单位有权对代表的行为加以制止或进行纠正,直至罢免其职务。

(三) 选举诉讼制度

近年来,实践中有关选举问题的纠纷层出不穷,尤其是在选民资格方面和妨害选举秩序方面出现了许多争议。深层次来看,这些问题的解决实际上都是选举权的救济问题。但是,由于中国目前尚未建立起独立的选举诉讼体系,这些争议的解决由此五花八门:有的是依赖各级人大常委会解决,有的是通过行政机关化解,更有的是经由当地党委解决。但在事实上,在我国选举法、民事诉讼法以及刑法之中有关于公民选举权争议的司法救济制度。问题是,实践中真正将选举争议提交到法院的却很少。原因究竟何在?在开始讨论建构我国未来的选举诉讼制度之前,对我国现行的选举诉讼作一简单介绍显然是必要的。从有关法律规定来看,我国现行的选举诉讼主要涉及选民资格案件和妨害选举案件两种。

1. 民事诉讼上的选民资格案件

《选举法》第23条规定:"选民登记按选区进行,经登记确认的选民资格长期有效。每次选举前,对上次选民登记以后年满18周岁的,被剥夺政治权利期满后恢复政治权利的选民,予以登记。对选民经登记迁出原选区的,列入新迁入的选区的选民名单,对死亡的和依法被剥夺政治权利的人,从选民名单上除名。精神病患者不能行使选举权利的,经选举委员会确认,不列入选民名单。"由此可见,选民名单非常重要,它是选举委员会对选民资格的依法确认,关系到每个公民的政治权利。《选举法》第27条规定,选举委员会必须将"选民名单在选举日的20日以前公布,并发给选民证"。为了纠正在选民登记和发放选民证时可能出现的差错,《选举法》第25条规定:

---

① 依据西方民主理论,议员行使职权时应本着对社会公益的良知出发,按自己的能力独立判断采取行动而不应受产生他的选区选民的强制委托,或拘泥于自己选区选民的意愿。如果让选民有权罢免议员,势必使议员只听命于自己选区的选民,局限于地区或集团利益,不能公正地从整个社会的公共利益出发行使职权。

"对于公布的选民名单有不同意见的,可以向选举委员会提出申诉,选举委员会对申诉意见,应在3日内作出处理决定。申诉人如对处理决定不服,可以在选举日的5日以前向人民法院起诉,人民法院应在选举日前作出判决。人民法院的判决为最后决定。"

根据我国现行《民事诉讼法》的规定,选民资格案件的审理采民事诉讼特别程序。该法第十五章"特别程序"对选民资格案件的审理有较为具体的规定。其第160条规定:"人民法院审理选民资格案件、宣告失踪或者宣告死亡案件、认定公民无民事行为能力或者限制民事行为能力案件和认定财产无主案件,适用本章规定。本章没有规定的,适用本法和其他法律的有关规定。"第161条规定:"依照本章程序审理的案件,实行一审终审。选民资格案件或者重大、疑难的案件,由审判员组成合议庭审理;其他案件由审判员一人独任审理。"第164条规定:"公民不服选举委员会对选民资格的申诉所作的处理决定,可以在选举日的5日以前向选区所在地的基层人民法院起诉。"第165条规定:"人民法院受理选民资格案件后,必须在选举日前审结。审理时,起诉人、选举委员会的代表和有关公民必须参加。人民法院的判决书,应当在选举日前送达选举委员会和起诉人,并通知有关公民。"

具体而言,根据我国现行法律规定,选民资格案件的审理具有以下特点:

(1)起诉与受理的条件较一般民事案件宽。按照《民事诉讼法》第108条规定,起诉必须符合下列条件:原告是与本案有直接利害关系的公民、法人和其他组织;有明确的被告;有具体的诉讼请求和事实、理由;属于人民法院受理民事诉讼的范围和受诉人民法院管辖。其中的第一项条件,与《选举法》第25条的规定明显冲突。不过,由于选民资格案件适用的是特别程序,根据"特别法优于一般法"原则,该类案件中的原告即便与本案没有直接利害关系,只要符合其他三项要件,法院应予受理。当然,若此类案件未经选举委员会申诉程序处理的,法院应当裁定撤回起诉,并告知其先申诉后起诉。

(2)起诉期间紧。根据《民事诉讼法》规定,当事人应当在选举日5日以前向选区所在地基层人民法院起诉,《选举法》规定,选民名单在选举日前20日公布,如果选民对其有异议,还不可直接向人民法院起诉,必须先向选举委员会提出申诉,而选举委员会最长有3日的时间处理,由此,从选民发现选民名单有问题而决定提出异议并经过了选举委员会的申诉程序最终向人民法院提出诉讼最少已经过了 5 日左右的时间,而且必须给人民法院留出必要的时间以保证其能够在选举日前作出判决(选举日后的判决已无意义),所以,选民必须在非常有限的时间内决定是否起诉并准备好起诉所需要的各种书面材料及搜集各种证据。

(3) 审理期限短。按《民事诉讼法》第 165 条第 1 款规定,人民法院审理选民资格案件,必须在法定的审理期限内审结;这种法定的审理期限是——人民法院受理选民资格案件后,必须在选举日前审结,并应当将判决书在选举日前送达选举委员会和起诉人,并通知有关公民。在民事诉讼法规定的各种诉讼程序中,选民名单案件的审理期限最短。

(4) 合议制的审理模式。《民事诉讼法》规定审理选民资格案件应当采取合议庭的审判组织方式,这是考虑到选民资格案件关系到公民的政治权利,应当慎重以待,即使案情不复杂,也不能由审判员独任审理。合议制相对于独任制而言,独任制是指由 1 名审判员独立地对案件进行审理,合议制是指由 3 名以上审判人员组成审判集体对案件进行审理。《民事诉讼法》第 4 条规定,人民法院审理第一审民事案件,由审判员、陪审员共同组成合议庭或者由审判员组成合议庭,合议庭的成员人数必须是单数。

(5) 审级问题上的一审终审。《民事诉讼法》规定,依特别程序的案件,实行一审终审,判决书一经宣告或送达后,立即发生法律效力,任何人都不得提起上诉。

2. 刑事诉讼上的破坏选举案件

根据《选举法》第 43 条,破坏选举的犯罪行为包括:(1) 用暴力、威胁、欺骗、贿赂等非法手段破坏选举或者妨害选民和代表自由行使选举权和被选举权的,犯有此项罪行的,处 3 年以下有期徒刑或拘役(根据《中华人民共和国刑法》第 142 条规定)。(2) 伪造选举文件、虚报选票数或者有其他违法行为的,则可根据刑法关于伪造公文、证件的有关规定(见《中华人民共和国刑法》第 167 条)、关于国家工作人员渎职罪的有关规定(见《中华人民共和国刑法》第 185 条)予以处罚。(3) 对于控告、检举选举中违法行为的人,或者对于提出要求罢免代表的人进行压制、报复的,可根据刑法中关于国家工作人员滥用职权对控告人、申诉人、批评人实行报复陷害的规定(见《中华人民共和国刑法》第 146 条)和其他有关规定施以刑罚。

第四章　我国公民选举权的救济制度

至于妨害选举案件的审理程序问题,刑事诉讼的法律依据主要有《刑事诉讼法》和其他有关刑事诉讼制度的法律、法规,如:《中华人民共和国人民法院组织法》、《中华人民共和国劳动改造条例》、《中华人民共和国逮捕拘留条例》、《中华人民共和国律师法》以及全国人民代表大会常务委员会《关于迅速审判严重危害社会治安的犯罪分子的程序的决定》、《关于国家安全机关行使公安机关侦查、拘留、预审和执行逮捕职权的决定》、《关于刑事案件办案期限的补充规定》。此外,不容忽视的是,最高人民法院、最高人民检察院对应用刑事法律、法令问题所作的司法解释,实际上也起着法律渊源的作用。

应当承认,由于立法上的粗线条,我国现行选举法及有关刑事法规均未对如何认定破坏与妨害选举的问题做进一步说明①,而对于妨害选举的刑事案件的审理程序也无法律的特别规定,这些都有待于通过立法加以完善。

二、制度缺陷

对于人民政权来说,最早对选举权救济问题作出规定的可以溯及到1931年公布的《中华苏维埃共和国选举细则》,该《细则》对选举诉讼问题作出了规定。1933年《中华苏维埃暂行选举法》也规定了选举诉讼制度。在新中国成立后,通过的历部《选举法》对选举权的救济问题包括罢免和选举诉讼的问题亦有所涉及。但是,我们必须承认,我国现有的涉及选举权救济的法律制度,其规定过于简单,甚至作为救济制度最为重要的一种类型"选举诉讼"语词本身也未见诸法条,而我国的理论界也没有构筑出较为完整的选举诉讼理论来指导我们的制度实践。要想推进选举权救济制度的完善和发展,就应当对现行制度作出深刻检讨。笔者认为,我国的现行选举权救济制度存在着如下问题:

（一）罢免规范难以操作

罢免是选民自力救济的方法,根据2004年全国人大常委会修改后的《选举法》规定,对县级人民代表大会代表选区选民50以上联名,对乡级的人民代表大会代表选区选民30人以上联名,可以向县级人民代表大会常务委员会书面提出罢免要求。依照法律,同级人民代表大会常务委员会在接

---

① 比如说,在实践中,对破坏选举与妨害选举权的认定通常局限在针对个人扰乱选举秩序方面,而有关组织(例如党政机关)干涉选举的情况不在少数,我们的法律却保持了沉默。

到选民的罢免要求后,应当将选民的罢免要求和被提出罢免的代表的书面申辩意见印发给选区选民。如果人民代表大会常务委员会决定启动罢免程序,应派人组织罢免要求的表决,被提出罢免的代表有权在选民会议上提出申辩意见,选民有权在选民会议上提出罢免理由,人民代表大会代表可以反驳。最后经无记名投票,如有超过原选区过半数的选民赞成,罢免即为通过,被罢免人的人民代表大会代表资格将丧失。

选民行使罢免权是我国公民宪法权利的一项重要内容。尽管存在严重的程序缺失,但事实上,罢免人民代表大会代表、终止代表资格本身并不是什么新鲜事。例如,在我国的政治生活中,对于一些触犯了刑律的人民代表大会代表,由原选举单位或选区将其代表资格罢免。但与之相比,由原选区的选民投票罢免由直接选举产生的人大代表,尤其是非因代表的刑事犯罪事由的事例确实鲜见。因为这种形式在实践中很难成为一种经常性的可操作的救济形式。这一判断从以下这个真实的案件中可以得到印证:

2003年5月25日,深圳市南山区麻岭社区居民委员会选区33名选民,将1份《关于坚决要求罢免陈慧斌南山区人民代表大会代表资格致深圳市人民代表大会常务委员会、南山区人民代表大会常务委员会的函》送到了南山区人民代表大会常务委员会办公室,要求罢免该选区新当选的深圳市南山区人民代表大会代表、麻岭社区居民委员会主任陈慧斌。其理由是:"在辖区人民群众生命财产安全受到极大威胁的时候,漠不关心群众疾苦,工作严重渎职。"他们认为,陈慧斌虽然当选人民代表大会代表,但她漠不关心人民群众的疾苦,已经不能代表人民群众的根本利益,没有资格继续担任人民代表大会代表,所以对她正式提出罢免要求。选民们列举了三件事来说明他们的观点:其一,2003年5月1日下午,一场特大暴雨袭击深圳,麻岭社区所属的凯丽花园100多米长的围墙被大水冲垮,小区积水齐膝,而陈慧斌至晚上7时姗姗而来;其二,2003年5月8日,由于某草台戏班在深圳演出,引起"非典虚惊"事件,凯丽花园与演出地点仅隔一个街区,但陈慧斌竟然整整一天没有在凯丽花园露面;其三,在抗"非典"之时,麻岭社区居民委员会在陈慧斌主任的领导下,未能很好地开展对辖区内进行清理卫生死角和清除污染源的工作,以致现在麻岭社区内仍然有极大的卫生隐患。

深圳市南山区人大常委会和深圳市人大常委会在接到罢免函后对是否应允许选民行使罢免权感觉难以把握,所以他们决定通过上级人大常委会向全国人大常委会法制工作委员会请求进行解释。

这一事件表明了我国人大代表的罢免制度存在着重大的缺陷,主要表现在以下方面:

第一,选民要求罢免人民代表大会代表是否需要法定的事由作为依据?在该案中,要求罢免陈慧斌人民代表大会代表资格的选民提出了3件事由以证明陈的代表身份与其行为不相符合。但实质上,这些罢免事由都是陈慧斌没有很好地履行其居民委员会主任的职责。而且罢免函中所涉及陈慧斌的3件事中的两件都发生在陈慧斌当选人民代表大会代表之前。那么,这是否是将陈慧斌的社区居民委员会主任与人民代表大会代表的身份混淆起来了?罢免究竟是否需要法定的事由?

选举法只规定提出罢免需要提出理由,问题是哪些事由可以构成罢免的理由法律并没有相应规定。但探究人民代表大会代表的性质应该可以基本回答这一问题。代表法规定了人民代表大会代表的职责。只要选民认为代表没有履行法律为其设定的职责,代表即可提出罢免案。但不能将代表的身份和代表的其他社会身份混同。

第二,罢免程序的严重缺失。首先,如选民提出罢免要求,县级人民代表大会常务委员会是否必须启动罢免程序?人民代表大会常务委员会根据何种规则判断是否需要启动罢免程序?由于人民代表大会常务委员会是人民代表大会的常设机关,被要求罢免的代表甚至可能就是人民代表大会常务委员会的组成人员,由人民代表大会常务委员会决定是否启动罢免程序是否能够做到公正也是值得怀疑的。

第三,在罢免程序上,如何保障被罢免代表的权益也是值得关注的问题。根据《选举法》的规定,对人民代表大会代表的罢免要求原选区30名选民联名即可提出,如果对选民罢免权的行使没有实质性的限制条件,就有可能使人民代表大会代表在5年时间的任期内多次面临被罢免的危险,也要花费大量的时间去应对选民的质疑和为自己辩护。尤其是对于刚刚经过绝大多数选民投赞成票当选的人民代表大会代表,少数选民能否提出罢免案,现行法律并没有明确规定。所以,有必要规定人民代表大会代表在当选后多长时间内或者曾提出罢免但未获通过后多长时间内不可以罢免。否则,就存在有不同意见的选民可以反复提出罢免要求的可能。

(二)没有独立的选举监察机构

在法治完备的国家,选举监察往往有其重要性,它是针对侵害选举权的第一道防线,在选举诉讼的完美配合下,有利于达到对选举权的最有效救济。但是目前在我国,除了台湾地区外,选举监察制度事实上是缺位的,而这也尚未引起学界和政府方面的重视。在我国目前的各级人民代表大会代表的选举中,均由选举主持机构承担选举监察职能,如《选举法》第25条规定:"对于公布的选民名单有不同意见的,可以向选举委员会提出申诉。"但是从选举监察的视角看,各级选举机构在选举中本属于被监督对象,再由其承担监督选举是否公正的职能,实际上是"运动员"与"裁判员"的角色合二为一,这显然有悖"自己不能做自己案件法官"的正当程序原则。此外,从选举机构的人员组成来看,也没有实行严格的回避制度,往往既是选举工作人员、同时又是候选人的现象比较普遍,因此很难保证选举机构在各候选人之间保持中立。

（三）选举权的救济范围狭窄

按照我国《选举法》第28条、第52条的规定及《民事诉讼法》第164条、《刑法》第256条的规定,法院目前只受理选民资格案件和故意破坏选举的案件,前者是以民事案件按民事诉讼程序予以裁决,后者是以刑事案件按刑事诉讼程序予以裁决。至于选举中的其他方面的问题,例如:选民登记(如错登、漏登、重登以及漏发选民证等问题)、选区划分、候选人(如确定正式候选人过程中的暗箱操作等问题)、选民投票(如选民超过限度接受他人委托投票等问题)、当选计票(如计票失误)等,均未规定相应的诉讼程序;尤其是有关选举无效之诉、当选无效之诉及与罢免案有关的诉讼,是各国司法实践中最普遍的选举诉讼类型,而为我国选举制度所欠缺。此外,对于过失侵犯选民民主权利的行为,法律也并没有明确的规定,当然这些问题也没有纳入法院的受案范围。这不但与国外民主先进国家的立法经验不符,也不适应我国选举实践中人们对选举权越来越重视,以及选举争议越来越多的大趋势。我国法院在选举诉讼上的受案范围过窄,必然使选举权利受到侵害的公民在救济广度上受到极大的限制,从而难以保证公民的选举权得到有效的救济。而由于整个司法救济大环境的影响,即便是可诉的选民资格案件和故意破坏选举的案件,由于其缺乏对政党以及选举委员会违反选举法

第四章 我国公民选举权的救济制度

的行为的认定和处理程序,因而权利救济使命的实现也难以让人乐观。①

在选民名单案件方面,虽然民事诉讼法对选民资格案件审理做出的明确规定给予了我国公民选举权一个诉讼救济的途径,但是民事诉讼法对"特别程序"的采用也带来了一些问题:

1. 关于起诉期限。有关起诉期间的问题是,如果当事人因不可抗拒的事由或其他正当理由耽误期限,能否适用《民事诉讼法》第76条的规定,在障碍消除后10日内,向人民法院申请顺延期限?② 实际上,当出现此种情

---

① 王春立等16人原系北京民族饭店的员工。1998年西城区人民代表大会换届选举。当年10月,北京民族饭店公布的选民名单中确定了该16名员工的选民资格。后因该16名员工与北京民族饭店的劳动合同届满,双方解除了劳动关系。12月15日,新一届人大代表选举投票开始,北京民族饭店没有通知王春立等参加投票,也没有发给他们选民证,致使该16名员工未能参加投票。为此,王春立等16人向西城区人民法院递交了起诉状,状告北京民族饭店侵犯其选举权,要求判令被告依法承担法律责任,并赔偿经济损失200万元。西城法院审查认为,王春立等16人关于北京民族饭店对起诉人未参加选举承担法律责任并赔偿经济损失的请求,依法不属于法院的受案范围,故裁定对王春立等人的起诉不予受理。王春立等其中的15人不服,向北京第一中级人民法院提起上诉,请求撤销原裁定予以受理。北京第一中级人民法院经审查认为,王春立等人以北京民族饭店侵害其选举权为由,要求北京民族饭店承担法律责任,赔偿经济损失,因争议不属于人民法院受理民事诉讼的范围,故王春立等人提起民事诉讼,主张由法院受理的请求,不予支持,原审法院不予受理的裁定正确。据此裁定,驳回上诉,维持原裁定关于王春立案,北京市高级人民法院从指导审判的角度进行了评析。点评指出,选举权和被选举权是我国公民依法享有的一项重要的宪法权利,该权利受法律保护,非经合法程序,任何组织或个人都无权剥夺。根据我国法律,对该权利的保护主要体现在两个方面:一是根据刑法惩处破坏选举的犯罪活动。二是通过民事诉讼处理选民资格案件。就本案来说,北京民族饭店的行为显然不够成破坏选举罪。因为破坏选举罪是指"在选举各级人民代表大会代表和国家领导人员时,以暴力、威胁、欺骗、贿赂、伪造选举文件、虚报选举票数等手段破坏选举或者妨害选民和代表自由行使选举权和被选举权"的行为。同时,本案也不具备选民资格案件的受理条件。依据我国法律规定,人民法院受理选民资格案件应具备三个条件:一是起诉人向人民法院提起诉讼,以选举委员会对申诉的决定为前置条件;二是对选举委员会作出的决定提起诉讼,应在选举日5日之前;三是只能向选区所在地的基层人民法院提起诉讼。根据上述理由,北京市高级人民法院认为,王春立等16名原审起诉人因选举权纠纷提起的民事诉讼,在立法机关没有依法定程序确定人民法院主管前,一、二审法院作出不予受理的裁定是正确的。因为选民资格案件并不决定公民有没有选举权问题,也不裁判剥夺或者恢复公民的选举权,它仅是公民对选举委员会关于选民资格的申诉所作的决定不服,依法向人民法院提起诉讼的案件。针对上述法院的裁定和评析,清华大学的王振民教授提出了质疑。王教授认为,该案可以说是新中国历史上第一起见诸报端的可以被直接定性为"宪法诉讼"的案件,但遗憾的是,两级"法院"竟都把国家的根本大法拒之门外,不敢或不愿受理。尽管宪法上有充分的根据来支持这件诉讼,但是法官仍然认为没有"法律依据"。可见在法官的眼里,"宪法根据"不是"法律根据",宪法不是"法"。实际上这仍然是1955年和1986年最高人民法院两个"批复"发挥作用的结果。参见北京市高级人民法院编著:《北京法院名案判解》,法律出版社2001年版。另见王振民:《中国违宪审查制度》,中国政法大学出版社2004年版。

② 根据《最高人民法院关于适用〈中华人民共和国民事诉讼法〉若干问题的意见》第153条的规定,法院应当受理起诉,但可以判决驳回其诉讼请求;可是这又有什么意义呢?

况,即使受理起诉,其判决结果对选民行使选举权已无实际意义(除非是在选举日前能够作出判决,而这基本上不可能),而目前我国法律又确未规定其他补救措施,所以这是明显的困境。

2. 选民资格案件实行一审终审制,是否会妨害公民选举权的行使?[①]当然,根据《民事诉讼法》第185条,一审终结的民事案件,可以由检察机关提起抗诉;再加以选民资格案件不属于民事诉讼法中不得提起再审的情事之一,原则上还可以适用再审程序补救。但是,这又产生了一个问题:当选举已经进行完毕后,如果再审的结果与原审不一致,选民的资格应当如何认定,有关选民的选举权如何实现补偿或救济呢?这些都是我国选举权救济制度中应当直面的问题。

(四)选举诉讼程序定位有误

在选举诉讼问题上,目前我国实体法与程序法都对有关选举争议的处置做出了一些规定。应当说,通过民事诉讼、刑事诉讼甚或行政诉讼程序予以处理,丰富了相应的救济途径,这是值得肯定的。然而,我国目前选举诉讼的程序设计缺陷是明显的。选举诉讼在性质上属于公法诉讼,因此将选民资格案件归入民事诉讼是颇为牵强的。而对破坏选举的案件,我国走的是刑事诉讼程序,但刑事诉讼针对的是犯罪行为,选举权的争议或被侵害并不必然属于犯罪。因此笔者认为,选举诉讼分别适用民事与刑事诉讼原则与程序,不但在实践上难以操作,而且容易导致当事人对案件性质的误解;从长远看来,将选举诉讼作为一种独立的诉讼程序似乎更为合理,而不应将其笼统地归入已有的两大诉讼体系,在条件成熟时我们可以考虑将选举诉讼纳入宪法诉讼的范畴。

(五)没有专门的裁判组织形式

如前所述,选举诉讼应当是一类专门的诉讼类型被归入宪法诉讼。西方各国有的专设选举法院,或是专辟选举法庭,适用专门程序予以审理,以示重视。英美法系国家虽然概括地将之交于普通法院,但因其历史上司法审查的传统,以三权分立、互相制衡为原则对有关选讼案进行审查,故而

---

① 确定一审终审的原因,是为了及时处理选举争议,使选民的选举权益得到有效救济,保障选举的顺利进行;但是如果不能赋予当事人以充分的诉权保障,那么结果反而会损害选民的利益。许多国家在早年立法中,都曾经规定选举资格诉讼为一审终审制,但是其后就纷纷进行了修改。当然,各国在修改选举诉讼一审终审原则的同时,要求法院在审理选举诉讼案件,应当于一定期限内完成,避免因为拖延诉讼妨害选举进程。例如,我国台湾地区公职人员选举诉讼制度采用二审制,要求受理法院应于6个月审理终结,不得延宕时日,以保护当事人权益。

也倾注了极大的关注。在新中国成立初期,1953年的《中央选举委员会关于基层选举工作的通知》曾指出:"组成并派出专门受理有关选举诉讼案件的人民法庭,这种法庭是由县、市人民法院派出的,相当于人民法院的巡回分庭。"但是设立选举巡回法庭并未坚持很久,后来一概被交于不熟悉选举法的民、刑事法官审理,因而,在组织上存在明显的缺陷。笔者认为,确立职掌选举诉讼的专门管辖机关以及相应的权力配置十分必要,这应是完善我国选举诉讼制度的关键步骤之一。

(六)妨害选举行为的法律责任不完善

我国现行法律对有关选举违法的法律责任规定得不够周详和完善,这主要表现在两个方面。一方面是,妨害选举行为可能涉及到两个层次的法律责任,一是我国法律中已有规定的破坏选举的犯罪引起的刑事责任,一是妨害选举但尚未构成犯罪的行政违法引起的法律责任。但是,由于我国目前尚缺乏对破坏选举的行政法律责任的规定,所以实践中对选举活动中未采用暴力、威胁、欺骗、贿赂等非法手段而破坏选举或者妨害选民或代表自由行使选举权和被选举权的情况常常表现得无能为力。另一方面,对破坏选举的违法犯罪行为的制裁措施太过单一,尚缺乏罚金、剥夺选举权的处罚。综观西方各国对破坏选举的犯罪行为所实施的刑罚,除人身罚外,大多结合有财产罚及剥夺选举权的附加刑。这是因为选举犯罪不同于一般的刑事犯罪,它所侵犯的是公民的政治权利,这种权利所带来的效益及效果绝非一般民事权利所能及,相应地,在刑罚上的对症下药就属必需了。此外,我国《选举法》第十章第52条规定的破坏选举的行为,如何处理可以说是"无法可依",或许这与我国立法中长期存在的"宜简不宜繁"的指导思想有某些关联,但其造成的客观后果却是选举实践中出现的许多违法犯罪行为难以得到有效的制裁。

(七)对选举组织违规侵权防范不力

在各级选举中,某些地方的选举组织者为了贯彻所谓的"组织意图"或假借"组织意图"之名牟取私利,往往对选民或代表自由行使选举权的行为进行有倾向性的影响乃至妨害,他们一般不采用暴力、威胁、欺骗、贿赂等非法手段,但其破坏选举的民主性和真实性结果可能更为恶劣,而选民或代表对此也常常无能为力、无可奈何。这类情况主要有:有的地方不将选民或代表10人以上联名依法提出的代表候选人,同政党、人民团体或者大会主席团提出的代表候选人一起列入初步候选人名单,交付选民或代表酝酿、协商与讨论,此其一;候选人名额与应选的代表人名额相等,无视选举法差额选举的规定,随意变通为等额选举或所谓的定额选举,此其二;主持选举的机构不按法定程序进行选举,如不在选举日前 20 日公布选民名单,任意撤换代表候选人以及将获选票不足法定人数的代表候选人宣布为当选等,此其三;在投票选举中虚报参加选举的人数,多领选票或涂改选票,或任意篡改选举结果等,此其四;有些地方法规限制了选民的权利,甚至剥夺了选民的选举权或被选举权,但是选民却没有机构可以主张自己的权利,此其五。这些现象对选举工作的影响,并不亚于那些以暴力、威胁、欺骗、贿赂等非法手段破坏选举的行为;因此,为了确保选举的公正有效,必须引入相应的司法机制,对选举组织一方妨害公民选举权的行为进行规制。

在实践中,因选举委员会的故意或过失造成公民选举权被侵害的现象屡见不鲜。在 1998 年湖北省长阳土家族自治县进行的第五届人大代表的换届选举中,即发生了选举工作的负责人篡改选票的事件。该县磨市镇为县人大代表选举的第三选区,有肖兴由、孟庆法和熊长淑三位候选人,应选代表 2 人,选举工作的负责人为林某。选民投票后经计票,肖兴由得票 1456 张,孟庆法得票 1497 张,熊长淑得票 1482 张。根据这一结果,林某宣布孟庆法和熊长淑二人当选,并向镇选举指导组报告了选举结果。但镇选举指导组审核后发现 3 名候选人得票之和大于有效票数,立即通知林某复核。林某接到通知后,没有告诉监票人即将全部选票拿回自己住处清点,发现孟庆法得票实为 1426 张,报数有误,按实际得票数,孟庆法不应当选,而应是肖兴由。但林某认为选举结果已公布,重新选举又很麻烦,因而决定将肖兴由的赞成票拿下 200 张,给孟庆法补上 200 张,林某及另外两人动手涂改了 160 张选票,继续维持孟庆法当选的结果。① 林某等人的破坏选举行为直接改变了选举结果,不仅侵犯了选民的选举权,也侵犯了候选人的被选举权。但是,由于这一事件是选举工作人员所为,隐蔽性更强,一般难以暴露,其危害性更大。

(八) 选民资格案件的主体确定失当

根据我国《选举法》及《民事诉讼法》的有关规定,选民资格案件的起诉主体比较特殊:起诉人不一定是与选民资格案件有直接利害关系的人,只要是对选民资格有意见的人,都有权向选举委员会申诉,对选举委员会处理决定不服的,有权向人民法院起诉。因此,作为原告的公民,既可是中国公民,

---

① 李有存:"公民选举权不容侵犯——湖北长阳土家族自治县发生一起涂改选票事件",载《人民日报》1999 年 1 月 13 日。

亦可是外籍公民或无国籍人;同时,选民资格之诉既可以是一个公民提起,亦可采共同诉讼或集团诉讼形式。应当承认,将选民资格之诉当作公益诉讼而放宽起诉主体的范围,其立法用意是值得赞同的,但是我们又必须注意到它所生发的实际问题。具体而言,由此引发的问题有:

1. 外国人或无国籍人能否在中国提起有关选民资格的案件?从我国目前《选举法》和《民事诉讼法》的条文看,选举诉讼并没有排除外国人与无国籍人起诉的可能性。因此,只要符合《民事诉讼法》有关起诉的要求,外国人应当可以提起有关选举资格的诉讼,并依同等原则和对等原则享有诉讼权利承担诉讼义务。但是,选举权是一国公民的基本政治权利,由外国人或无国籍人提起选举诉讼显然是不恰当的。

2. 单位或组织及其他社会团体能否为选举诉讼的原告?从法律条文字面理解,单位或组织及其他社会团体不得为选举诉讼的原告,但是如果适用民事诉讼的支持起诉原则,则可能使提起诉讼的主体更广泛。① 从公益诉讼的理念出发,从对选举权实施更有效救济的角度看,如果在选举过程中"受害人"没有起诉,其他机关、团体、企业事业单位即使不能以原告的身份出现,也应当可以支持起诉。总之,在起诉主体上的该排除的不排除、该认可的不认可,是为失当。

此外,在选民资格案件的审级问题上,以基层法院管辖一审案件,并铁板一块地采用一审终审制,既不利于选举诉讼的公正进行,也不能体现对于保护和救济公民选举权利的重视。

(九) 选举诉讼的后续保障缺失

选举诉讼案件是极富政治性的案件,因此,其裁判的影响层面较其他诉讼更为深远。对个人而言,选举诉讼往往关乎名誉、参政兴趣及其自我实现的可能性;对国家与社会而言,选举诉讼对违法的制裁,有利于确保选举的公平进行,在根本上会牵涉到政权的合法性。西方的选举诉讼制度以选举效力诉讼和当选效力诉讼为核心,而我国所谓的"选举诉讼"制度对于选举

---

① 根据《民事诉讼法》第15条的规定,支持起诉原则,是指机关、社会团体、企事业单位对损害国家、集体和个人民事权益的行为,可以支持受损害的单位或个人向人民法院起诉。支持起诉应当具备以下三个条件:(1) 支持起诉限于侵权行为引起的民事案件,如果没有对侵权事实的认定,则不存支持起诉的问题;(2) 有权支持起诉的,只限于机关、团体、企事业单位,不包括个人;(3) 必须是受害人没有起诉。当然,选民资格案件是否属于民事侵权案件尚有争议,选民资格意味着对选举权的确认,应当依照选举法和其他有关法律的规定处理;因此,对选民资格案是否适用民事诉讼的支持起诉原则,尚需探讨。

本身的合法性和候选人当选的有效性几乎没有涉及,这给实践带来了难题。比如说,我国《选举法》规定了对破坏选举的制裁,实际上先验地认为选举本身是合法的,但是如果选举本身不合法,破坏一次违法的选举是否犯罪?再比如说,若选举的程序非法,新的人大据以产生,新的一府两院也由人大产生,这种基于违法选举的政权的合法性何在?从法律的角度来看,我国选举法、各级组织法对于违法选举的后果均未规定如何救济,不仅使选民和代表的选举权与被选举权缺乏制度性保障,更可能使政权的合法性受到怀疑,出现危机;同时,由于对选举程序问题所致纠纷目前也基本没有司法解决的可能,因而也缺乏根本性的救济途径。

第三节 选举权救济制度的完善

一、制度完善的宪政意义

民主政治发展到今天,民主的实体性正义价值已得到完全的肯认,并通过诸如选举制度、议会制度等一定的制度形式表现出来,但仅此尚不足以自行。民主理想在人类社会的切实实现,有赖于关乎民主的具体制度得到充分有效的保障和救济,恰恰这些在现实社会中的实现步履维艰;因而,民主的理想到民主的现实,以诉讼正义价值为核心的救济理念的深入人心不可或缺。诉讼机制作为一种解决社会冲突的形式,经历了由一元化向多元化的演进过程,其具体作用表现为:依据社会冲突的不同状况,运用诉讼手段对冲突实施不同的排解和抑制,维护和整合现实统治关系,从而实现对社会的控制;在此过程中,权力逐渐弱化、权利日趋受到尊重,从而向在二者平衡基础上形成的"社会和谐"迈进。选举制度是运送与实现民主的方式,作为一种消极的救济选举权的制度形态,选举诉讼能够有力维护选举权的实现,从而为政权的民主合法性打下坚实的基础,申言之,它的存在真实反映了社会整合机能的健全以及人们对身处其中的民主法治文明的主观认同。我国正在向社会主义民主法治国家迈进,而要最终实现这一目标,建立选举诉讼制度就首当其冲、势在必行。具体而言,在我国建立选举诉讼制度的必要性在于:

第一,建立选举诉讼制度,有助于推进民主的实现。对于民主,我们空谈主义是不行的,所以,民主总应当是具体的民主。选举权是一国公民实现民主的最基本形式,没有它,民主的实现无从谈起,选举诉讼制度是保障和救济公民选举权的最有力的措施。站在民主的立场上看,没有选举诉讼的救济就没有真实的选举权,没有真实的选举权就没有真实的民主,因而,建立选举诉讼制度有助于推进民主的真正实现。从选举诉讼的结果来看,选举或是关系到一个人的政治生命,或是有关基本人权的实现(如美国有关黑人选举权的几个界碑性案例),因此,选举诉讼制度的创建与运行,往往会促进政治清明,并使民主落到实处。

第二,建立选举诉讼制度,有助于推进宪法诉讼制度的建立,维护宪法的最高权威。选举权作为公民参政的权利,是我国宪法明确赋予的最重要的政治权利之一,而选举诉讼救济和维护了选举权就是维护了宪法的最高权威。我国宪法虽然宣布自己"为国家的根本法,具有最高的法律效力",但由于我国宪法保障机制的不健全,从而使得上述宪法原则在实际政治生活中往往难以落到实处,在适用于具体的社会政治、法律关系时,极易被架空而蜕变为政治合法化的教条。选举诉讼制度的建立正是从点滴做起,建立救济宪法权利、追究违宪责任的机构和程序,它对于宪法诉讼制度的建立和保障宪法的实施将起到切实的推动作用。

第三,建立选举诉讼制度,有利于解决选举争议,制止选举违法。任何宪政国家,都会有这样那样的选举争议和违法行为的发生,缺少有效的救济机制的国家尤甚。在我国,民法、刑法、行政法等都有相应的程序法相配套,而选举法这样的宪法性法律却没有相应的程序法相配套,这是很不利于选举法的有效实施的。如前所述,选举诉讼是最有效、最有力的终局解决机制,有了选举诉讼,即有程序可依,选举权的救济才能具有较强的可操作性,从而通过诉讼程序,制裁违法,更有效地消弭选举争端和遏制选举违法。

第四,建立选举诉讼制度,有助于深化司法的功用,推进法治国家的建设。依法治国,建设社会主义法治国家,是我国目前和今后很长时期内的一项重大任务。宪法和宪法性法律文件对国家机构的组织、权限及其权力的运行规定了基本准则,一切国家权力都必须依法运行,但这种"依法"不可能靠政府或公民及组织的自律,而且事实上也是靠不住的。孟德斯鸠曾经说过,一切有权力的人都容易滥用权力,这是万古不易的经验。其实权利也是如此,没有法律"界碑"的权利也容易滥用。深化司法的功用,才能保证国家以及个人、组织的"依法"行事,建立选举诉讼制度就是促进"依法"选举的重要措施。由于选举权在民主政治中的极端重要性,通过选举争议的司法解决和对选举违法的司法制裁,不仅可以促使选举权在法律规定的轨道里有序运行,而且可以增加民众对司法的信心和依赖,惟其如此,法治与民主国家的建设才有希望。

二、制度完善的具体思路

(一) 立法规制

从立法的角度来看,我国要实现选举诉讼制度的完整建构,明确选举诉讼的基本原则是必须的。关于各类诉讼的一般原则,如法院依法独立审判原则、当事人在诉讼中法律地位平等原则、辩论原则等等自当直接持拿来主义之态度;同时,由于选举诉讼的独特性,其他的原则,如自然公正原则、简便及时原则、公开审判原则等也应当确立起来。在总体思路上,应当明确选举监察等救济方法与选举诉讼的衔接问题;关于选举诉讼诉的分类,应当突破目前仅有选民资格案件的格局,囊括目前各国通行的选民资格之诉、选举无效之诉、当选无效之诉、罢免无效之诉及破坏选举的违法行为之诉,对选举权实施全方位的司法救济。

选举诉讼问题上的立法规制,其首要就在于对选举争议作一定性分析。选举争议是指在选举过程中所发生的争议,具体包括:选民资格争议,选区划分争议,候选人提名争议,选举违法舞弊的争议,计票方法的争议,对其他选举管理活动不服引起的争议,对其他选举效力的争议,当选争议等等。[①] 当然,重中之重的问题是对违法选举行为在立法上进行细化,因为选举争议的产生往往由一定的选举违法引起,而选举违法几乎与各个种类的选举诉讼都有直接或间接的关系。同时,与违法行为相附随的总是一定的法律责任,选举违法的程度往往意味着轻重不同的责任。因此,对违法选举行为作一番细致的考察与分类,无论对于选举违法的规制还是对于选举诉讼的建构,意义都十分重大。

《选举法》第52条对所界定的违法行为包括以下几种:(1)用暴力、威胁、欺骗、贿赂等非法手段破坏选举或者妨害选民和代表自由行使选举权和被选举权的;(2)伪造选举文件、虚报选举票数或者有其他违法行为的;(3)对于控告、检举选举中违法行为的人,或者对于提出要求罢免代表的人进行压制、报复的。这些规定在各省级权力机关制定的选举法实施细则中都得到了重申,但在一些省级权力机关制定的选举法实施细则中还增加规定了其他类型的违法行为。如湖南省的实施细则规定"在选举中挑动派性冲突、制造宗族纠纷"的违法行为,西藏自治区和湖南省的实施细则中规定

---

① 参见任端平:《选举争讼制度研究》,第69页。

"在选举中挑拨民族关系、破坏民族团结、煽动民族分裂"的违法行为,而在河南省的实施细则中除重申《选举法》的规定外,增加了"其他违法行为"的概括性规定。但这些法律法规所列举的违法行为显然不能涵盖选举实践中出现的所有的违法行为。学者们对此问题也进行了很多研究,他们基于自己对于实践的考察,将所观察到的各种违法行为进行分类总结,概括出若干种不同类型的违法选举行为。如有学者认为违法行为可分为"过失违法"和"破坏选举"两种大的类型。"过失违法"是指违法主体因自己主观上的过失而出现的违法行为,具体包括:(1)选举组织者的工作过失,如选区划分失当、错登漏登选民、漏发选民证、错排代表候选人名单、遗失选票、计票错误、统计错误等;(2)代表候选人的行为过失,如不执行回避原则、不按规定参加与选民见面活动等;(3)选民的过失行为,如因"无意"行为扰乱社会秩序、举报违法行为失实等。"破坏选举"是指行为人故意造成的违法选举行为,具体包括:(1)以暴力、威胁、欺骗、贿赂等手段破坏选举或者妨碍选民和代表自由行使选举权和被选举权,或者强行宣布合法选举当选无效。指选、派选、诱选或违反法律规定搞等额选举,以及未经选民同意任意增减选民提出的代表候选人和擅自扩大代表名额,不真实地介绍候选人的情况;(2)伪造选举文件和选票、篡改选票、虚报票数,或在选举中故意捣乱会场秩序;(3)对于控告、检举选举中违法行为的人,或者对于提出要求罢免代表的人进行压制、报复;(4)在选举中挑动派性,制造宗族纠纷;(5)在选举中挑拨民族关系,破坏民族团结,煽动分裂;(6)在选举中歧视妇女。[①]

　　这种对违法选举行为所作的较为系统的概括,对于准确地认识和判断实践中的违法行为具有积极的参考意义,但将违法选举行为分为"过失违法"与"破坏选举"则难以经得起理论上的推敲。首先,从其所列举的情况看,"破坏选举"所包含的类型基本是重复法律法规的规定,而"过失违法"所包含的类型基本不在法律涵盖范围之内,破坏选举者无疑要承担法律责任,而过失违法者不知是否其"过失"而可免遭法律制裁?其次,"过失违法"中列举的行为并非都只能由"过失"而成,违法者亦可能是基于"故意"而做出其中的某些行为。再次,这种分类是以违法者的主观心理状态为标准而进行的分类,但分类中未明确界定每种行为的主体,这将使在实践中难以确立违法行为责任的承担者。

　　界定违法行为内容的目的是为了追究违法者的责任以保证选举的顺利

[①] 史卫民、雷兢璇:《直接选举:制度与过程》,第374—375页。

进行,最终实现对公民选举权和被选举权的保证,而追究违法者的责任首先要确定的是违法者的主体。所以,以违法主体作为标准对违法行为进行分类更能有效保证违法行为的制止与制裁。基于此,可以将违法选举行为分为以下几类:

1. 选民的违法选举行为

选民的违法选举行为主要包括:(1)接受候选人的财物、职业或其他贿赂,而行使或不行使投票权;(2)不具备选民资格但却参加投票;(3)冒名顶替他人投票或在投票时为人助选;(4)选票上除圈选符号以外,另写其他符号或文字;(5)从发票员以外的人员取得选票,或在领票后不在规定圈选处圈选;(6)手中持有两张或两张以上选票,或在圈选后将选票交给非指定收票人员;(7)圈选后故意将选票圈选内容暴露给别人;(8)领票时被控不合格,经选举工作人员依法提出询问及通知宣誓后,而拒绝答复、宣誓或发假誓;(9)伪造选票;(10)在同一次选举中投票两次以上,或超过法定选区而进行多次投票;(11)持武器进入投票所等。

2. 候选人的违法选举行为

候选人的违法选举行为主要包括:(1)以财物、职业或其他贿赂选民;(2)以强暴手段或利用职务上的权力威胁、利诱、限制投票人;(3)聚众扰乱投票所,妨碍投票秩序;(4)伪造或非法持有选票;(5)欺骗文盲,唆使其选择或不选择某候选人;(6)以财物、利益等贿赂报纸杂志,使其刊载有利于或不利于某候选人的图画文字;(7)现役军人集结部队于投票所或附近区域,企图威胁妨碍投票者;(8)印制或分发无人负责的竞选文告或竞选宣传品;(9)设宴招待投票人;(10)供给投票人交通工具、旅馆及其费用;(11)对选区内的社团或财团捐款,以期获取选票;(12)诽谤其他候选人;(13)雇佣游说人拉选票;(14)持武器进入投票所等。

3. 选举组织及其工作人员的违法选举行为

选举工作人员的违法选举行为主要包括:(1)接受候选人或助选人的贿赂;(2)变更、涂改、损毁选民名册或选票,或知情不举及未尽力制止;(3)滥用职权、妨碍选民自由投票;(4)窥探选民投票内容,妨碍选民投票;(5)纵容不合格的选民投票,知情不举或不加以制止;(6)在选票上附加任何符号;(7)在计票前或不计票时,私自掺入选票,以影响选举结果,或故意错误地计算或记载;(8)非负责的选举工作人员持有保管选票的钥匙等。[①]

---

① 参见王玉明:《选举论》,第232—233页。

第四章 我国公民选举权的救济制度

综合以上三类违法选举行为可以看出,这种理论上的分类与列举对于我国选举违法的立法规制是很有意义的。在我国,目前有关选举违法的立法在法律责任的分配上实际上是不太公平的,因为它在很大程度上忽略了选举组织者的法律责任。在此,以违法主体来划分违法选举行为,则有利于立法时在责任分配上的对号入座,显然这是我国选举诉讼制度创建过程中应当给予相当重视的。事实上,选举中需要立法规制的问题是非常多的,比如对于违法选举而致的选举本身的后果法律应当如何规定,从而为通过选举产生的政权的合法性增加说服力就是我国的立法者必须直面与回答的问题。当然,由于人类行为的复杂性与多变性,这里也只能"荦荦大者,举其数端"而已。

(二)设立专门的管辖机关

目前,我国的选举权救济的管辖体制是:由主持选举工作的机关——选举委员会处理一般争议,由司法审判机关——人民法院处理选举诉讼案件。于是,有人认为,我国可以在此基础上,逐步建立由代议机关和司法机关相结合的选举诉讼管辖模式,即由人大及其常委会对代表资格等选举争议进行审查,由司法机关对选举人资格诉讼、选举效力诉讼和当选效力诉讼进行管辖,并追究其行政、民事以及刑事责任;在建立了以上管辖体系之后,再对其中的具体制度进行规定,对各管辖机关的权力进行合理配置。这是一种混合制模式。还有主张分级设立选举委员会作为选举裁判机关:省、市、县、乡各级政府在本行政区域进行选举期间,要成立临时的选举委员会,作为选举裁判机关;选民对选举有异议,可在规定期限内,由低向高依次向各级选举委员会提起诉讼,提请裁决,中央设立全国性的选举委员会,作为常设的组织和仲裁机构,受理省级以下选举委员会无法解决的选民申诉,并做最后裁定。这是一种选举委员会制模式。

对于论者的上述两种主张,本书不敢苟同。第一,人大常委会和选举委员会的中立性无从保证。这包括两个方面的原因:(1)从前文对选举违法行为的归纳分类可知,人大常委会和选举委员会作为主持选举的组织,自身的一些行为即可能构成违法,此时希冀由人大常委会或选举委员会纠正自己的违法行为无异于缘木求鱼。(2)无论是人大常委会还是选举委员会,组成人员都会有一些人同时又是候选人,如果他们在选举中的一些行为构成了违法,人大常委会或选举委员会也难以完全做到客观公正地处理。所以,人大常委会或选举委员会本身作为选举的组织者或主持者,是选举的当事人之一,甚至本身就有可能成为被告,如果由它们自己来裁决案件,就容易会形成"法官审理自己作为当事人的案件"的格局,不符合自然公正的法理原则,不利于保护对方当事人的合法权益。第二,选举委员会的独立性难以保障。在我国现行立法的框架下,选举委员会是一个临时性的组织,在很大程度上依附于人大常委会或者基层政府或较大的单位和集体。由于选举委员会的依附性,使得其成员资格的确认主要依据对工作的责任感以及对所属机关的忠诚感,而非处于独立的地位。第三,选举委员会成员的专业性尚未确立。《选举法》第7条规定:"不设区的市、市辖区、县、自治县、乡、民族乡、镇设立选举委员会,主持本级人民代表大会代表的选举",可见我国目前的选举委员会主要是选举的主持与召集者,不需要一定的专业知识和法律知识,而在实践中,各地的选举委员会一般均是来自于当地的党、政、军、群等各方面的负责人组织,相对而言,这种构成更多的是基于一种政治的考虑,而非专业性的考虑。但是,选举诉讼需要相当程度的专业法律知识背景和社会知识背景,由选举委员会来主持选举诉讼的裁决,也不恰当。[①]

本书认为,审判组织的模式选择,最好是设立专门的选举法院或选举法庭。随着我国民主进程的深入,选举活动将会越来越频繁,因此设立专门的选举法院或法庭是很有必要的。具体而言有两种方案:一是根据我国宪法中有关设立军事法院等专门法院的规定设置选举法院,这在宪法上没有制度性的障碍,只需要由全国人大常委会作出一个专门的决定即可;二是在基层人民法院、中级人民法院、高级人民法院和最高人民法院内部设立专门的选举法庭,这种方案需要的只是一种政治性的决定,而在法律上没有任何障碍。但无论是哪种方案,都需要设计专门的诉讼程序。[②] 前一种方案有利于实现选举诉讼机构的独立性、权威性与专业性,应当是一种理想的选择;后一种方案有利于充分发挥现有审判资源的效用,同时也可在一定程度上达至选举诉讼裁判机构的专门化与专业化,应当是一种较为现实的选择。如果选择后一种方案,在选举诉讼的一审管辖方面,笔者主张,对选举人大代表的案件,一审至少应当由中级法院的专门选举法庭管辖。目前我国各级人民法院根据有关法律规定都由同级人民代表大会选举产生,如果让基层人民法院审理基层人大代表的当选效力案件,可能会导致同级法官决定同

---

① 关于选举委员会的独立性和专业性问题,可参见程洁:《宪政精义:法治下的开放政府》,第144—145页。

② 无论是哪种方案,在受案范围方面,不仅应受理各级人大代表选举中所发生的纠纷,也应包括村民委员会选举中发生的侵权纠纷。唯此,对公民选举权的司法保护才是完整的。

级人大代表人选的问题,这显然会形成一个悖论。另一方面,中级法院管辖的案件也较基层法院为少,这也有利于选举案件的及时审结,符合选举诉讼本身的时效要求。当然,我们之所以主张在基层人民法院也设立专门的选举法庭,是因为在我国还有作为基层群众性自治组织的村民委员会与居民委员会的选举,这种社区民主在我国对于实现政治民主具有特殊的意义,因此对村民委员会与居民委员会选举中出现的选举争议,可以由基层人民法院中的专门选举法庭受理。关于村委会选举纠纷的解决,本书最后还有专门的讨论。

(三) 设置具体的诉讼程序

在建构我国的选举诉讼制度时,对于具体诉讼程序的设置,笔者在此提出一些建议:

1. 自诉与公诉相结合。选举既是公民个人的参政渠道,更是民主政治的基石与本质所在。因此,选举诉讼的提起,不但有选举权利受到侵犯的选民自诉和候选人自诉的形式,而且也理当得到国家公诉的支持。对于我国的选举诉讼来说,我们认为,人民检察院作为我国的法律监督机关,应当可以以公诉形式提出选举诉讼;如果我国选举法将来规定了选举监察制度,负责选举监察的专门机构也应当可以提起公诉(当然,这可能和上述主体有所重合,因为我们不能排除我国选举监察职权纳入检察院的可能性)。

2. 诉讼当事人宽泛设置。选举诉讼虽然一方面是对公民个人选举权利的救济,但另一方面是对民主政治的维护与保障,其本身具有公益诉讼的性质,因此在建构选举诉讼制度时,其当事人的范围应尽可能地具有广泛性。具体而言,对于与选举事务有直接或间接利害关系的个人或组织,都可以作为原告提起诉讼,而不能将原告资格限定为有直接利害关系的人。至于选举诉讼的被诉主体,除参与选举或关涉选举的公民个人或一般社会组织外,还应当包括选举委员会以及有关政府部门。在我国,选举委员会和人大常委会是选举活动法定组织者,地方人民政府也往往是选举活动的实际组织者,如果选民认为上述机构在组织活动中有违法事项,干扰或影响了正常的选举秩序,应当可以对他们提起诉讼。

3. 书面诉状主义。选举诉讼是对民主政治的维护,本身具有庄严性,因此选举诉讼的提起应采用书面诉状主义,口头起诉的方式以排斥为宜。就诉状的内容而言,应写明起诉人的姓名和住所、被控告人的姓名或名称,以及所援引的取消选举本身效力或被告当选资格的法律依据,起诉人应在诉状中附上证明其依据的材料。从起诉理由来看,可依照前述所列三类主体的违法选举行为来确定,如贿赂、伪造选票,招待选民,候选人资格不实,未经合法多数当选,选举结果受普遍不合法行为的影响等。

4. 起诉期限长短相宜。选举诉讼的起诉期限应当根据案件的性质规定适宜的期限。对于与选举进程相关或可能影响选举结果的案件,应当按照不影响法定的选举期限的原则规定较短的起诉期限,如选民资格之诉、当选效力之诉等案件即属于此。① 但是,对于不影响选举结果或影响显著轻微的案件,则应以充分保障起诉人的合法权益为原则规定较长的起诉期限。

5. 一审终审与两审终审制相结合。选举诉讼的审级制度,我们认为也应当根据案件的不同性质来确定。对于与选举进程密切相关或法律对选举期限有明确要求的案件,应当采取一审终审制,以及时审结案件。而对于不影响选举进程或者与法律规定的选举期限无关的案件,则应采取二审终审制,当事人对一审判决不服,允许提起上诉。同时,在案件审理期间,对于可能影响选举结果的重大案件,案件审理机构应当有权裁定选举机构中止公布选举结果,以保证选举的合法性与有效性。

6. 选举违法并加处罚。世界各国在长期的选举实践中,都在不断探索防止、减少违法选举行为的办法,各国的基本经验之一就是对于破坏选举的违法行为,应当施以严厉而有效的制裁。从世界许多国家对选举犯罪的制裁看,除了人身监禁外,多加以罚金,有的国家还可并处剥夺选举权,其严厉程度可见一斑。我国对选举违法的法律制裁的设计,我们主张采取人身罚、行为罚、财产罚、精神罚四罚并用,以收预防与威慑之功效。

(四)制度完善的目标选择

大体而言,我国选举诉讼制度的建构有两种路径,一种是渐进式改革,另一种是突变式革命。渐进式改革往往是更能获得各方的认可,更由于选举诉讼制度的建构在我国实际上牵涉到整个政治体制的改革,因此,选举诉讼制度的建构本身不可能一蹴而就,将其规划为近期目标与远期目标,并寻求切实的行动才是我们理性的选择。

本书认为,就近期目标而言,可以在我国现行法律的框架内,在司法体

---

① 选民资格之诉显然如此,当选之诉也不例外。如法国选举法律规定,对国民议会议员当选者有异议,得在选举结果揭晓之日起 10 内向宪法委员会提出控告;英国法律规定,候选人及选民可于选举结果公告 14 日至 28 日内,向法院提交选举诉讼状;日本法律规定,日本地方选举,凡对于首长及议员选举的效力有异议的,得在各该选举日起 14 日内,以书面形式向选举委员会提出,如不服选举委员会的裁判,得于接到裁判书之日起,或于规定公告之日起 30 日内,向法院提起诉讼。参见王玉明:《选举论》,第 231—232 页。

第四章 我国公民选举权的救济制度

制方面寻找改革的突破口,即首先为我国的选举诉讼建立专门的选举法院或者选举法庭,这两种方案前已述及。此处我们可以进一步为其提供现行法律的依据。(1)《中华人民共和国宪法》第124条第1款规定:"中华人民共和国设立最高人民法院、地方各级人民法院和军事法院等专门人民法院。"第3款规定:"人民法院的组织由法律规定。"《人民法院组织法》第2条规定:"中华人民共和国的审判权由下列人民法院行使:① 地方各级人民法院;② 军事法院等专门人民法院;③ 最高人民法院。"第29条规定:"专门人民法院的组织和职权由全国人民代表大会常务委员会另行规定"这是采取前述第一方案而设置选举法院的宪法和法律依据。(2)《人民法院组织法》第24条第2款、第27条第2款皆规定,中级人民法院、高级人民法院,除设刑事审判庭、民事审判庭、经济审判庭外,"根据需要可以设立其他审判庭。"第31条第2款规定:"最高人民法院设刑事审判庭、民事审判庭、经济审判庭和其他需要设的审判庭。"这是采行上述第二种方案的法律依据。因此,只要我们决心建立和完善我国的选举诉讼制度,在选举法修改和法院组织法的配套下,实现选举诉讼制度建构的近期目标应当是现实可行的。①

从远期目标上来看,我们寄望于将来在我国设立宪法法院,果如此,则可以将选举法庭或选举法院归入宪法法院的系统。同时,就选举诉讼而言本身可以单独制订一部《选举诉讼法》,或在将来制定《宪法诉讼法》时单设一章规定选举诉讼的具体问题。当然,远期目标的实现需要法学界、司法界、政界高层的多方努力与宪政决心。在远期目标的技术层面,我们较赞同法国宪法委员会的制度运作,法国的宪法委员会制度对我国是有很大借鉴作用的,对此,本书前面已有较为详细的介绍,此不赘述。

---

① 有人主张,考虑到我国法制现状,可以分三步走:第一步先由临时巡回法庭适时组成专门的选举法庭,第二步在中级法院内部设立选举法庭,在高级人民法院设立临时组成的合议庭,第三步再正式在全国的中级法院与高级法院设立独立的选举法庭。这种主张太过缓慢,并且前期改革上下脱节,不能一开始就形成一个基本的审判体系,本书不敢赞同。

第五章　我国村民选举权的救济渠道

从1987年我国开始试行第一部《村民委员会组织法》开始,村民自治作为一项重要的基层民主制度就在中国广泛建立;到1998年,我国总结了过去十多年的村民自治实践,出台了正式的《村民委员会组织法》,这标志着村民自治制度在我国的正式确立。从此,已经获得广泛推进的村民自治事业发展更加迅速,村民直选村民委员会成为我国民主法制建设的"试验田",并且又在很大程度上推动了我国基层乡镇长直选的出现。因此,尽管村民选举属社区民主的范畴,村民选举权在我国《宪法》上也并非属于组织国家机关的一种政治权利,但是我们对于村民选举及其出现的问题却应当给予理论上的关注,故本书特以专章的形式对村民选举纠纷的救济问题进行研究。

第一节　村民选举纠纷的现状与成因

一、问题的缘起:村民选举纠纷与选举违法

(一) 村民选举纠纷

近年来,村民选举纠纷的数量渐呈上升之势,这与村民民主意识和权利意识的提升和村民委员会对农民生存资源支配力的增强密切相关,它是我国当前蓬勃展开的乡村直选中产生的现实问题,这些问题的解决关乎村民的切身利益乃至乡民自治事业的发展前景。从宏观而言,有效的村民选举纠纷解决制度是完善基层民主制度不可或缺的,对于推动我国政治层面的选举纠纷解决制度的建构也将提供有益的经验。因此我们对于乡村直选的破坏行为以及在选举过程中衍生的纠纷必须给予足够重视并积极寻求破解之道。同时,我国现行法律有关村民选举权利的法律规定极不完善,是否能够解决好这些纠纷,成为我们能否保证村民乃至乡民自治权利落到实处的关键,而目前我国法律制度在这个问题上却呈空白状态[①],因此对其进行理

---

① 应当看到,我们的学界已经对这个问题作了积极的回应,如王禹先生提出了《村民委员会选举法》的立法建议稿,受到了极大关注。具体参见王禹:《村民选举法律问题研究》,北京大学出版社2002年版,第134—183页。

论研究对于完善相关法律规定也具有十分重要的意义。

1. 选举纠纷的概念

所谓村民选举纠纷,指的是在相关村民选举主体之间发生的,围绕依照村民委员会组织法而进行的村民委员会及其他相关组织选举过程中的实体性或者程序性问题而产生的争议。村民选举纠纷存在着以下方面的特征:

首先,从纠纷的主体角度看,村民选举纠纷主要发生在作为选民的村民、村民委员会候选人以及与村民选举有关的国家机关之间。这里所说的与村民选举有关的国家机关,主要包括基层人大和基层人民政府,其中可能与村民选举纠纷有涉而成为村民选举纠纷主体的国家机关又主要是基层人民政府。①

其次,从村民选举纠纷的客体来看,村民选举纠纷是针对依照《村民委员会组织法》进行的村民选举活动而起,有着特定的指向:一是《村民委员会组织法》是界定何为村民选举纠纷的法律标准,只有因为依照《村民委员会组织法》而进行的选举事项而产生的纠纷才属之,那些对于因非《村民委员会组织法》规制范围之内的其他选举事项而产生的纠纷排除在外;二是村民选举纠纷仅指围绕村民选举事项而产生的纠纷,针对已经获选组成的村民委员会之施政行为而产生的纠纷则不属之。

再次,村民选举争议的内容既包括对实体问题的争议也包括对程序性问题的争议。所有争议的焦点在于,正在进行或者已经完成的村民选举活动是否违反了以《村委员会组织法》为核心的村民自治法律体系的规定。这其中既包括是否构成对于这些法律体系中实体规定的违犯以及是否构成对于这些法律体系中程序规定的违犯等。

最后,村民选举纠纷的发生没有特定的时间限制。虽然村民选举主要发生在选举活动进行过程中,但是这并不排除在选举结束之后,有人对于选举的结果以及选举程序的正当性提出疑义,由此引发选举纠纷。这一点需要和罢免争议区别开来,这里所指的村民选举纠纷不包括罢免纠纷,罢免争议主要是对于合法当选的村民委员会的施政行为产生争议,根本不同于由

---

① 依照我国《村民委员会组织法》的规定,地方各级人民代表大会和县级以上地方各级人民代表大会常务委员会保证《村民委员会组织法》在其行政区域内的实施,乡、民族乡、镇的人民政府对于村民自治工作进行指导。但是,根据地方人大及其常委会的职能,地方各级人民代表大会和县级以上地方各级人民代表大会常务委员会对于村民自治事业的规制主要是通过制定规范性文件的方式进行,他们一般不直接介入到村民选举过程中,因而也就不会与其他主体之间产生村民选举争议。

于先前选举事项而产生争议的选举纠纷。①

2. 选举纠纷的种类

根据涉及主体的不同,村民选举纠纷可以被分为两大类:第一类是基层人民政府与作为选民的村民或者与竞选人之间产生的纠纷,比如因为基层人民政府不经选举而指定、委派村民委员会组成人员产生的纠纷等;另一类纠纷发生在村民以及候选人等平等的主体之间。一般来说,作为村民的选民之间很少会产生选举纠纷,部分村民和候选人之间则有可能因为候选人的行为违法而产生争议,候选人之间更可能因为涉及到是否能当选的利益而产生纠纷。所以,平等主体之间的村民选举纠纷主要表现在部分村民和候选人之间以及候选人和候选人之间的纠纷。②

根据村民选举纠纷的客体不同,村民选举纠纷可以分为三类:第一类是选举资格争议,依照我国《村民委员会组织法》的规定,享有选举资格的主体是实行选举村的"村民",由此,选举资格争议就进而表现为对于村民身份认定而产生的纠纷;第二类是针对选举效力的纠纷,即有关选举主体对于正在进行或者已经结束的选举的有效性产生争议;第三类是当选效力争议,即村民委员会选举的候选人、竞选人或其他相关主体对于已经结束的选举结果产生的争议。

(二)村民委员会选举中的违法行为

以违法的主体而分,村民委员会选举中的违法行为可归纳为两大类:一是选民和候选人违法,二是选举组织指导机构及工作人员违法。选民和候选人的违法行为主要表现为:买卖、伪造、撕毁选票,损毁票箱,贿赂选民,雇人拉票等。由于选民和候选人违法一般都是个人行为,发生之后大多能及时得到查处纠正。目前,影响面广、查处纠正难度大、广大群众最不满意的是选举组织指导机构及工作人员违法,这类违法对村民选举权利的侵犯也更为严重。

1. 选举组织指导机构及工作人员违法的概念

所谓选举组织指导机构及工作人员违法是指组织、指导村民委员会选举的有关国家行政机关及其工作人员违反法律的规定,在行使行政职权和履行行政职责的过程中侵害村民选举权利的行为,包括行政作为和不作为

---

① 参见石明磊:"村民自治权利的法律保障:以村民选举纠纷的法律解决为视角",中科院"中国农民权益保护国际研讨会"会议征文。

② 同上。

两种方式。依我国《村民委员会组织法》和省级村民委员会选举法规，一些行政机关在村民委员会选举中享有一定的行政职权，但在村民委员会选举实践中，村民的选举权利却常常受到来自行政机关及其工作人员的侵害，其违法行政行为具有独特的特点，而且在村民委员会选举中具有一定的普遍性和特别的危害性。

这些选举的组织指导机构主要包括乡镇人民政府或乡镇成立的村民委员会选举指导机构等。依《村民委员会组织法》第4条的规定：乡镇人民政府与村民委员会的工作关系是指导、支持和帮助的关系，乡镇政府对村民委员会无直接领导权，村民委员会对乡镇政府负有协助工作的义务。所以，虽然乡镇人民政府不能直接领导村民委员会的选举工作，但仍有职责对村民委员会的选举提供必要的指导。所以，在实践中村民委员会选举时，乡镇等基层政权都要成立一些选举指导委员会或指导小组等类似组织。依各省级权力机关制定的村民委员会选举法规，有关行政机关对村民委员会选举有组织指导权，并有权受理选举工作的有关申诉、检举和控告等。[①] 这也就是说，法律法规赋予了有关行政机关在村民委员会选举中一定的行政职权，行政机关在村民委员会选举中必须依法行政，严格按照法律法规的规定，在法定的权限范围内行使职权，既不得超越权限、滥用职权，如指定村民委员会成员等，又不得消极不作为，不履行法律规定的职责，如不及时组织指导村民委员会的换届选举和处理选举中产生的纠纷等。由于受传统观念、思维方式和其他种种复杂因素的影响，行政机关及其工作人员在村民委员会选举中非法干预村民委员会选举事务、侵害村民选举权利的违法现象屡见不鲜，有些地方的选举违法行为甚至相当严重，由此引发了一些流血事件和较多的农民上访活动，不但影响到村民选举权的实现和行政机关的形象，而且对社会稳定造成一定影响。

2. 选举组织指导机构及工作人员违法行为的法律特征

（1）行为主体是选举组织指导机构及工作人员。由于我国尚无统一的村民委员会选举法，村民委员会组织法的规定又过于原则，而各省级选举法

---

① 如《陕西省村民委员会选举办法》第7条规定村民委员会换届时，县乡两级政府都成立"村民委员会选举工作指导小组"，职责包括：(1)宣传贯彻有关村民委员会选举的法律、法规；(2)制定村民委员会选举工作方案，确定村民委员会选举工作的方案，确定选举日期；(3)培训选举工作人员；(4)指导村民选举委员会的推选工作；(5)指导村民委员会、村民小组长、村民代表的选举和推选工作；(6)受理选举工作的有关申诉、检举、控告；(7)总结交流选举工作经验；(8)承办选举工作的其他事项。

规的规定又有很大的不同,因此这里的行政机关究竟包括哪些机关无法确定,实践中须依各省的具体规定来认定。各省对组成村民委员会换届选举工作指导组织的行政机关的规定大致相同,一般分别由县、不设区的市、市辖区和乡、民族乡、镇人民政府及其有关单位组成换届选举指导小组,并由民政部门负责指导日常工作,但对负责处理村民委员会选举违法行为的具体机关的规定有很大的不同。①

(2) 违法行为性质是选举组织指导机构及工作人员行使职权或履行职责的行为。国家因管理的需要以村组法和省级选举法规赋予了特定行政主体在村民委员会选举中特定的行政职权和职责,这是一种国家的管理权力和责任。该违法行为是违反法律规定的行为,但它也是选举组织指导机构及工作人员这些公共权力主体在行使行政职权和履行行政职责的过程中作出的行为,不能是其他行为。

(3) 行为具有违法性,即行为主体在处理村民委员会选举的有关事项时违反法律法规的规定,侵害了村民的选举权利。现代法治的内在精神和依法治国的基本原则要求行政机关依法行政,使行政行为符合合法性的原则。侵害村民选举权利的行政行为违反了行政行为合法性原则,具有违法性,因此构成违法行政行为。如前所述,这种违法行为可以作为和不作为两种方式作出,同时既包括违反实体法的规定,又包括违反程序法的规定。

(4) 行为主体主要承担行政责任。这种行为实质上是一种行政侵权行为,行为主体主要承担行政责任,但必要时也承担一定的刑事责任。②

3. 选举组织指导机构及工作人员违法的主要表现

依《村民委员会组织法》和各省级选举法规,村民委员会选举中选举组织指导机构及工作人员侵害村民选举权利的违法行为,特别是少数乡镇党委和政府及个别领导干部不依法办事,滥用职权,严重干扰和破坏了选举工作的正常进行。乡村组织和领导干部在选举中滥用职权表现为两个方面:一是超越法律赋予的职权,擅自处理无权决定处理的事项,如任命、撤换村

---

① 如吉林省在其《村民委员会选举办法》第 43 条规定:"村民认为选举违法的,有权向上级人民代表大会常务委员会或者人民政府及其有关部门举报,有关机关应当负责调查核实并在 30 日内依法处理。"而湖北省则在其《村民委员会选举办法》第六章即"法律责任"一章中规定乡级人大和人民政府、县级人大常委会和人民政府及其有关主管部门有权受理对选举违法行为的举报并进行调查处理。凡对村民委员会选举享有职权负有职责的国家机关都有可能成为侵害村民选举权利的主体,各级人大及其常委会也不排除在这个假设之外。

② 参见刘志鹏:"论村民委员会选举中的违法行政行为及其法律规制",载 2003 年 8 月 5 日《中国人大新闻》(人民网)。

民委员会成员;二是违反法律规定和规章制度,不正确行使自己职责范围内的权利,如在组织指导选举的过程中徇私舞弊等。具体表现如下:

(1)组织村民委员会换届选举违法,即有关选举组织指导机构及工作人员不及时组织村民委员会换届选举,使村民无法及时进行村民委员会选举,导致村民的法定选举权利无法及时实现。这类违法行为主要包括违背定期换届选举的原则,无正当理由提前突击选举、拖延选举或者以种种借口拒绝组织村民委员会换届选举。如,据山西省某村23名党员和部分村民反映,由于镇党委干涉,党支部近9年未换届,村民委员会近14年没选举;河北省某村村民为讨回自己的选举权,不得不自己凑钱请北京的律师帮他们打官司。还有一些地方的乡镇政府为了催收提留款,把村民委员会的职位拿出来公开拍卖,谁预付提留款的数额多,就由谁出面"组阁"。如湖南省道县蚣坝镇的村民委员会的产生多年来有一个不成文的规定:一年中除第三季度上缴公粮折抵农业税外,每一个每季度按一定数额向镇财政预付上缴款,完成任务的村可提取8%的手续费,完不成任务的村民委员会将被免职,若有人垫付这一季度的上缴款,谁就有权主持全面工作并进行"组阁",不进行任何形式的民主选举;若有多人愿意预付上缴款,将以出资多的人负责。① 更有甚者是公然蔑视国家法律权威,不组织民主选举,强行任命村民委员会成员。如,新闻媒体披露的浙江省台州市前所镇党委和政府打着改革的旗号,用任命的村管理委员会取替全镇34个村民委员会,完全剥夺了农民群众的选举权;山西省某村村民反映乡党委书记连续两届剥夺村民选举权,直接任命村民委员会主任。

(2)指导村民委员会选举工作违法,即有关选举组织指导机构及工作人员在指导选举过程中故意曲解法律、规避法律或直接违反法律,从而侵害了村民的直接选举权利。这类违法行为主要发生在村民委员会选举过程中,既有可能侵害村民的实体性选举权利,也有可能侵害村民的程序性选举权利,实践中以后者为多。如乡镇政府利用职权擅自指定、内定或随意取消、调整、变更村民委员会成员候选人,未经村民会议通过而直接指定、委派、撤换或罢免村民委员会成员,在选举过程中违法指定不合格人员或亲信担任村民选举委员会成员、计票员、唱票员等选举工作人员,指使亲信监督村民填票、投票,在计票、唱票时不公开进行而搞暗箱操作,伪造选票、虚报

---

① 参见吴湘韩等:"当村干部,看谁出钱多——对湖南蚣坝镇'拍卖村官'事件的调查",载《中国青年报》2001年9月26日。

选举票数,无正当理由不按时公布选举结果,等等。如河北省某村村民选的村选举领导小组来信反映,支部书记及镇领导干扰选举,第一次选举时,谎报选民数,将300多选民说成700多,造成选举无效;第二次选举时,又指定选举领导小组成员,造成第二次选举无效。

(3) 确认选举结果违法,即有关选举组织指导机构及工作人员对村民委员会选举结果的效力作出了违反法律法规的认定。如违法认定整体选举有效或无效、认定具体当选人当选有效或无效、对当选者不及时颁发甚或拒不颁发当选证书等。某些乡镇党委、政府违反规定程序,撤换任期未满的村民委员会成员,侵犯了农民的罢免权。比如说,福建省某村村民委员会主任反映自己被违法撤换;山东省某村五位村民直接到民政部反映,镇党委将刚上任的村主任调到公司任职,让经联社主任主持村里的全面工作,群众非常不满意,村里工作几近瘫痪;广西某村村民来信反映,镇党委政府违法撤换了全镇24个村130多名干部中的20多个,占15%,同时任命了一些群众不满意、不赞成的人当村民委员会干部。

(4) 处理选举纠纷违法,指有权行政机关在处理村民委员会选举中产生的纠纷或争议时违反法律法规规定、侵害了村民选举权利。如对村民的检举、控告、申诉拒不受理或受理后不依法处理等。

二、村民委员会选举中选举违法的危害及成因

(一) 村民委员会选举中选举违法的危害

大量存在的村民委员会选举违法行为不仅直接影响了选举的顺利进行,还对村民的选举权与被选举权造成了侵犯,并对国家的村民自治制度构成了损害。具体而言,这一危害主要体现在以下几个方面:

1. 干扰选举权的顺利进行,增大选举成本

村民委员会选举违法行为的存在所造成的直接后果就是选举无效,其中包括整体无效和部分无效。一般而言,重大的违法行为将造成选举的整体无效,如乡镇等机关不仅组织任命选举委员会的组织人员,还直接指定候选人名单。不论是在选举过程中还是在选举过程已经结束,一经发现有这些重大的违法行为即应宣布选举结果的整体无效。一般的违法行为可能造成选举行为的部分无效,如某些候选人的提名不是经由法定程序提名,即可宣布该候选人的当选无效,而不影响其他候选人的当选。另外,在选举过程中,如违法行为被发现并被及时纠正,则将只有某一选举程序违法,只需将此程序重新运作即可。

不论选举违法行为造成选举结果的全部无效还是部分无效,都需要全部或部分地重新进行选举,由此必须增加选举成本,造成包括资金、人力资源等方面的浪费。因选举违法甚至有可能在村民中造成某种程度的对选举的不信任,引发村民间的对抗和纠纷,并进一步增加化解社会纠纷的成本。

2. 选举违法行为破坏村民对村民自治制度的信心,损害村民的利益

村民委员会直接选举是村民自治制度的根基和出发点。村民之所以能够对村民委员会的选举给予较高的关注并积极参与是因为他们相信只有村民委员会真正由选举产生才可能使村民自治制度成为保障自身权益的制度。依法选举,即是使村民委员会的产生建立于多数选民的意志上,而村民的意志是其在理性判断其自身利益的基础上作出的,所以依法选举产生的村民委员会能够得到村民的信任。而违法选举改变了法定的授权规则,使村民委员会的产生建立在少数选民的意志之上,这必然会使公民对以选举为根基的村民自治制度产生怀疑,不相信这一制度能够有效地保障自身的权利。而在实践中,那些通过违法选举产生的村民委员会组成人员,由于他们的当选并非由多数村民的意志所决定,往往缺乏对村民的责任意识,而考虑最多的是那些决定他们当选的因素,如乡镇机关的支持或投入的贿选资金等。在工作中,首先考虑的不是如何更好地维护村民的利益,而是唯上级命令是从,或受派性利益或一己私利所驱使,最终造成对村民利益的危害。

3. 违法选举造成农村社会的不稳定

在政治威权逐渐消减不再成为社会的主要控制手段之时,民主的决策程序以及村民利益的有效保障是农村社会稳定的基本保障。但由于选举违法,民主的决策程序遭受破坏并导致的村民利益受损必将激起农村社会各种矛盾的出现,如派性活动、干群紧张的关系,而村民也将可能寻求其他方式以求自身权利的保障,如上访、暴力活动等,这些都会造成农村社会的不稳定。

(二) 村民委员会选举中选举违法的成因

造成村民选举纠纷与选举违法致使村民选举权利受侵害的原因纷繁复杂,主要如下:

1. 有关村民委员会选举的法律法规不健全、不完善是村民选举纠纷与选举违法频发的主要原因

虽然1998年11月颁布实施的新的《村民委员会组织法》对村民委员会选举作出了比试行法详细得多的规定,但这区区六个条款、五百余字的规定相对于在九亿农民中进行的复杂的选举来说,显然是过于原则和抽象,根本

无法满足村民委员会选举实践的需要,而且这些有限的规定本身还存在很多法律漏洞。目前,全国已有 25 个省级地方制定了《村民委员会选举办法》,6 个省级地方制定了包括村民委员会选举规范的《〈村民委员会组织法〉实施办法》,在这些选举办法和实施办法中均结合各地实际对村民委员会选举作出了规定。相对而言,这些省级法规的规定更为详尽具体、操作性也更强,在一定程度上满足了村民委员会选举的迫切需要。

通考《村民委员会组织法》和各省级权力机关制定的该法的实施办法,问题主要有四个方面:

(1) 由于法律法规过于原则,不具可操作性,使村民委员会选举在一些具体的程序和操作上无法可依。如在村民委员会选举中,一个基本的问题是村民的资格与界限问题,但《村民委员会组织法》和很多地方的立法对此均没有规定。在选举中,村民资格的问题即是村民的选举资格问题。但在农村社会生活中,与村民资格有关的除选举权外,还包括更为重要的经济利益。所以,在村民委员会选举中,确认了某人的选民资格,也就是确认了某人的村民资格以及相关的对村集体利益所享有的权利。由于法律法规的不完善,有些地方政府规定村民资格的认定由村民会议或村民代表会议进行,在另一些地方直接由村民委员会或村党组织规定村民资格的认定权属于村民会议或其他组织。由此,在一些地方,受经济利益或其他目的驱使,多数村民通过村民会议或村民代表会议的形式将少数人的村民资格予以剥夺,不让其行使选举权与被选举权。从程序上看,村民会议或村民代表会议的决定并不违法,也符合村民自治的原则,但实质上这些决定已侵犯了少数人的选举权与被选举权,是违法的。

(2) 由于法律法规的不完善,一些省级以下的地方尤其是基层政权机关制定很多指导选举的规范性文件,这些文件一方彼此冲突,造成国家法制的不统一,甚至存在很多违法的规定。如对处理选举争议和纠纷的规定,大部分省都规定了县、乡两级人大和人民政府以及民政部门和其他"有关部门"都有权受理,表面看来很详尽很合理,但规定大家都可以受理的实施结果却往往是各部门之间职责不明确、分工不细致,最后相互推诿,导致大家都不管,或者不同的部门处理结果也不同,使人无法适从。同时,法律法规的不完善也给一些基层政权对选举的违法操控提供了空间。由于全国性立法和各省级人大的立法缺乏可操作性,省级以下的地方政权和基层政权机关不得不制定很多规范性文件来解决实际操作中的问题,但由于法律意识的淡薄或受某种不正当目的的驱使,一些地方的基层政权故意以通过规范性文件来违法地操纵村民委员会的选举,这种抽象性规范的违法比基层政权机关的具体行为违法危害更甚。

(3) 法律法规的不完善和法律漏洞的大量存在,往往给乡镇政府在指导村民委员会选举中故意曲解法律提供了"绝好的"机会,导致大量侵害村民选举权利的选举纠纷和违法行为的出现。所以,一些农民群众为维护自己的选举权和被选举权,不得不走上大规模、长时间的越级上访告状之路。①应当承认,法律的不健全、不完善,不利于保护公民的合法民主权利,客观上不利于解决选举纠纷、查处纠正选举违法行为。比如说,山西省某村农民针对乡政府、村党支部内定候选人、选举舞弊等违法行为向法院起诉,法院告诉农民,《村民委员会组织法》只讲了应怎么办,没讲违法后由谁、按什么处理,没有法律依据,因此不予受理。

(4) 上位法与下位法之间的冲突使选举中的违法行为成为制度性的事实,从而导致违法行为频繁出现,而且难以纠正。在规范村民的立法方面,中央国家立法机关并未有专门的法律,仅在《村民委员会组织法》方面有所涉及,在实践中大量存在的是地方性立法。在这些地方性立法中,并非所有的规定都能与中央立法保持一致,这就为选举工作的组织者和指导者提供了较大的选择空间,而一些基层政权与基层组织在指导与组织选举的过程中,往往采用地方性的规定,尤其是与自己关系紧密的低级别的地方性规定,而不论其是否与宪法、组织法相冲突。如村民委员会选举中的候选人资格问题上,《村民委员会组织》第12条规定:除依法被剥夺政治权利的人外,年满18周岁的村民,不分民族、种族、性别、职业、家庭出身、宗教信仰、教育程度、财产状况、居住期限,都有选举权与被选举权。但一些地方性法规对被选举权的资格作了一些限制。如北京市的选举办法规定:"选民提名村委会成员候选人,应当推荐遵守宪法、法律、法规和国家政策,公正廉洁,作风正派,热心为村民服务,身体健康,有一定文化水平和组织、管理能力的村民。"这一规定实际上在《村民委员会组织法》规定的基础上施加了很多限制性的规定,这些条件是否合理暂且不论,但当村民委员会选举依据的是这些类似的规范性文件时,村民的被选举权受到明显的限制是不容置疑的。

村民委员会选举中由于法律法规不完善所造成的问题在选举违法行为的认定及处理方面表现最为突出。由于法律法规的不完善,在选举违法行

---

① 参见范瑜:"村民委员会选举违法问题亟待纠正",载《村民委员会选举违法问题研究》改革内参1998年第20期。

为的认定上存在以下问题:(1)违法选举行为的认定没有明确的标准,在实践中对于那些性质比较模糊的行为难以认定其合法或违法。如选举违法中的一个重要方面是贿选。但何谓"贿选"？表面上,其含义很明确,即以给予金钱或物质的利益为交换条件,要求村民在投票时采取某种贿赂者所要求的投票取向。但在实践中很多时候难以界定。如金钱或物质的给付,有无数量的要求,若有一定的数量要求,其标准为多少？一般的对村民请吃请喝是否可以认定为贿选？有无时间的限制,即是否必须是在选举期间从事的行为才是贿选行为？(2)选举违法行为的处理机关不明确。《村民委员会组织法》规定,对于违法选举行为,村民有权向乡、民族乡、镇人民代表大会或者县级人民代表大会常务委员会和人民政府及有关主管部门举报,有关机关应当负责调查并依法处理。但"有关机关"指向并不明确,在实践中有时各机关争相处理,有时又会彼此推诿,让权利受侵害的选民投诉无门。(3)法律法规对违法者承担责任的内容并不明确。《村民委员会组织法》和各种地方性法规对各种违法行为的行政责任和刑事责任没有具体规定,所以发现了选举中的违法行为在如何处理违法者时可能会无法可依。

2. 有关选举组织指导机构的认识不够,在村民委员会选举中的组织、宣传工作不到位

村民委员会选举虽然关系到九亿农民的民主权利,是社会主义优越性的有力证明,但从法律上讲,它还没有像人民代表大会代表选举那样得到应有的尊重、规范与保障。我国实行村民自治和村民委员会选举的时间并不长,村民委员会直接选举对于缺乏民主传统和民主训练的中国农民来说,毕竟还是一个新鲜事物。大部分村民对村民委员会选举的了解和把握相当有限,很多村民既不知道自己享有那些法定权利,也不知道村民委员会选举应当如何进行,这样就给公共权力侵害村民选举权利提供了机会。从整体工作上看,不少地方的基层政府在组织村民委员会选举方面,无论是对选举的思想准备还是对选举的技术准备方面都严重不足,很多选举工作人员缺乏基本的选举知识,对选举的程序和规则并不熟悉。而选举工作恰恰又包括十分纷繁复杂的程序,涉及方方面面的大小工作,因此很难保证他们在选举中充分体现法律精神,尊重村民实体性和程序性选举权利,真正严格依法按程序办事。在这样的国情下,有关机关的组织和宣传工作就显得特别重要。这些机关如果组织不周全、准备不充分、宣传不深入,选举中就容易出乱子,产生选举纠纷,有关主体就容易自觉不自觉地侵害村民选举权利。

3. 部分党政干部思想观念陈旧,法制观念淡薄,对基层民主制度缺乏正确的认识

村民委员会选举实践表明,部分农村基层干部思想认识、工作方法陈旧,民主意识、法制观念淡薄,不重视违法纠正工作。不少乡镇干部对村民委员会的性质和地位认识不清,依然习惯于计划经济时期形成的强迫命令、包揽一切的管理方式,习惯运用行政权力来管理乡村,对发展基层民主仍持怀疑、抵制态度,仍然把村民委员会当作乡镇政府的下属工作机构,担心选举上来的村干部不听话、不好管、完不成各项国家任务,仍然按照个人意志干涉村民委员会选举,指选、派选村民委员会干部,或者直接任免村干部,或者在处理其他选举事务时违反自己的法定职责和权限,不依法行政。①

在对基层民主制度的认识上,以下几种观点集中表现了一些基层政权领导的错误认识:

(1)将发展民主与坚持党的领导对立起来,认为搞民主即是不接受党的领导。很多地方在面对村民要求民主选举的权利时,认为这是不要党的领导。在他们的观念中,选民提名与贯彻党的组织意图无法统一;"谁当村干部由村民说了算"的做法是踢开组织闹革命;《村民委员会组织法》与共产党有冲突;村民依法罢免村委会组成人员是企图推翻共产党的领导,是反革命政治案件。如此等等的认识在很多地方相当流行。事实上,发展基层民主与坚持党的领导是内在统一,不可将二者对立起来。党的十六大报告指出:"发展社会主义民主政治,最根本的是要把坚持党的领导、人民当家作主和依法治国有机统一起来。"三者统一的基础是人民的意志,村民自治制度是在党的领导下通过国家的立法机关以法律的形式确立下来的制度,所以,贯彻村民自治制度既是人民意志的反映,也体现了党的政策纲领。

(2)低估村民对自治制度的理解,对村民自治制度缺乏正确理解。很多地方的县乡领导过低估计村民的民主法制意识,认为村民没有能力实行自治,不能正确地行使自治权利。所以在实践中不是积极地引导村民按照国家的法律法规正确地进行村民委员会的选举和自治,而是秉承"为民做主"的理念,采取各种方式控制和操纵选举,甚至不惜直接违反法律,侵害村民的自治权利。

(3)将民主与社会稳定对立起来,认为搞选举是破坏农村稳定的根源。

---

① 参见白钢、赵寿星:《选举与治理——中国村民自治研究》,中国社会科学出版社2001年版,第223页。

一些地方的基层领导认为搞选举把农村搞乱了，将在选举中出现的一些诸如家族派系斗争、村民上访和农村中暴力活动的增多都归咎于农村的选举，所以选举是导致农村社会秩序混乱的根源所在。但事实恰恰相反，民主政治是保持社会长治久安的根本保障。农村基层民主政治是社会主义民主政治的重要组成部分，上述各种问题并不是选举本身所造成的，它们或是在选举中暴露出来，或是一些基层组织没有真正按照国家的法律法规组织选举。消除这些社会中的不稳定因素的根本出路也不在于停止选举；恰恰相反，应真正地落实法律所确立的村民自治制度，按法律规定的程序组织选举，使村民委员会真正建立于多数村民同意的基础之上，使村民委员会真正成为维护村民利益的组织。如此，这些不稳定因素也将消散于无形之中。

4. 经济利益诱导的影响

追逐经济利益是村民委员会选举中选举纠纷与选举违法增多的一个非常重要的原因。依照我国法律规定，农村土地归乡村集体所有，因此村民委员会往往掌握着土地等集体经济资源。由于现阶段村民自治中民主决策、民主管理、民主监督等机制并不完善，因此控制了村民委员会往往就意味着掌握或控制了这些资源。受经济利益的驱动，各种利益主体在选举中难免作出违反法律规定、侵害村民权利的行为。一些地方的乡镇干部与某些村干部或村民在经济上有着一致的利益，出于个人利益的需要而采用种种手段干涉选举，力保他们当选，这就必然发生侵害村民选举权利的违法行为。

5. 对选举违法事件查处不力

村民委员会选举违法行为的屡禁不止，又可归因于县、乡等有关部门对选举违法事件查处不力。不可否认，选举违法与少数乡村干部违法乱纪、以权谋私的腐败行为密切相关，从而形成恶性循环，致使案情愈加错综复杂，增大查处难度。我国在进行村民委员会选举的制度设计时，严重忽略了有关村民选举权利救济制度的规定，相关法律制度极不健全。村民虽然享有选举权利，但这种权利不能够得到很好的保障，即使村民选举权利遭受侵害，村民也无法得到及时和有效的救济；有关行为主体虽然实施了侵害村民选举权利的违法行为，但在现行制度框架下无法对他们进行强有力的惩处，很难追究相关责任者的行政责任和其他法律责任，这就使得一些违法者更加有恃无恐。这种对选举违法行为查处不力使得违法的成本过低，而救济成本过高，因而其负面示范效应极易引起恶性循环，诱发新的违法行为和选举纠纷。

在村民委员会选举制度中，法律责任制度的不健全最主要的表现在刑事责任方面。虽然我国《刑法》第256条规定有"破坏选举罪",但该条所指的"选举"是指选举各级人民代表大会代表和国家工作人员。根据罪刑法定的原则,破坏村民委员会选举的,即使性质再严重,亦不可根据《刑法》第256条进行定罪量刑。这一点在公安部的文件中有相当明确的指示。1999年,公安部曾发出《关于妥善处理村民委员会选举中发生的治安问题的通知》,要求公安人员在处理村民委员会选举中发生的纠纷时要慎用和善用警力,对基层党政领导超越自身职权的出警指令要拒绝执行,并报上级公安机关。这一规定对于抑制基层领导滥用警力来压制村民人身权和选举权起到了重要的作用。2001年,公安部在给辽宁省公安厅《关于对破坏村民委员会选举问题如何处理的请示》的批复中明确否定了《刑法》第256条在村民委员会选举中的可适用性。公安部并指出,对于在村民委员会选举中发生的过激行为应当具体问题具体分析,不能简单地以破坏村民选举为由立案处理。对事出有因,且违法行为较轻的,应当从避免激化矛盾出发,以说服教育为主,一般不给予治安处罚;对无理取闹,在选举时殴打他人、故意损坏公私财产等行为,尚不够刑事处分的,可以进行治安处罚。但是,在很多地方,由于担心承担干预村民自治的责任,公安机关出现了矫枉过正的情况,对于那些明显的破坏选举的行为也不敢予以制止或对当事人进行处罚。如在浙江省永嘉县的一次村民委员会选举中,落选的一方撕毁票箱和选票,但在场的派出所民警不敢采取强制措施立即制止,结果引发了更大的骚乱。

第二节 村民选举权的救济渠道

一、非诉救济

前面我们对村民选举纠纷和选举违法作了细致的考察,如果这些选举纠纷不能得到顺利解决,如果这些违法行为得不到严肃查处,那么不单是村民的选举权利受到侵害,整个的村民自治大业都会受到损害。因此,通过相应的途径解决村民选举纠纷、查纠选举违法,是进一步推进村民自治事业发展的重要保障。要实现救济,无非就是指通过一系列手段使法律得以实施,出现的纠纷得以化解,出现的违法受到惩处,在某种程度上,权利与救济是一个硬币上的两个方面。如同笔者在本书前面所言,对公民选举权的救济主要包括自力救济和公力救济,其中公力救济又包括非诉救济和诉讼救济。在村民选举权的救济方面,按救济的形式亦可分为自力救济和公力救济两个方面,其中后者又可分为非诉救济和诉讼救济。考虑到诉讼救济对于权利救济的特殊意义,我们将在下面另辟专题予以论述。

(一)村民委员会选举中的自力救济

村民委员会选举的自力救济是指不依赖于国家权力,而在村民自治系统内寻求选举权侵害的救济,主要包括村民对村民委员会成员的罢免权和村民选举委员会的救济及调解救济。

1. 村民对村民委员会成员的罢免权

罢免权是《村民委员会组织法》赋予基层自治性群众的一项基本权利。《村民委员会组织法》第16条规定:"本村1/5以上有选举权的村民联名,可以要求罢免村民委员会成员。罢免要求应当提出罢免理由。被提出罢免的村民委员会成员有权提出申辩意见。村民委员会应当及时召开村民会议,投票表决罢免要求。罢免村民委员成员须经有选举权的村民过半数通过。"据不完全统计,2002年全国共发生了一千多起罢免村民委员会成员的案例。但是《村民委员会组织法》对"罢免"或"撤换"的规定过于简单,不具有可操作性。具体而言,存在以下问题:

(1)村民要求罢免村民委员会组成人员是否需要法定的事由为依据?《村民委员会组织法》只规定提出罢免需要提出理由,问题是哪些事由可以构成罢免的理由,法律并没有相应规定。但从村民委员会的性质应可以基本回答这一问题。《村民委员会组织法》规定了村民委员会的职责。只要村民认为村民委员会组成人员没有履行法律为其设定的职责,村民即可提出罢免案。

(2)罢免程序的严重缺失。如村民选民提出罢免要求,是否可以当然地启动罢免程序?由何种主体决定是否启动罢免程序?有决定权的组织根据何种规则判断是否需要启动罢免程序?罢免程序由谁主持?山西省曾出现这样的情况:某村的村民要求罢免村民委员会主任,并将要求罢免书送交乡政府。乡政府督促村民委员会启动罢免程序,但村民委员会拒不行动。

(3)在罢免程序上,如何保障被要求罢免的村民委员会成员的权益也是值得关注的问题。根据《村民委员会组织法》的规定,对村民委员会成员的罢免只需1/5以上有选举权的村民即可提出,如果对选民罢免权的行使没有实质性的限制条件,就有可能使村民委员会成员在3年时间的任期内多次面临被罢免的危险,也要花费大量的时间去应对村民的质疑和为自己辩护。尤其是对于刚刚经过绝大多数村民投赞成票当选的村民委员会组成人员,少数村民能否提出罢免案,现行法律并没有明确规定。所以,有必要规定村民委员会组成人员在当选后多长时间内或者曾提出罢免但未获通过后多长时间内不可以被提起罢免。否则,有可能存在不同意见的村民可以反复提出罢免要求的可能。

我国的一些地方创造性地设计了一些制度,如罢免村民委员会主任的,一般由村民委员会副主任主持,罢免村民委员会副主任的,由村民委员会委员推选一人主持;罢免全体村民委员会成员的,由乡级人民政府主持;罢免村民委员会主任时,如村民委员会副主任或委员提出不便主持时,也可由乡级人民政府主持;对于本村1/5以上有选举权的村民联名要求罢免村民委员会成员的,如果第一次罢免未能成功,半年或一年之内不得以同样的理由对同样的对象再次提出罢免要求。甘肃省制定了村民委员会成员罢免和辞职办法,其特别之处在于:对罢免案可以实施复议,以给被罢免人申诉的权利;如果村民认为罢免程序违法,也有权向乡级人民政府或县、市、区人民政府或民政部门举报,受理机关应在30日内依法作出处理。辽宁省大连市人民代表大会常务委员会于2002年7月根据《中华人民共和国村民委员会组织法》和《辽宁省实施〈中华人民共和国村民委员会组织法〉的有关规定》,结合大连的实际情况,制定了《大连市罢免村民委员会成员暂行办法》。《办法》规定,罢免村民委员会成员的程序为:新当选的村民委员会成员在其上任1年后,因有违法违纪或严重失职等行为,引起村民强烈反对的,可由本村1/5以上有选举权的村民联名随时提出罢免意见。罢免意见由村民委员会、乡镇人民政府逐级受理,并由乡镇人民政府派调查组调查核实。调查核实工作结束后,需召开村民代表大会,采取无记名投票方式进行表决并当场公布投票结果。表决结果3日内以公告形式公布。表决结果公布后,被罢免的村民委员会成员立即停止工作。罢免没有通过的,继续保留职位,任期内没有重大问题的,村民不得再次提出罢免要求。罢免通过后,村民委员会出现的职位空缺按选举程序进行补选。

2. 村民委员会选举中的人民调解委员会调解

《人民调解委员会组织条例》规定,人民调解委员会是村民委员会和居民委员会下设的调解民间纠纷的群众性组织,在基层人民政府和人民法院指导下工作。村民委员会选举中发生的纠纷亦是村民自治范围内的纠纷,人民调解委员会可在选举纠纷的解决中承担一定的功能,尤其是对那些因选举权的程序性问题上所产生的争议。这一功能在很多地方性法规中已得到了确认。

同时,根据《村民委员会组织法》的规定,村民委员会可以制定村规民约或村民自治章程等村民自治体内的规约。村规民约或自治章程作为自治体内的规范可以在不违背国家法律法规的前提下对村民委员会的选举作出一些规定,诸如村民资格的认定、候选人的资格、候选人提名的方式以及选举中的具体程序等作出规定。由于村规民约是经过村民会议讨论决定的,能够得到多数村民的信任。一旦在选举中发生纠纷,有村民认为自己的选举权或被选举权受到侵犯,这些村规民约即可为纠纷的解决提供规则依据。

与公力救济相比,村民委员会选举中的自力救济是在村民自治的范围内化解纠纷,更符合村民自治的理念,对于解决那些并不严重的侵权纠纷效果更为明显,而且成本低廉。更为重要的是,它对于树立村民对村民自治制度的信心,培育更为成熟的村民自治制度具有重要的推动作用。虽然目前我国还没有这一方面的统一规定或立法,但基于这种救济方式本身的特性,在实践中应大力鼓励这方面的探索。

但是,自力救济为在村民委员会选举中权利受侵害的村民提供救济的能力是有限的。在救济的范围上,由于自力救济是村民自治范围内的自我救济,只能针对那些来自于村民内部的侵权纠纷。如果村民的选举权或被选举权是受到来自于乡镇等基层政权的侵犯,自力救济将会力所不逮。即使是来自于村民内部的侵权,如果性质严重,也必须由公力来提供救济。自力救济的另一局限在于,人民调解委员会等提供自力救济的组织的中立性和公正性并非在任何时候都可以得到保证。如在乡村社会中的有限范围内,村调解委员会的成员或许就是侵权人或与侵权人有千丝万缕的联系,在调解时能否做到客观公正就会值得怀疑。

(二)村民委员会选举中的公力非诉救济——人大监督救济与信访救济

1. 村民委员会选举中的人大监督救济

人大监督救济是指各级人民代表大会及其常委会依法对选举组织指导机构及工作人员在村民委员会选举中的职权行为进行的有权监督。从我国《村民委员会组织法》的规定来看,基层人大负有保证《村民委员会组织法》在该行政区实施的职责,《村民委员会组织法》第 28 条规定:"地方各级人民代表大会和县级以上各级人民代表大会在本行政区域内保证本法的实施,保证村民依法行使自治权利。"各省级选举法规也基本上都有关于对各级人大在村民委员会选举中行使监督权的规定。人大行使监督权的主要方式有:(1)听取和审议政府关于指导村民委员会选举的工作报告,提出建议、批评和意见,必要时作出相应的决议、决定;(2)撤销同级政府关于村民委员会选举的不适当的决定和命令;(3)受理群众的上访、申诉和意见,责成有关部门认真办理,限期报告办理结果;(4)在人大会议上依法提出质询案;(5)组织对于村民委员会选举问题的调查委员会并根据调查报告作出处理;(6)组织代表进行执法检查或视察。要让上述监督方式落到实处,最现实的问题是尽快制定有关监督期限、监督内容、监督程序等的法律法规,从制度上保证人大监督实效的不断提高。① 应当看到,学界已经开始讨论注重发挥人大在解决村民选举纠纷中的作用,但是如何使主要行使规范意义上立法权的基层人大介入到村民选举纠纷的处理中来还必须慎重对待。人大介入村民自治事务的主要方式应当是以制定规范性文件以及对这些规范性文件实施情况进行检查的方式介入,而不应是对具体事项的干预。当然,在有些情况下,也可能发生行政权和司法权干预失灵的情况,在此状态下,人大通过组织特定问题调查委员会的方式介入村民选举纠纷的处理也是必要和合适的。

2. 村民委员会选举中的信访救济

村民委员会选举救济中的信访救济是指村民采取书信、电话、走访等方式,就行政机关及其工作人员侵犯自己选举权利的行为以及组织到村民委员会选举中的其他违法违纪行为,向各级行政机关、县级以上各级人民政府所属部门反映情况、进行申诉、提出意见、建议和要求,依法应当由有关行政机关处理的活动。信访制度从性质上是监督行政制度,但更主要是一种行政救济制度②,是对以行政复议和行政诉讼制度为主体的我国行政救济制度的补充。在我国村民委员会选举法律规范不健全、村民选举权利救济制度不完善的情况下,信访救济一度成为村民使用较多的甚至是主要的公力救济手段。很多省级选举法规规定村民可就选举事项向有关行政机关申诉,这种申诉其实是包括信访在内的。完善信访制度,当前需要明确具体的受理机关及其职责,完善其工作程序,增强信访工作的透明度。

(三)村民委员会选举中的行政救济

现代社会发展至今,行政权已经全面地渗透到社会生活的每一个方面,它必然要求行政权在调整社会关系方面发挥更大的作用。同时,行政权有着对社会具有直接影响力、强制性、富有扩展性以及较强的专业性等特征,这些特征便于行政权主动及时的应对出现的纠纷,解决一些专业性纠纷,防

---

① 参见徐勇、吴毅:《乡土中国的民主选举》,华中师范大学出版社 2001 版,第 539—540 页。
② 参见林莉红:《中国行政救济理论与实务》,武汉大学出版社 2000 年版,第 251 页。

止纠纷的扩大化。因此,先穷尽行政救济方案后再寻求司法解决,在村民选举权利的救济也是不容忽视的重要原则。应当看到,《村民委员会组织法》以及其相关配套法律法规为通过行政权的行使来解决村民选举纠纷提供了法律依据,比如该法第 4 条规定,乡、民族乡、镇的人民政府对村民委员会的工作给予指导、支持和帮助。这一规定不应被理解为乡、民族乡、镇的人民政府仅仅负有对于获选的村民委员会给予其指导、支持和帮助的职责,在更广泛的意义上,此规定体现了乡、民族乡、镇的人民政府应当指导、支持和帮助村民自治事业的立法原意,这其中当然包括对于村民委员会选举过程中的指导、支持和帮助;由此可见,通过行政权的运作来解决村民选举纠纷存在着相应的法律依据。其具体救济路径如下:

1. 行政指导与行政处分

《村民委员会组织法》上明确规定了乡、民族乡、镇等基层人民政府介入村民自治事务的方式,其实质即是行政法学意义上的行政指导。但是需要注意的是,这里所谓的行政指导不同于我们在行政法学中所讲到的狭义行政指导。① 《村民委员会组织法》中的行政指导是乡、民族乡、镇等基层人民政府的法定职责,是一种包含狭义行政指导行为在内的不具有强制执行力行为的总称。之所以采用行政指导这一表达方式的目的,主要在于表现排除国家行政权力的强力干预,维护村民自治的客观形象。一般意义上的行政指导往往作用于一项事务进行之前或之中,在村民委员会选举中主要就是乡、民族乡、镇等基层人民政府对于村民委员会选举工作的事先组织工作和进程情况给予指导的行为,因此其对于事后选举权利的救济并无太大用武之地。

行政处分主要是指行政机关对村民委员会选举工作指导小组成员和乡镇人民政府及其工作人员指选、派选、违法撤换村民委员会成员等侵害村民选举权的行为实施的处分行为。行政处分虽也是针对行政机关及其工作人员侵害村民选举权利而提起的,但它属于内部行政行为,是对行政机关及其工作人员的内部制约。然而目前很多省都只规定了行政指导和行政处罚等,而没有规定行政处分,因而这种救济在目前还很难起到重要作用。实际上这是不合理的,因为不受制约的权力容易导致权力的滥用,不规定对行政机关及其工作人员的行政处分和应承担的法律责任,很容易导致他们在村

---

① 所谓狭义行政指导,指的是行政主体基于国家的法律、政策的规定而作出的,旨在引导行政相对人自愿采取一定的作为或者不作为,以实现行政管理目标的一种非职权行为。

民委员会选举中滥用权力,实践中大量出现的乡镇政府侵犯村民选举权利的案例就是明证。要完善这种途径,需要严格明确有权指导村民委员会选举工作的具体的行政主体及其职责和工作程序,尤其要明确对行政机关及其工作人员违反法律法规的规定、侵害村民选举权利的行为所应当承担的法律责任,以增强法律的可操作性。

2. 行政裁决与行政调解

行政裁决是指,行政机关按照准司法程序裁定特定争议的活动,是行政司法的典型形式。虽然同为行政司法制度,但是与行政调解制度不同的是,在行政裁决制度中,行政机关处于居中裁判者的地位,而不是调解制度下的斡旋者。这使得行政机关掌握了更大的主动权,可以更多地考虑争议客体的合法性问题,从合法和社会公共利益的角度作出裁决。因此,运用行政裁决的方式来解决村民选举纠纷,可以避免行政调解制度运作过程中可能发生的以公共利益做交换的现象,确保《村民委员会组织法》的实施。另一方面,行政裁决制度与其他行政制度不同,其准司法性决定了其被动性,因而成为一种依申请的行政行为,这样我们也就不必担心由于行政权的主动干预而给村民自治选举带来的危害。当然,这是运用强制性权力的救济,在选举纠纷的解决上,非强制力的行政权力运作方式主要表现为行政调解。

所谓行政调解,是一种准司法性质的行为,指的是行政机关采取的居间对双方当事人发生的纠纷进行调停,所达成的调解协议一般不具有法律效力和执行力,靠当事人自觉履行的行为。行政调解适用于村民选举纠纷,表现为乡、民族乡、镇等基层人民政府居于发生选举争议的平等主体之间,运用调解手段,促成纠纷解决。采用行政调解的方式解决村民选举纠纷,可以发挥调解作为一种纠纷解决方式的天然优势,可以照顾到纠纷当事人在过去和将来的感情基础以及合作关系,便于使团结和睦相处的熟人社会状态继续维持。当然,必须注意的是,采用调解的方式解决村民选举纠纷与采用调解的方式解决民事纠纷还不完全相同。因为所有的民事调解协议都是一种当事人对于自己私权利进行处分的结果,采用调解的方式解决民事纠纷,对于合法性的要求并不是非常高。而在村民选举纠纷中,纠纷当事人所争议的权利已经超越了私权利的范围,而进入国家宪法性法律——《村民委员会组织法》所保障的公权利范畴,从整个社会范围来看,这些争议还涉及到社会公共利益的实现。应当意识到,用行政调解制度来解决村民选举纠纷仍然有着非常大的局限性,其只能适用于那些普通性的争议解决。①

3. 行政复议

行政复议救济主要针对行政机关及其工作人员侵害村民选举权利的违法行政行为,村民凡认为自己的选举权利受到行政机关及其工作人员的侵害均得提起行政复议救济。建立和健全村民委员会选举中的行政复议救济制度,首先要明确行政复议的范围。依据《行政复议法》第6条规定,行政机关侵犯相对人合法权益的所有具体行政行为都属于行政复议的范围,而不应仅仅局限于侵犯相对人人身权、财产权的具体行政行为,行政机关侵犯公民选举权、被选举权等政治权利也在行政复议范围之列。② 依此,村民委员会选举中行政机关以作为和不作为方式实施的侵害村民选举权利的所有具体行政行为均得提起行政复议,如行政机关指选、派选、直接罢免村民委员会成员,不依法发放当选证书,不及时处理与选举有关的争议和纠纷,对村民进行行政处罚违法等等。另外,依《行政复议法》规定,行政相对人可以对一定的抽象行政行为提起行政复议,因此从理论上说,村民如果对县、乡人民政府及其工作部门作出的有关村民委员会选举的规定不服,也能够提起行政复议。但由于《村民委员会组织法》和其他选举法规规定得非常模糊,实践中村民要想真正通过行政复议方式救济自身选举权利是很困难的,故建议在未来统一的村民委员会选举法中对此作出明确规定,现阶段则可修改各省级选举法规,将行政复议制度纳入村民选举权利救济制度之中。行政复议救济中还涉及行政复议主体即行政复议参加人和行政复议机关等的确定问题、行政复议程序问题以及行政复议决定与执行问题,这些都需要法律的进一步明确规定,以增强其可操作性。

二、诉讼救济

(一)透过"叶阿金选民资格案"看村民选举权利的诉讼救济之困境

1. "叶阿金选民资格案"

叶阿鑫案的基本情况是:叶阿金一直居住于莘滕镇星火村,于1998年4

---

① 石明磊在"村民自治权利的法律保障:以村民选举纠纷的法律解决为视角"(中科院"中国农民权益保护国际研讨会"会议征文)一文中认为通过行政权的运作来解决村民选举纠纷存在着相应的法律依据,行政调解和行政裁决相配合的制度体系对于运用行政权来解决村民选举纠纷是比较理想的方式。但它对行政指导的作用甚为怀疑,对行政处分更是只字未提,其实在中国这个有深厚官本位传统的国家,这样的方式完全值得信赖。

② 参见刘恒:《行政救济制度研究》,法律出版社1998年版,第7—9页。

月将原农业户口转为非农业户口,并将户口从星火村迁出,迁至该镇农场村。户籍迁出后,叶阿金仍一直居住在星火村,其家庭财产与土地承包权均在该村,并按有关文件规定仍享有该村集体财产所有权。2002年5月,星火村进行换届选举时,公布选民名单中没有叶阿金。叶阿金向村选举委员会提出书面异议,要求给予选民资格。村选举委员会成员经讨论后,明确告知叶阿金户籍已迁出,在本村不享有选民资格。叶阿金不服村选举委员会的决定,因此向瑞安市人民法院提起诉讼。法院认为,根据《浙江省村民委员会选举办法》第11条规定:"选民应当在户籍所在地的村进行登记。有特殊情况的,户籍不在本村的人员,是否在本村进行选民登记,由本村具体选举办法按有关规定确定。"由此可见,户籍不在本村的人员,并非一概不具有本村选民资格。叶阿金虽然不具有星火村的户籍,但享有的财产权益、政治权利与星火村紧密联系。叶阿金属于特殊情况。为保证叶阿金在户籍所在地和住所地的一处享有选举权,在星火村选举办法没有明确叶阿金选民资格的情况下,法院依法予以确定。因此判决叶阿金在2002年星火村换届选举中具有选民资格。

2002年6月以来,一些媒体对这起发生在浙江省瑞安市的村民"选民资格"案件纷纷进行报道,称之为浙江省首例村民选举中的选民资格案件,是村民为维护自身政治权利的首创之举。

2. 对判决书的解读

选民资格案件,根据《选举法》和《民事诉讼法》的规定,是指在县、乡两级人大代表的直接选举中,选民对于选举委员会所公布的选民名单有异议的,可以向选举委员会提出申诉,选举委员会应在3日内作出处理决定,申请人仍不服的,可以在选举日的5日前向法院起诉,法院由审判员组成合议庭,适用特别程序在选举日前作出终审判决的案件。《村民委员会组织法》第12条规定:"年满18周岁的村民,不分民族、种族、性别、职业、家庭出身、宗教信仰、教育程度、财产状况、居住期限,都有选举权和被选举权;但是,依照法律被剥夺政治权利的人除外。"可见其中并无"选民"这个概念,只是根据一些省的地方性法规(如《浙江省村民委员会选举办法》的第3条)的规定,"有选举权的村民"被简称为"选民"。因而可以认为村民委员会选举中的"选民"是一种约定俗成的称呼,与直接选举县、乡两级人大代表时的选民是两个不同的概念。叶阿金要求确认所谓的选民资格问题,事实上是要求确认具有本村"村民"资格的问题。

据此,在村民委员会选举中,如果村民对村选举委员会公布的"选民名单"有异议并向法院提起要求确认其选民资格的诉讼,并不是《民事诉讼法》所规定的选民资格案件。事实上,对村民委员会选举中的"选民"资格案件,《村民委员会组织法》中没有规定。现行的村民选举中,村民对公布的选名单不服的,仅得向村民选举委员会提出申诉,由村民选举委员会作出最后的决定。因此,目前看来,法院其实没有法定依据来受理村民选举中的"选民资格"案件,"叶阿金选民资格案"的判决结果或许容易为大家接受和认同,但该案在法律上却是存在问题的。实践中,同在温州市的鹿城区人民法院同样受理了一起与叶阿金的情形极为类似的案件①,对同一时期姚某等人要求确认其在村民委员会选举中具有选民资格的诉讼作出的民事裁定,就认为村民选举资格案件不属于人民法院的受案范围,从而驳回了当事人的起诉。这就说明了基层法院对此问题的看法并不一致,而笔者也认为,鹿城区人民法院作出的民事裁定,从法律上讲是没有问题的,因为村民委员会选举中的"选民"资格异议的确不同于民事诉讼法中规定的选民资格案件。那么,对于村民选举权利的问题实际上就存在着一个被法律遗忘的空白,诉讼救济不具有正当性,从而形成了一个真实的困境。②

目前,村民对选民名单不服的,向村民选举委员会提出申诉,由村民选举委员会作出最后的处理决定,这种制度实际上违背了"自己不得成为自己案件法官"的自然公正原则,因为村民选举委员会自己既登记选民名单,又自己审查自己登记的选民名单有没有不当违法之处。而根据选举权的普遍性原则,选民名单上不予登记选举权的仅限于以下三种情形:年龄至选举日止未满十八周岁,不具有本村村民的身份,被剥夺政治权利;并且从实践中看,村民委员会选举中的很多做法完全是模仿县、乡两级人大代表选举时的做法,比如选民登记、候选人产生、投票等等程序,在形式上并无二致。如果法院不能认定公民是否具有某种权利,就显得十分不可思议。按照法律的

---

① 2002年6月温州市鹿城区人民法院对姚彩平要求确认其在村民委员会选举中具有选民资格的民事裁定。姚彩平的户籍在丰收村,现因出嫁而居住在城区(由于出嫁时国家户籍制度限制对农民嫁到城区的,规定户口不能迁到城市)。丰收村在2002年5月的换届选举时公布的选民名单中,没有列入姚彩平。经向选举委员会提出后,村委员会仍然认为其不具有本村选民资格。因此请求法院确认其享有在丰收村的选民资格。法院认为:村民委员会是村民自我管理、自我教育、自我服务的基层群众自治组织。村民委员会的选举,由村民选举委员会主持。选民对选民名单有不同意见,可于期限内向选举委员会提出,由村民选举委员会在选举日前依法作出处理。《浙江省村民委员会选举办法》未规定选民对村民选举委员会公布的选举村民委员会选民名单有不同意见,可向人民法院起诉,故本案不属于人民法院受理的选民资格案件范围。根据《中华人民共和国民事诉讼法》的规定,裁定驳回姚彩平的起诉。

② 参见何晓明:"谈谈村民选举中的司法救济途径",载2003年7月4日《中国人大新闻》。

实施和救济的一般原则，法院就应当是公民寻求司法救济的最后希望，从这个角度说，村民委员会选举中司法救济途径的缺失，是现行村民选举制度的一个法律漏洞。

（二）目前关于村民委员会选举的司法救济的现状与问题

从上述案件中可以看出的是，在现有的法律框架下，对在村民委员会选举中发生的纠纷，司法机关能提供救济的空间是很小的。在实践中，在自力救济、公力非诉救济和司法救济中，真正采用司法救济的并不多见。这其中的原因主要归结为两个方面：

1. 法律法规的欠缺

依法审判是宪法对人民法院行使审判权的基本要求。但在现行的司法实践中，人民法院一旦收到有关村民选举委员会选举纠纷的诉讼后，即会发现它们可资依循的法律资源太少。这种法律资源的缺乏主要体现在以下两个方面：

（1）法院受理村民委员会选举纠纷的法律依据缺乏，使法院受理该类诉讼于法无据。

《村民委员会组织法》作为规范村民委员会组织与选举的法律，只是在第15条以高度概括的形式规定："以威胁、贿赂、伪造选票等不正当手段，妨害村民行使选举权、被选举权，破坏村民委员会选举的，村民有权向乡、民族乡、镇的人民代表大会和人民政府或者县级人民代表大会常务委员会和人民政府及其有关主管部门举报，有关机关应当负责调查并依法处理。"没有有关司法机关对村民委员会选举纠纷审理的任何规定。其他中央级立法中，《民事诉讼法》第164条虽然对选民资格案件作出规定，但如前所述，由于村民委员会选举与县、乡两级人大代表选举性质上的不同，在村民委员会选举中直接适用选民资格案件目前没有法律依据。为了在村民委员会选举中引入司法救济来保障程序公正，或许将来可以由国家有权机关对《民事诉讼法》第164条作出解释，使村民资格案件参照适用之，但这毕竟还没实现。而我国现行的《行政诉讼法》、《行政复议法》和《行政处罚法》，也都没有涉及到对村民委员会选举中的行政行为的相关规定。比如我国《行政诉讼法》仅仅规定当公民人身权、财产权受到侵害时才可以提起行政诉讼，而公民在村民委员会选举中的权利属于民主权利的范畴，在目前的诉讼框架下尚难纳入。鉴于《行政诉讼法》第11条末款规定"除前款外，人民法院受理法律、法规规定可以提起诉讼的其他行政案件"，或许将来村民可以提起行政诉讼的方式来解决选举纠纷、保障村民选举权的实现，但这同样也只是期待而已。在刑事法律中,刑事司法权是一国最严厉的惩戒制度,但是对于村民选举来说,我国目前的刑法尚不能发生作用。因为,虽然我国《刑法》第256条规定了破坏选举罪,但是该罪仅仅适用于选举各级人民代表大会代表和国家机关领导人员过程中出现的破坏选举现象。依据我国《刑法》最重要的基本原则之一即法无明文规定不为罪的原则,虽破坏选举罪的名称看似可以包容破坏村民选举的行为,但却不能类推适用于村民选举中的破坏选举行为。

国家在中央层面的立法缺乏对村民选举权利的救济制度的规定,而村民委员会选举中大量适用的是省级选举法规,是不是地方可能有突破呢?据统计,只有少数部分地方的立法中对司法救济的问题有所涉及。如《山东省实施村民委员会组织法的办法》第11条规定:"村民委员会任期届满,应当依法进行换届选举。上一届村民委员会应当自新一届村民委员会产生之日起七日内向新一届村民委员会移交公章、财务账目、档案资料及办公设施等;逾期拒不交出的,新一届村民委员会可以向人民法院提起诉讼,由人民法院依法处理。"陕西省人大常委会1999年颁布的《陕西省村民委员会选举办法》第40条规定:"当事人对乡(镇)人民政府或者有关主管部门处理决定不服的,可以向上一级人民政府或者上一级主管部门提出复议,也可以向人民法院提起诉讼。"而且,在仅有的这些规定里,对司法救济的范围、程序等规定也不尽一致。仔细思量,地方立法的不完善自在情理之中:一方面,省级选举法规的规定只能在现行法律框架内进行制度设计,不能够突破高位阶的村组法等法律规范的精神和原则,而中央级立法对此存在空白,因此地方立法难以有所作为;另一方面,现行的省级法规又各自为阵,在仅有的允许司法机关向在村民委员会选举中受侵权的人提供救济的一些地方性法规中,在救济的范围和程序等方面也存在较大的差异。

由于法律规范的缺失,在司法实践中,即使有村民起诉,法院在受理村民选举权利的诉讼申请时大都基于选举权利的政治敏锐性而不予受理。虽然也有一些法院基于维护法律的尊严和法院自身的性质,受理一些村民选举权利的诉讼,但这主要取决于法院自身的决断,甚至是某些个人意志,这就使这类诉讼的出现带有偶然性。

(2)由于法律规范对违法行为含义界定的模糊,使法院在审理案件时也于法无据。

在中央级立法中,《村民委员会组织法》虽然规定了威胁、贿赂和伪造选票等行为属于违法行为,但这一具有高度概括性的条款并不能完全涵盖所有的违法行为,这就使得对这些侵权行为进行制裁时缺乏权威的立法支持。较之于全国性立法,省级立法中对侵权行为的界定相对要明确和具体一些①,但列举亦不太全面,尤其是在推选村民选举委员会的过程中所发生的违法行为基本上没有涉及。而且,由于各地立法的差异,往往形成一种行为在甲省合法而在乙省则不合法或者在甲省只受这种处罚而在乙省则受他种处罚的局面,造成全国法制不统一和适用上的混乱。

由于违法行为的内涵和外延的不确定和不统一,使得在实践中出现法律侵害村民选举权的行为时,也就难以界定承担责任的主体。在责任形式上,法律也缺乏具体的规定,所以在实践中,即使某一行为被法院确定为违法,违法者应承担何种责任也难以确定。

2. 司法机关对村民委员会选举中的违法行为干预遭受多方面的制度外的障碍

在司法实践中,造成法院不能对村民的选举权提供有效救济的局面的因素除前述法律依据的缺失外,法院自身的动力不足也是重要因素之一。由于村民选举的敏感性,法院在介入的过程中有可能面临各方面的压力,致使其更多时候宁可不受理案件,也不愿冒自身威信受损的可能。

法院在审理村民委员会选举纠纷案件时,首先遭受的是来自于基层党政部门的压力与干预。来自于党政部门的压力是法院在审理很多案件时都会感受到,但在审理村民委员会选举纠纷案件时更为明显。虽然宪法和法律将村民委员会界定为农村基层群众自治性组织,从表面而言,村民委员会的选举结果与基层党政部门并无直接关系,但我国的村民自治制度脱胎于高度一体化的行政集权体制,一些基层党政领导的思想意识并未完全转变过来,在潜意识里仍将村民委员会当作基层政权的延伸组织,将村民委员会的组成人员视为自己的下属,进而认为村民委员会的选举结果与自己将来政策的贯彻有密切的关系。由此,基层党政部门总是希望那些与自己保持一致、积极贯彻自己意图的人当选,而这些人是否真正能够成为服务于村

---

① 如2001年6月海南省人大常委会制定的《海南省村民委员会选举办法》第36条和37条规定的选举违法行为有:擅自提前或者拖延村民委员会选举的;不依法公布选举日、选民名单、候选人名单、投票地点,不依法发放选民证、委托投票证或者违法取消选民资格的;违反本办法指定、变更村民委员会成员候选人或者指定、委派、撤换村民委员会成员的;在对村民委员会成员的有关调查中,弄虚作假、故意包庇有违法犯罪行为、严重失职或者长期不履行职责的村民委员会成员的;以暴力、威胁、贿赂等不正当手段破坏选举或者妨碍选民行使选举权和被选举权的;伪造选举文件或者选票,虚报选举结果以及有其他选举舞弊行为的;其他破坏村民委员会选举、妨碍村民行使民主选举及有关自治权利的行为。

民、维护村民利益则不在他们的优先考量因素之中。恰是基于此种考虑,基层党政部门干预村民委员会的选举就成为现实中的常态,而这又是引发选举纠纷的一个重要诱因。所以,在法院审理这些纠纷案件时,基层党政部门采取各种可能的措施试图影响人民法院的立场,让法院按照自己的意志予以判决。

另一方面,由于农村经济的发展,村民委员会在掌控和分配村民的生存和发展资源方面的权力呈现逐步扩增的趋势,因而村民委员会的选举结果对村民利益的分配可能会产生重大的影响,甚至会重新配置农村的利益格局,因此那些重大的选举纠纷背后一般会存在着利益对立的群众,诉讼的审理结果与他们的利益攸关,再加上村民的法律意识相对淡薄,无论审理的结果如何,执行的难度比其他判决更为棘手,而判决无法执行或执行不力,反过来有损于法院的威信。因此,很多时候考虑到自身的威信而尽可能地回避这类诉讼,而法律的不完善恰为法院回避这类纠纷提供了绝好的缘由。

(三)村民选举权的司法救济途径的开拓

通过对规范层次和司法实践的考察,我们不得不无奈地承认这样一个既定事实,即在现行的法律制度框架下,我国没有真正建立起有效的村民委员会选举诉讼救济制度。然而依照法理,有权利必有救济,法律既要宣告公民的基本权利,同时也应当宣告对这些权利的保障和权利受侵害时的救济,否则这样的法律本身是不完善的。因此我们应当推动村民委员会选举的诉讼救济制度的建构,切实消除由于缺乏村民选举权利的救济规定而造成的困境。

随着村民委员会选举公正性和真实性的提高,随着公民权利意识的增强,选举纠纷日益增加,大量的选举违法需要查处和纠正不力。我们认为,依据权利救济的基本理论,并基于村民委员会选举的重要意义和诉讼救济制度的优越性,为真正更好地保障广大村民的选举权利、约束行政权力、及时处理好选举中出现的诸多问题和纠纷,我国应当尽快建立健全村民选举权利的法律救济制度,完善对村民委员会选举纠纷和违法行政行为的处理机制,真正做到有法可依和违法必究。

1. 健全村民委员会选举制度

自实行选举制度以来,自由而公正的选举一直是人们的追求,各国在长期的选举实践中,不断探索减少选举纠纷、防止选举违法的办法。其中重要的一条经验就是做到法制先行,通过制定比较完备的法律规范保障选举的健康运行。对村民委员会选举而言,首先需要做的就是修订完善《村民委员会组织法》中有关选举的规定。有关选举的规定,应包括两个基本内容,一是对选举程序的规定,二是罚则;前者为选民提供明确的行为规范,使选民清楚应该做什么、怎么做、禁止做什么,后者解决"违法了怎么办"的问题,为违法必究提供依据。一方面,各地要制定和不断完善《村民委员会选举办法》,以程序法的形式,全面、系统地规定选举工作机构、选民登记、候选人的提名和产生、投票程序、罢免和法律责任,使选举违法的查处纠正工作真正做到有法可依。另一方面,要制定出明确的罚则。具体来说,要规定法律责任认定和实施主体,使查处纠正选举违法工作真正有负责的机构;要将法律制裁最大限度地具体化,仅仅规定"违法要负法律责任"或"要依法处理违法行为"是不行的,应针对不同情况规定不同的处罚。国外对选举违法制定了比较详细的制裁手段,如日本具体规定了对贿选,违法开启票箱,选举工作人员干涉选举自由,扣留、毁损、夺取票箱、选票等一系列违法行为的徒刑、监禁年限或罚金数额。我们也可以制定相应的规范,比如说,以不正当手段当选,应规定"选举结果无效",违法任命或撤换村民委员会成员,应规定"所做决定无效",滥用职权违法的,应负具体的行政责任等等,颇值借鉴。当然,前提是村民委员会选举必须列入刑法的保护范围之内。①

以目前村民委员会选举中存在较多的贿选现象为例来谈谈有关问题。贿选,主要是指用钱、物买通选举人来选举自己或跟自己同派系的人。近年来,随着农村村民委员会选举实践的推进,贿选现象时有发生,个别地方甚至有上升的趋势。要解决这一问题,首先要完善选举程序,不给贿选者机会。这里要重点抓好以下三方面的工作:一是确保村民的提名权;二是规范竞选规则,规范的竞选规则应当符合竞选的合法性、竞选的公开性、竞选的公平性;三是要秘密划票,当场公开唱票,当场公布选举结果。同时要加大选举监督力度,及时查处贿选行为。目前,村民委员会选举还没有纳入我国选举诉讼之列,司法监督力度显得不足,但这并不意味着我们无所作为。地方尤其是县级组织要根据本地的实际,依法制定选举规范,出台竞选规则,把竞选中允许的行为规定得明明白白,把不允许的行为规定得清清楚楚,并广而告之。由于农村村级组织没有行政处罚权,无法对贿选行为人进行经济处罚,但可以探索通过民间规约赔偿的办法,事先约定凡贿选造成整个选举无效的,贿选行为人应向每一位参加投票的村民赔偿当日务工费,以此来

---

① 具体参见范瑜:"村民委员会选举违法问题亟待纠正",载《村民委员会选举违法问题研究》改革内参1998年第20期。

遏制贿选行为。①

2. 建立村民委员会选举的诉讼救济制度

我国当前村民自治实践中一个突出的问题是村民自治权利的保障机制不健全,尤其是村民选举权利救济制度极不健全。虽然存在自力救济和诸如行政救济等非诉的公力救济,但司法救济在村民选举权救济体系内仍处于不可置换的地位,这是由司法权的性质决定的。所以,在构建村民选举权救济的制度框架时,司法救济仍是制度构建和完善的核心。

但是,如前所述,司法机关作为社会正义的最后一道防线,作为公民权利的守护者,在对村民的选举权救济方面远未尽到自己的责任。当然,造成这一现状的主要原因是法律体系的不完善。因此,在构建村民选举权的司法救济制度时,首先需要完善法律规范,以使法院在审理时有法可依,将村民委员会选举纠纷按其性质分别纳入民事诉讼、行政诉讼和刑事诉讼三大诉讼领域予以解决。

首先,基于司法最终救济的法治原则,作为规范村民选举的基本法律,《村民委员会组织法》既然赋予了村民选举的权利,即应建立对这些权利的司法救济制度。《村民委员会组织法》第4条第1款规定:"乡、民族乡、镇的人民政府对村民委员会的工作给予指导、支持和帮助,但是不得干预依法属于村民自治范围内的事项。"村民委员会的选举属于村民自治范围内的事项,但该条并未规定干预以后的司法救济渠道。为完善法律,应在此款后增加一款:"乡、民族乡、镇的人民政府干预依法属于村民自治范围内的事项的,村民委员会可以向县级人民政府或县级人民代表大会常务委员会反映,请求排除干预;也可以直接向人民法院提起诉讼,请求确认干预违法并排除干预。"这样就使村民的选举权在受到来自于基层政府的干预后寻求司法救济获得了一个总括性的规定。同时,针对选举中的严重违法行为,必须建立刑事制裁制度,《村民委员会组织法》应确定刑法介入的领域和程序,唯此才能与后文将要论述的刑法的修改对应起来。

在民事诉讼方面,我国《民事诉讼法》第164条规定:"公民不服选举委员会对选民资格的申诉所作的处理决定,可以在选举日的五日以前向选区所在地基层人民法院起诉。"此即我国法律所确立的选民资格案件。但该条所指选举名单案件是指选民在直接选举县级和乡级人大代表时因选民名单所引发的案件,而村民在选举村民委员会时对选民名单所引发的纠纷不在

---

① 詹成付:"村民委员会选举防贿选",载《人民日报》2000年07月26日。

该规范范围之内。因此，对《民事诉讼法》做适当修改，将村民委员会选举时所发生的选民名单纳入其规范范围，以对村民提供救济，这不存在任何理论上的障碍。

在行政诉讼救济中，要建立村民选举权的行政诉讼救济制度就必须在法律上将其纳入行政诉讼的受案范围。目前我国《行政诉讼法》采取了列举式和概括式相结合的方式确定行政诉讼的受案范围。在列举式范围内，《行政诉讼法》第11条列举了法院应当受理的行政诉讼行为引发的争议，第12条列举了法院不能受理的4类事项。而在概括式的规定上，行政诉讼法强调了必须是行政相对人的人身权和财产权受具体行政行为侵犯的才可提起诉讼。所以，行政诉讼法对受案范围的界定标准有两项：一是具体行政行为，二是人身权、财产权。后一标准表明人民法院一般不受理对人身权和财产权以外的其他权益造成侵犯的行政争议。如果行政机关及其工作人员侵犯了公民、法人或者其他组织的出版、结社、游行示威、宗教信仰、选举等权利，公民是否可以提起诉讼，取决于法律和法规的特殊规定，《行政诉讼法》未对此类权利遭受侵害能否起诉作出一般性的规定。但是，这一规定显然存在明显的不合理。人身权和财产权是典型的民事上的权利，其遭受到来自于行政机关的侵犯固然应受到司法权的救济，但从行政诉讼制度的构建而言，其基本的价值在于保护公民等行政相对人的权利免受来自行政机关的侵犯。所以，将人身权和财产权之外的其他权利一般性地排除在行政诉讼的救济范围之外，显然是对公民权利的不完整保护。从宪法角度而言，人身财产权与其他权利，诸如政治权利中的选举权与被选举权在价值上是一致的，并不存在等级之分。《行政诉讼法》作为根据宪法而制定的法律，将这些权利排除在行政诉讼的救济范围之外，显然不能说其完全符合宪法的精神和价值。而在客观上，如在村民委员会的选举中，来自于行政机关的侵权是村民选举权受侵害的一个因素，所以也完全有必要建立对村民选举权的行政诉讼救济制度。所以，应将行政机关在村民委员会选举中的违法行政行为纳入行政诉讼的可诉范围，凡村民认为有权行政机关在村民委员会选举中侵犯了自己选举权利者均可提起行政诉讼。行政诉讼救济中还应当增加对行政机关侵犯村民选举权利所应负的行政责任的规定，并可建立对违法行政行为的行政赔偿制度。根据这一原则，在修改行政诉讼法时应注意以下几个方面：第一，为了实现行政诉讼的目的，应合理地界定行政诉讼的受案范围，由于列举式存在难以克服的缺陷，应当采用概括式规定法院应当受理的行政案件，即凡是行政机关及其工作人员在行使行政职权中的作为或不作为给公民、法人或其他组织造成其权利受损的,都可以向人民法院提起行政诉讼。第二,在权利性质上,不可将行政诉讼的受案范围仅限定于人身权和财产权受损的案件,只要是行政相对人的合法利益,均在行政诉讼的受案范围之内。第三,在对于那些由于行为性质特殊而明显不宜由人民法院受理的案件,应当采用明确列举的方式予以排除。

在刑事法律领域,一般认为,《刑法》第256条的规定不能适用于破坏村民委员会选举的行为。根据罪刑法定原则,这一理解并不存在问题。但这并非意味着现有的刑法规范完全不能支持对破坏村民委员会选举的行为的制裁。实际上,现行《刑法》中存在这样的法律资源。如第290条规定的煽动暴力抗拒法律实施罪和聚众扰乱社会秩序罪、第292条规定的聚众斗殴罪、第294条关于黑社会性质的犯罪。在村民委员会选举中发生的这些行为完全可以纳入刑法领域进行制裁。但是,这些只是针对村民破坏选举的行为,并不能规范主持选举的机关或工作人员的行为,因此,在刑法中应增加针对选举主持机关及其工作人员在村民委员会选举中的犯罪行为。同时,将《刑法》第256条确定的破坏选举罪扩大适用于村民委员会选举,可将现行《刑法》第256条修改为:"在国家法律规定的政治性选举过程中,以暴力、威胁、欺骗、贿赂、伪造选举文件、虚报选举票数等手段破坏选举或者妨害选民和代表自由行使选举权和被选举权,情节严重的,处三年以下有期徒刑、拘役或者剥夺政治权利。"

随着民主的发展和法治的进一步健全,建立一个包含选举效力和当选效力的、由专门机构加以裁判的村民选举的诉讼框架是一种必然的趋势,我们要争取尽快制定统一的《村民委员会选举法》,并在该法中确立选举诉讼制度。当然由于种种原因,当前我国选举诉讼无论是在理论上还是在实践中都没有引起人们足够的重视,选举诉讼理论很不完整,同时因为选举诉讼具有许多与其他诉讼不同的特点,它在案件的受理范围、诉讼管辖、起诉人主体资格、起诉条件、案件受理条件、审理程序、判决与执行等方面都更为复杂,所以要想在我国尽快建立起完善的村民委员会选举诉讼救济制度将是一件十分艰巨、复杂的工作。

其中关于裁判机关的构想,一般来说,选举诉讼的裁判机关可以是专设的选举裁判机构、选举主持机构或者法院。根据我国村民委员会数量大,选举时间不统一,选举情况复杂等实际情况,有人建议分级设立选举委员会,作为选举裁判机关。省、市、县、乡各级政府在本行政区域进行村民委员会选举期间,要成立临时的选举委员会,作为选举裁判机关。选民对选举有异议，可在规定期限内，由低向高依次向各级选举委员会提起诉讼，提请裁决。中央设立全国性的村民委员会选举委员会，作为常设的组织和仲裁机构，受理省级以下选举委员会无法解决的选民申诉，并做最后裁定。① 但这是笔者所不敢认同的，因为它仍然没有走出行政救济的老路，关于它的种种不足，本书前已述及。

笔者秉持本书前章的司法救济的思路，建议在现有的法院体系内分级设立专门的选举法庭，作为选举裁判机关。前面我们在建构我国选举诉讼制度的设想里提到，建议在中级人民法院和高级人民法院内部设立专门的选举法庭，在最高人民法院则可以设立类似军事法院等的专门的选举法院，以整合审判资源；在选举诉讼的一审管辖方面，在有关人大代表的选举案件的一审应当由至少相当于中级法院的专门的选举法庭管辖，但是由于我国村民委员会数量大、选举时间不统一，它的一审可以由基层法院管辖，但是也应当设立专门的选举法庭。换言之，省、市、县、乡各级政府在本行政区域进行村民委员会选举期间，由各该级法院的选举法庭作为选举裁判机关，对于案件特别重大的由较高级别的法院实施管辖。选民对选举有异议，可在规定期限内，由低向高依次向各级选举法庭提起诉讼，提请裁决；中央在最高法院或以后成立的宪法法院设立全国性的选举法庭，作为常设裁判机构，受理省级以下法院选举法庭的上诉，和有全国影响的村民委员会选举的一审案件（当然这是极少的），并作最后裁判。

---

① 参见范瑜："村民委员会选举违法问题亟待纠正"，载《村民委员会选举违法问题研究》改革内参 1998 年第 20 期。

第六章　选举权法律保障的发展趋势

选举权的法律保障是伴随着选举权的出现而发展并逐步完善的,迄今已有几百年的历史。但任何制度都不是一成不变的。在全球化的背景下,人类社会政治体制发展的民主化浪潮仍有渐趋强烈之势,自然科学技术的飞速前进给人类社会的生活方式带来了前所未有的冲击。这些变化都会对公民选举权的行使带来了直接的影响,也使选举权的法律保障制度必须因应时代的变迁,及时作出修改与调整,以更好地维护公民选举权的实现。总体而言,选举权法律保障制度的发展趋势可以概括为以下几个方面:

一、选举权的范围不断扩大,选举权法律保障的民主化趋势不断增强

基于前文已论述的选举权的保障与民主政治的密切关系,选举权法律保障的民主化趋势是在整个社会的民主化浪潮中逐步发展的。

在早期选举制度中,由于对"暴民政治"的担忧,推崇"精英政治",世界各国对公民行使选举权施加种种不合理的资格要求,以此限制公民的选举权,致使选举权只为社会中的少数人所享有。但自20世纪以来,世界各国选举制度的民主化程度明显得到加强并在不断提升。有学者指出其中的原因是:第一,二战以后,世界出现了一种强大的民主宪法政治潮流,公民的民主权利不断得到重视;第二,原有社会结构和各种力量的对比关系不断变化,统治阶级用民主的选举方式保持社会的稳定与繁荣。① 随着公民民主权利不断得到重视,选举权和被选举权作为公民的一项重要民主权利也随之获得巨大的发展空间。另一方面,选举权与被选举权是公民作为国家主权享有者的一种派生权利,体现了人民主权的原理,以有效实现公民选举权与被选举权为核心的现代选举制度的构建必然是以民主化为基本方向。符合民主化的选举制度不仅是公民选举权的有力保障,也是阻却国家权力走向专制的有效途径。

选举权法律保障的民主化趋势表现在以下几个方面:(1)对公民选举权的限制趋于理性,施加于选举权的种种不合理限制最终将在范围内被取

---

① 王玉明:《选举论》,第104页。

第六章　选举权法律保障的发展趋势

消。在选举制度的发展史上，曾施加于选举权之上的主要不合理限制包括性别、财产、种族、受教育程度等。这些不合理的限制在经历了长时间的演进被逐渐取消，但在少数国家仍然存在。如在性别方面，当今仍有科威特、沙特阿拉伯等极少数宗教色彩浓厚的国家不承认女性的选举权。这是违背选举制度民主化这一趋势的，随着这些国家民主化进程的不断深入，限制女性选举权的制度必将被废除。同时，选举权和被选举权的行使必须以基本的政治判断力为前提，而一定的年龄和精神状态正常是维系政治判断力的必要条件。所以，在民主政治体制下，基于年龄和精神状态对公民选举权和被选举权的限制是合乎理性的限制。（2）直接选举成为基本的选举形式，间接选举只在特殊情况下被应用。一般认为，直接选举的民主化程度较高，它不仅有利于选民了解和监督议员，从而实现议员对选民的直接负责；而且，直接选举表明选民对议员的直接认可，是实现主权在民的一个重要形式。但也有理论认为，直接选举的民主程度一般而言确实高于间接选举，但也不能一概而论。直接选举或间接选举不是衡量选举制度民主化程度的惟一形式。具体到某个国家，须考虑到该国的政治、经济、文化、社会和传统习惯等。如果不具备实行直接选举的条件，可先实行间接选举，积累经验后再实行直接选举。但这种理论本身亦不否认直接选举制度应成为基本的选举制度的改革方向。（3）对社会特定群体的公民选举权构建特殊的制度保障。如前文所述，现代各国已普遍取消了基于性别、种族或民族、财产等因素对公民选举权的限制。但这并不能保证诸如女性、某些处于弱势地位的种族或民族能够真正享有同其他社会主体平等的选举权，尤其是被选举权。如在日本，在其经济高速增长至20世纪80年代末期，日本众议院议员中女性比例除极少数届超过2%外，大抵在1.5%。[①] 为了改变这些情况，在制度上对这些公民的选举权特殊保障，以真正实现宪法上平等保护原则在公民选举权行使的领域得到贯彻，很多国家制定法律以促成更多的女性或处于少数地位的民族或种族当选为议员。

二、选举权保障的国际化趋势

在资产阶级革命时期，争取包括选举权在内的人权是资产阶级革命的口号。在资产阶级革命胜利后，各西方主要国家以根本法的形式对人权加以确认和保护。二战以后，人权问题超出了国界的限制，成为世界性问题。

---

① 胡澎："近年日本妇女的政治参与浅析"，载《日本学刊》2003年第3期。

其原因是：两次世界大战中，法西斯国家残暴践踏人权的罪恶行径，使世界各国人民认识到要采取各种行之有效的措施，以防止人类遭受法西斯专制分子东山再起之苦。所以，世界上建立了联合国组织，重申基本人权，并力争在此基础上促使各国建立民主的政府，保障人权。公民的选举权和被选举权，既是人权的重要内容，又是各国建立民主政府不可缺少的前提条件。把选举权和被选举权上升为国际问题，表明了选举权和被选举权与世界和平密切相关，应引起全人类的关注。

1948年的《世界人权宣言》在第21条规定，人人有权直接或以自由选举之代表参加其本国政府。人人有以平等机会参加其本国公务之权。人民意志应为政府权力之基础，人民意志应以定期且真实之选举表现之，其选举权必须普遍而平等，并当以不记名投票或相当之自由投票程序为之。1966年的《公民权利及政治权利国际公约》第25条规定进一步确立了选举权的普遍、自由等原则。随后，联合国在1952年通过的《妇女政治权利公约》里确认妇女享有同男子平等的选举权与被选举权。1980年的《消除对妇女一切形式歧视公约》第7条进一步确认了这一原则。而前文所述及的法国、日本为了保障女性的被选举权而采取的措施可被视为是对这些规定的回应。

三、选举权保障的法制化、规范化和标准化程度不断提高

在选举制度形成的早期，由于选举法律制度的不完善，选举方式和程序的不规范，选举的随意性明显，这危及到选民意志的实现，使选举的民主意义受到折损。到19世纪中叶，澳大利亚首先对选举方式进行了程式化的规范，由政府统一制定选票、实行无记名投票、集中投票地点、统一投票时间等。这种方式使选民意志的自由表达有了制度保障，被称为"澳大利亚式投票方法"。[①] 它在西方国家的广泛推广，对于实现选举权的法制化、规范和标准化起到了积极的作用。

自20世纪70年代以来，世界各国不断加强关于选举方面的立法。随着立法的加强，选举规范化和标准化的特征日益明显。宪法是规范选举程序的最高法。在西方国家，宪法在调整选举活动方面，仍然受到很高重视，有关公民的选举权与被选举权的保障以及选举制度的基本原则被各国普遍规定在宪法里，使之具有最高法律规范的效力。在宪法之下，立法机关制定的选举法是规范选举活动的基本法律。西方国家普遍制定了自己的选举

---

① 胡盛仪、陈小京、田穗生：《中外选举制度比较》，第278页。

法。另外，一些国家针对选举中的一些特殊问题，如竞选经费的来源问题专门制定了法律。

法律的完善使选举的整个过程呈现规范化和标准化的特征。标准化主要表现在选举程序和内容的稳定性，内容主要包括：设立选举机构，划分选区，确定选民资格，选民登记、公布选民名单、候选人提名，介绍和宣传候选人或竞选，进行初选或预选、投票和当选计票、公布选举结果、选举争议的处理等。尽管世界各国的选举制度千差万别，但选举程序的这种标准化内容的存在却是日益趋同的。

四、媒体在选举中的作用越来越大，对选举权保障的影响具有双面性

媒体是指包括广播、电视、报刊、杂志和互联网等在内的广义传播媒介工具。通过媒体实现传播信息的自由是实现宪法所保障的言论自由重要形式。而言论自由被认为是民主选举所必需的权利。① 现代社会是传媒高度发达的社会，人们对传媒的信赖程度也日益提高。政党和候选人自20世纪60年代起开始将媒体引入选举过程。美国最早于60年代在总统选举中引入电视辩论，由此，电视辩论成为美国式民主的象征，其他西方国家纷纷效法。媒体的能力在西方社会被称为"第四种权力"，这种权力广泛而深刻地影响了现代社会的选举，对选举制度价值的实现具有双面的作用。

媒体在选举中的功能包括以下各方面：（1）媒体承担了向选民传播选举信息的功能。通过媒体的传播，选民方可知晓各政党和候选人的竞选纲领、主张和候选人的基本情况。（2）媒体在很大程度上决定了选举的竞争议题。虽然表面上各政党和候选人间政策主张的分歧是选举竞争议题的决定者，但只有经媒体传播出去的事件才是"新闻"，才能得到选民的关注，所以媒体在很大程度上决定着人们在一定时期讨论哪些问题。② 所以，在选举中，是媒体在为政党和候选人安排他们必须认真面对的议题。（3）对候选人的形象塑造。

媒体在选举中的上述各项功能在某种程度上也损害到了选举制度的价值实现。最核心的问题是"媒体往往把选举看作是比赛，而不是看作是各种

---

① 王雅琴：《选举及其相关权利研究》，山东人民出版社2004年版，第123页。
② 〔美〕詹姆斯·M.伯恩斯等：《美国式民主》，谭君久等译，中国社会科学出版社1993年版，第385页。

严肃问题的交锋。"①所以其关注更多是诸如候选人的轶事、品质等选举中的细枝末节的问题,而将各方纲领的认真分析与探讨置于次要位置;其次,由于多数媒体本身带有强烈的政治倾向,在向选民传播政治信息时受到本身政治倾向的制约,在信息的筛选、评价等各方面都存在片面性,这给选民的政治判断带来影响。最后,媒体的强大作用使任何政党和候选人均对其不可忽视,由此必须带来选举经费的增加,而选举经费的上升又使政党和候选人受制于捐款者。据统计,在美国,选举活动的巨大耗资主要是花在媒体上。② 在一定意义上,现代社会的选举已陷入这样一种逻辑:捐款者控制金钱,金钱控制媒体,媒体控制民意,民意决定当选者,而最终是捐款人操纵了选举,本来应当决定选举结果的民意实质被置于次要地位。

为了克服媒体在选举中的不正当作用,媒体传播的规范化是媒体在选举中发挥作用方面应遵循的一个准则。日本在1994年通过的《公职选举法》一方面规定"不得妨碍刊载有关选举的报道和评论自由,"但也规定"不得刊载虚假事实,或进行歪曲事实的报道,滥用言论自由原则,妨碍选举的公正性";第138条第3款进一步规定"任何人不得公开有关选举,以及有可能就任公职候选人的人气投票过程及结果。"

五、科学技术被广泛应用于选举,对选举制度的发展造成多方面影响

由于选举事务的复杂性,选举中政府、政党和候选人等各方面都要投入大量的人力资源和财力资源到选举中去。随着科学技术的迅速发达,科学技术在选举中应用的范围越来越广,选举制度本身也在这一过程中发生了巨大的变化。

科学技术在选举中的应用主要集中于两个方面:第一,科学技术被广泛用于选举的组织工作之中。如选举工作的管理、机械投票制度以及网络投票制度、选票自动统计等。第二,科学技术被广泛运用于政党和候选人的竞选之中。作为现代科学技术的结晶,电视、互联网等各种媒体对参选政党和候选人政治纲领的宣传使媒体很好地承担了媒介的作用,而电视辩论等竞选手段使候选人更直接地面对选民,选民对候选人的了解更直接和直观。

科学技术的广泛运用对选举制度的影响包括以下几个方面:

---

① 〔美〕詹姆斯·M.伯恩斯等:《美国式民主》,第394页。
② 〔美〕理查德·K.斯克尔:《现代美国政治竞选活动》,张荣建译,重庆出版社2001年版,第150—166页。

第一,由于科学技术的广泛运用,选民有了多元的信息来源渠道,使选民的投票判断更具理性,这有利于实现选民的选举权;从政党和候选人而言,能更好地实现其与选民的沟通,使更多的候选人也有利于其被选举权的实现。

第二,科学技术的发展造成了竞选经费的急剧上升,从而使候选人更多地依赖于其大额捐款人;作为回报,候选人当选后,要为候选人谋取利益,有时是不正当的利益。

第三,科学技术的发展使选民和候选人借助于媒体实现更直接的沟通,这使得候选人对政党的依赖作用下降,选举在一定程度上变成了以候选人为中心的选举,政党在选举中的作用受到了一定的冲击。①

六、选举争议解决机制的司法化倾向

由于选举关涉各政党以及政党所代表的广大选民的利益,国家必须以法律的形式对选举进行规范。但在选举实践中,仍存在违反选举规范的行为,这些行为可能会影响到选举的合法性。为保障选举的顺利进行,保证公民选举权利的实现,就必须要建立完善的选举争议解决机制。前文已论述当今各国不同的纠纷解决机制。从发展趋势而言,司法化倾向是选举争议解决的趋势。这种司法化倾向主要表现在:第一,普通法院成为重要的解决机构。如前所述,在一些主要国家,普通法院成为选举争议的解决机关。第二,在由专门机关解决选举争议的国家里,专门机关的组成人员有很大一部分来自法官。第三,二战以后,随着各国宪法监督制度的完善和专门宪法监督机关的建立,裁决选举争议就成为宪法监督机构的重要职能,而这些机构的司法性日益明显。②

---

① 张立平:《美国政党与选举政治》,第33页。
② 在以宪法法院作为宪法监督的国家,宪法法院的司法性能够得到普遍的认同;而在实行宪法委员会制国家,如在法国,宪法委员会起初被视为政治性的机关,但后来发生了重大变化,其司法性得到普遍认同。

参考书目

一、中文类

1. 韩大元:《亚洲立宪主义研究》,中国人民公安大学出版社 1998 年版。
2. 韩大元主编:《现代宪法学基本原理》,中国人民公安大学出版社 2001 年版。
3. 胡锦光:《中国宪法问题研究》,新华出版社 1998 年版。
4. 刘军宁:《共和·民主·宪政——自由主义思想研究》,上海三联书店 1998 年版。
5. 韩大元、林来梵、郑贤君:《宪法学专题研究》,中国人民大学出版社 2004 年版。
6. 林来梵:《从宪法规范到规范宪法——规范宪法的一种前言》,法律出版社 2001 年版。
7. 张文显:《二十世纪西方法哲学思潮研究》,法律出版社 1996 年版。
8. 陈慈阳:《宪法学》,元照出版公司 2004 年版。
9. 陈新民:《宪法基本权利之基本理论》,元照出版公司。
10. 翁岳生教授祝寿论文编辑委员会编:《当代公法新论》,元照出版公司 2002 年版。
11. 何怀宏:《选举社会及其终结——秦汉至晚清历史的一种社会学阐释》,三联书店 1998 年版。
12. 彭宗超:《公民授权与代议民主——人民代表直接选举制度比较研究》,河南人民出版社 2002 年版。
13. 刘军宁编:《民主与民主化》,商务印书馆 1999 年版。
14. 林广华:《违宪审查制度比较研究》,社会科学文献出版社 2004 年版。
15. 董和平、韩大元、李树忠:《宪法学》,法律出版社 2001 年版。
16. 赵心树:《选举的困境》,四川人民出版社 2003 年版。
17. 张文显:《法哲学范畴研究》,中国政法大学出版社 2001 年修订版。
18. 何勤华、李秀清主编:《民国法学论文精萃》(第二卷·宪政法律篇),法律出版社 2002 年版。
19. 阎照祥:《英国政治制度史》,人民出版社 1999 年版。
20. 王世杰、钱端升:《比较宪法》,中国政法大学出版社 1997 年版。
21. 王玉明:《选举论》,中国政法大学出版社 1992 年版。
22. 张镜影:《比较宪法》,黎明文化事业股份有限公司 1983 年版。
23. 徐勇、吴毅:《乡土中国的民主选举》,华中师范大学出版社 2001 版。
24. 刘昊洲:《我国选举罢免诉讼制度》,五南图书出版公司 1990 年版。
25. 谭融:《美国利益集团政治研究》,中国社会科学出版社 2002 年版。
26. 王晓民主编:《国外议会研究文丛》(第二辑),中国财政经济出版社 2003 年版。

27. 何华辉:《比较宪法学》,武汉大学出版社 1992 年版。
28. 张千帆:《宪法学导论》,法律出版社 2004 年版。
29. 唐晓等:《当代西方国家政治制度》,世界知识出版社 1996 年版。
30. 李步云主编:《宪法比较研究》,法律出版社 1998 年版。
31. 包霞琴、臧志军主编:《变革中的日本政治与外交》,时事出版社 2004 年版。
32. 高洪:《日本政党制度论纲》,中国社会科学出版社 2004 年版。
33. 杨伯华、明轩:《资本主义国家政治制度》,世界知识出版社 1984 年版。
34. 张立平:《美国政党与选举政治》,中国社会科学出版社 2002 年版。
35. 郭秋霞:《德国选举制度与政党政治》,台湾志一出版社。
36. 韩大元编著:《韩国议会》,华夏出版社 2002 年版。
37. 王瑞贺编著:《新加坡议会》,华夏出版社 2002 年版。
38. 许振洲编著:《法国议会》,华夏出版社 2002 年版。
39. 甘超英编著:《德国议会》,华夏出版社 2002 年版。
40. 李林:《立法机关比较研究》,人民日报出版社 1991 年版。
41. 张友渔:《宪政论丛》,群众出版社 1986 年版。
42. 胡盛仪、陈小京、田穗生:《中外选举制度比较研究》,商务印书馆 2000 年版。
43. 史卫民、雷竞璇:《直接选举:制度与过程》,中国社会科学出版社 1999 年版。
44. 袁亚愚主编:《中国农民的社会流动》,四川大学出版社 1994 年版。
45. 蔡定剑:《中国人民代表大会制度》,法律出版社 1998 年修订版
46. 谭君久:《当代各国政治体制——美国》,兰州大学出版社 1998 年版。
47. 程燎原、王人博:《权利及其救济》,山东人民出版社 1998 年版。
48. 白钢、赵寿星:《选举与治理——中国村民自治研究》,中国社会科学出版社 2001 年版。
49. 程洁:《宪政精义:法治下的开放政府》,中国政法大学出版社 2002 年版。
50. 杨祖功、顾俊礼:《西方政治制度比较》,世界知识出版社 1992 年版。
51. 吴庚主编:《选举与政治参与》,台湾正中书局印行。
52. 郑全咸:《资本主义国家宪法论》,科学技术文献出版社 1994 年版。
53. 蔡定剑主编:《中国选举状况的报告》,法律出版社 2002 年版。
54. 刘兆兴:《德国联邦宪法法院总论》,法律出版社 1998 年版。
55. 王禹:《村民选举法律问题研究》,北京大学出版社 2002 年版。
56. 刘恒:《行政救济制度研究》,法律出版社 1998 年版。
57. 朱维究:《政府法制监督论》,中国政法大学出版社 1994 年版。
58. 朱维究:《行政行为的司法监督》,山西教育出版社 1997 年版。
59. 王人博:《宪政的中国之道》,山东人民出版社 2003 年版。
60. 季卫东:《宪政新论》,北京大学出版社 2002 年版。
61. 袁达毅:《县级人大代表选举研究》,中国社会出版社 2003 年版。

62. 袁达毅:《农村基层民主建设研究》,中国社会出版社 2003 年版。
63. 夏勇:《中国人权概念起源》,中国政法大学出版社 2001 年版。
64. 乔晓阳、张春生主编:《选举法和地方组织法释义与解答》,法律出版社 1997 年版。
65. 范进学:《权利政治论》,山东人民出版社 1998 年版。
66. 刘志刚:《宪政诉讼的民主价值》,中国人民公安大学出版社 2004 年版。
67. 曹思源:《世界宪政潮流》,明镜出版社 2004 年版。
68. 王禹:《我国村民自治研究》,北京大学出版社 2004 年版。
69. 吴庚:《行政法之理论与实务》,三民书局 2002 年版。
70. 吴庚:《行政争讼法论》,三民书局 2002 年版。
71. 左卫民:《诉讼权研究》,法律出版社 2003 年版。
72. 江国华:《宪法的形而上之学》,武汉大学出版社 2003 年版。
73. 刘海波:《政体初论》,北京大学出版社 2004 年版。
74. 杨海坤:《宪法基本权利新论》,北京大学出版社 2004 年版。
75. 赵世义:《资源配置与权利保障》,陕西人民出版社 1998 年版。
76. 李忠:《宪法监督论》,中国法制出版社 1999 年版。
77. 莫纪宏:《宪政审判制度概要》,中国人民公安大学出版社 1998 年版。
78. 杨宇冠:《人权法》,中国人民公安大学出版社 2003 年版。
79. 应松年:《行政法学新论》,中国方正出版社 1998 年版。
80. 马怀德:《行政法制度建构与判例研究》,中国政法大学出版社 2004 年版。
81. 薛刚凌:《变迁时代的行政法思考》,学苑出版社 2002 年版。

二、译文类

1. 〔英〕戴维·米勒、韦农·波格丹诺主编:《布莱克维尔政治学百科全书》,邓正来主编译,中国政法大学出版社 2002 年修订版。
2. 中国社会科学杂志社编:《民主的再思考》,社会科学文献出版社 2000 年版。
3. 〔法〕让—马里·科特雷、克洛德·埃梅里:《选举制度》,张新木译,商务印书馆 1996 年版。
4. 〔美〕乔·萨托利:《民主新论》,冯克利、阎克文译,东方出版社 1998 年版。
5. 〔法〕让—马克·夸克:《合法性与政治》,佟心平、王远飞译,中央编译出版社 2002 年版。
6. 〔德〕尤尔根·哈贝马斯:《重建历史唯物主义》,郭官义译,社会科学文献出版社 2000 年版。
7. 〔美〕史蒂芬·霍尔姆斯、凯斯·R.桑斯坦:《权利的成本——为什么自由依赖于税》,毕竞悦译,北京大学出版社 2004 年版。
8. 〔美〕杰克·唐纳利:《普遍人权的理论与实践》,王浦劬等译,中国社会科学出版社 2001 年版。

9. 〔奥〕曼弗雷德·诺瓦克:《民权公约评注——联合国〈公民权利和政治权利国际公约〉》,毕小青、孙世彦主译,三联书店 2003 年版,第 438 页。
10. 〔加〕A. 布来顿等:《理解民主——经济的与政治的视角》,毛丹等译,学林出版社 2000 年版。
11. 〔法〕卢梭:《社会契约论》,何兆武译,商务印书馆 2003 年 3 月修订第 3 版。
12. 〔美〕科恩:《论民主》,聂崇信、宋秀贤译,商务印书馆 1988 年版。
13. 〔奥〕凯尔森:《法与国家的一般理论》,沈宗灵译,中国大百科全书出版社 1996 年版。
14. 〔英〕詹姆斯·布莱斯:《现代民治政体》,张慰慈等译,吉林人民出版社 2001 年版。
15. 〔英〕哈耶克:《自由秩序原理》(上),邓正来译,三联书店 1997 年版。
16. 〔美〕理查德·K. 斯克尔著:《现代美国政治竞选活动》,张荣建译,重庆出版社 2001 年版。
17. 〔英〕罗杰·科特威尔:《法律社会学导论》,华夏出版社 1989 年版。
18. 〔美〕亨利·埃尔曼:《比较法律文化》,三联书店 1990 年版。
19. 〔古希腊〕亚里士多德:《雅典政制》,商务印书馆 1959 年版。
20. 〔美〕路易斯·亨金:《宪政·民主·对外事务》,邓正来译,三联书店 1996 年版。
21. 〔美〕约翰·哈特·伊利:《民主与不信任》,朱中一译,法律出版社 2003 年版。
22. 〔英〕戴雪:《英宪精义》,雷宾南译,中国法制出版社 1998 年版。
23. 〔美〕罗斯科·庞德著:《法律史解释》,邓正来译,中国法制出版社 2002 年版。
24. 〔日〕森口繁治:《选举制度论》,刘光华译,中国政法大学出版社 2005 年版。
25. 〔英〕詹宁斯:《法与宪法》,龚祥瑞译,三联书店 1997 年版。
26. 〔日〕美浓部达吉:《宪法学原理》,欧宗祐、何作霖译,中国政法大学出版社 2003 年版。
27. 〔美〕罗斯科·庞德:《法律史解释》,邓正来译,中国法制出版社 2002 年版。
28. 〔日〕芦部信喜:《宪法》,李鸿禧译,元照出版公司 2001 年版。
29. 〔日〕阿部照哉等编著:《宪法(下)——基本人权篇》,周宗宪译,元照出版公司 2001 年版。

三、外文类

1. David M. O'brien: Constitutional Law and Politics, W. W. Norton &Company New York.
2. Steven Emanuel: Constitutional Law, Emanuel Law Outlines, Inc, 1991.
3. Norman Vieira: Constitutional Civil Rights, West Group.
4. Larry Alexander: Constitutional Philosophical Foundations, 中国政法大学出版社 2003 年版(影印本)。
5. Laurence H. Tribe: American Constitutional Law, Mineola New York The Foundation Press, Inc. 1988.

后　　记

　　爱因斯坦说,想像力比知识更重要。作为宪法学人,我一直梦想,若能把公民的宪法权利从头到尾研究一遍,系列出版,该有多好:于公,她有利于法治国家、法治政府和市民社会的建设;于私,她能满足自己的学术追求,使"以教书为业,也以教书为生"的志向有所依凭。不过我一直相信那句话,"世界上最远的距离不是天与地相隔,也不是山与水相隔,而是心到手的距离"。美梦成真往往需要很多条件。自身的努力是一方面,有贵人相助也不可小视。回想本书的撰写过程,我的导师朱维究教授功不可没。她老人家不但在学问上指点晚辈,更在人生道路上牵引后生。俗话说,大恩不言谢,唯有加倍学习和工作,才能回报恩师的培育。我的学生王亦白、邓毅、姚国建等同样难忘,他们不但在精神上支持我,更为我分担了许多杂务,使我缩短了"心到手的距离"。学界前辈廉希圣教授、应松年教授,学界同仁马怀德、薛刚凌、王人博、张树义、韩大元、胡锦光、童之伟、郑贤君、李树忠、莫于川、余凌云等诸位教授给予作者的惠助,一直牢记在心。北京大学出版社,秉持"囊括大典,网罗众家,思想自由,兼容并包"的校训,襄助本书的出版,更令人感佩。最后,我想用英国作家赫胥黎的话作为对自己的期许,"在宇宙中唯有一个角落,是你一定可以加以改进的——那就是你自己"。

宪政论丛已出书目

- 行政执法研究　　　　　　　　　　　　　　　姜明安　主编
- 我国村民自治研究　　　　　　　　　　　　　王　禹
- 行政法的均衡之约　　　　　　　　　　　　　宋功德
- WTO规则国内实施的行政法问题　　　　　　　刘文静
- 中国行政法基本理论研究　　　　　　　杨海坤　章志远
- 行政补偿制度研究　　　　　　　　　　　　　王太高
- 论平等权的宪法保护　　　　　　　　　　　　朱应平
- 行政法制的基本类型　　　　　　　　　　　　江必新
- 行政法的人文精神　　　　　　　　　　　　　叶必丰
- 功能视角中的行政法　　　　　　　　　　　　朱　芒
- 宪法基本权利新论　　　　　　　　　　　　　杨海坤　主编
- 行政复议司法化：理论、实践与改革　　　　　周汉华
- 国家赔偿法律问题研究　　　　　　　　　　　杨小君
- 现代行政过程论　　　　　　　　　　　　　　湛中乐
- 论公共行政与行政法学范式转换　　　　　　　石佑启
- 大国地方——中国中央与地方关系宪政研究　　熊文钊
- WTO与行政法　　　　　　　　　　　　袁曙宏　宋功德
- 中国宪法司法化：案例评析　　　　　　　　　王　禹
- 选举权的法律保障　　　　　　　　　　　　　焦洪昌